Corporate Social Responsibility meets Human Resource Management

Studienreihe des Instituts für Beschäftigung und Employability IBE

HERAUSGEGEBEN VON

PROF. DR. JUTTA RUMP

Jutta Kern

Corporate Social Responsibility meets Human Resource Management

Lebensphasenorientiertes HRM –
Ein Konzept zur Umsetzung von CSR-Komponenten
in der Personalarbeit

Verlag Wissenschaft & Praxis

Bibliografische Information der Deutschen Nationalbibliothek

Die Deutsche Nationalbibliothek verzeichnet diese Publikation in der Deutschen Nationalbibliografie; detaillierte bibliografische Daten sind im Internet über http://dnb.dnb.de abrufbar.

ISBN 978-3-89673-652-9

© Verlag Wissenschaft & Praxis
Dr. Brauner GmbH 2013
D-75447 Sternenfels, Nußbaumweg 6
Tel. +49 7045 930093 Fax +49 7045 930094
verlagwp@t-online.de www.verlagwp.de

Druck und Bindung: Esser printSolutions GmbH, Bretten

Vorwort der Herausgeberin

Deutschland befindet sich in einer Umbruchsphase in Bezug auf die soziale Struktur der Gesellschaft und die politische Verfasstheit. Darüber hinaus werden zunehmend Grundfragen zum ökologischen Bewusstsein gestellt. Insbesondere bedingt durch die demografische Entwicklung werden die Handlungsspielräume des deutschen Staates, was die Steuerung und Finanzierung zentraler Politikfelder wie Bildung, Gesundheit oder Alters- und Pflegeversorgung anbelangt, zunehmend enger. In der Folge ist davon auszugehen, dass immer mehr Aufgaben nur eingeschränkt bzw. nicht mehr wahrgenommen werden. Da diese dennoch von hoher und in Zukunft weiter steigender Bedeutung sind, stellt sich die Frage, wie ihre Steuerung und Finanzierung gestaltet werden sollen. Zum einen wird die Eigenverantwortung jedes Einzelnen stärker in den Fokus rücken, doch auch Unternehmen, die sich auf Dauer qualifizierte, motivierte und gesunde Belegschaften sichern müssen, werden zunehmend in die Pflicht genommen.[1] Schon heute beteiligen sich Unternehmen beispielsweise an Projekten und Initiativen, die originär dem Gesundheits- oder Bildungswesen, der Sozialarbeit etc. zuzuordnen sind.

Für ein solches gesellschaftliches bzw. bürgerschaftliches Engagement von Unternehmen fällt nicht selten der Begriff der Corporate Social Responsibility (CSR), die immer mehr zu einem zentralen Wettbewerbsfaktor wird und keineswegs als „Akt der Nächstenliebe" missverstanden werden sollte. In der Folge müssen strategisches Wissen und soziale bzw. ökologische Bezüge miteinander verbunden werden. Dies erfordert eine entsprechende Grundausrichtung in der Unternehmensstrategie, Unternehmenskommunikation und Managementpraxis. Darüber hinaus geht es um das Eingehen und Einhalten verbindlicher Vereinbarungen und Verpflichtungen.[2]

Die vorliegende Publikation wurde als Masterthesis an der Hochschule Ludwigshafen verfasst. Sie hinterfragt die Zusammenhänge und Wechselwirkungen zwischen diesen zunehmend verbreiteten CSR-Bemühungen von Unter-

---

[1] Vgl.: Embacher, Serge/Roth, Roland (2010), S. 7; Reitzig, Jörg (2009), S. 9; Hofmann, Jan/Rollwagen, Ingo/Schneider, Stefan (2007), S. 37.
[2] Vgl.: Wildner, Martin (2005), S. 5; Blickle, Judith (o.A.); Deutsches CSR-Forum (2010b); CSR Germany (2012a); CSR Germany (2012).

nehmen und einer lebensphasenorientierten Personalpolitik, die Menschen über den gesamten Erwerbslebenszyklus hinweg begleitet, und zeigt mögliche gemeinsame, praxisnahe Gestaltungsfelder auf.

Als Leiterin des Instituts für Beschäftigung und Employability (IBE) an der Hochschule Ludwigshafen beschäftige ich mich seit langem mit dem Konzept und der praktischen Umsetzung einer lebensphasenorientierten Personalpolitik und auch mit der gesellschaftlichen Verantwortung, der sich Unternehmen gegenübersehen. Es ist mir daher eine Freude, diese Arbeit, die besonders durch die Ganzheitlichkeit des gewählten Ansatzes und die vorbildliche Verknüpfung von Theorie und Praktikabilität positiv auffällt, in meine Herausgeberreihe im Verlag Wissenschaft & Praxis aufzunehmen.

Ich wünsche Ihnen eine anregende Lektüre!

Ihre Jutta Rump

Inhalt

Abkürzungsverzeichnis

Abb.	Abbildung
AG	Aktiengesellschaft
AGG	Allgemeine Gleichstellungsgesetze
ArbSchG	Arbeitsschutzgesetz
ASEM	Asia Europe Meeting
AV	Altersversorgung
BA	Bachelor of Arts
BDA	Bundesvereinigung der Deutschen Arbeitgeberverbände
BEEG	Bundesentgelt- und Elternzeitgesetz
BetrVG	Betriebsverfassungsgesetz
BMAS	Bundesministerium für Arbeit und Soziales
BMWI	Bundesministerium für Wirtschaft und Technologie
BP	Bundespost
BSC	Balance Scorecard
bzw.	beziehungsweise
CC	Corporate Citizenship
CG	Corporate Governance
CO2	Kohlenstoffdioxid
CR	Corporate Responsibility
CRM	Cause-Related-Marketing
CSP	Corporate Social Performance
CSR	Corporate Social Responsibility
DGFP	Deutsche Gesellschaft für Personalführung
DNS	Desoxyribonukleinsäure (englische Abkürzung – DNA)
EAP	Employee Assistance Program
ESS	Employee Self Service (Mitarbeiterportale)
et al.	et alii (und andere)
EU	Europäische Union
e. V.	eingetragener Verein
evtl.	eventuell
f.	folgende

ff.	fortfolgende
FTE	Full Time Equivalent
GC	Global Compact
GmbH	Gesellschaft mit beschränkter Haftung
HBS	Hans-Böckler-Stiftung
HR	Human Resource
Hrsg.	Herausgeber
HRM	Human Resource Management
ILO	International Labour Organisation
IT	Informationstechnologie
KG	Kommanditgesellschaft
KiföG	Kinderförderungsgesetz
KMU	Kleine und mittlere Unternehmen
LOP	lebensphasenorientierte Personalpolitik
MKBG	Mitarbeiterkapitalbeteiligungsgesetz
MSS	Manager Self Service (Führungskräfteportale)
MT	Master Thesis
MuSchG	Mutterschutzgesetz
OECD	Organization for Economic Cooperation and Development
o.J.	ohne Jahr
PC	Personal Computer
PPP	Public Private Partnership
PflegeZG	Pflegezeitgesetz
PR	Public Relation
PWC	PricewaterhouseCoopers
StGB	Steuergesetzbuch
TzBfG	Teilzeit- und Befristungsgesetz
UN	United Nation
UNGC	United Nation Global Compact
UWG	Gesetz gegen den unlauteren Wettbewerb
VBG	Verwaltungsberufsgenossenschaft
WECD	World Commission on Environment and Development
z. B.	zum Beispiel

Abbildungsverzeichnis

14

Abstract

Corporate Social Responsibility (CSR) is becoming a more and more important issue for many companies all over the world and the Human Resource Management departments could play a vital role in this concept. The idea of CSR includes economical, ecological and social aspects and is divided into an internal and an external dimension. The external dimension relates to business partners, suppliers, clients, the respect for human rights, the global protection of the environment and the integration into the local community. The internal dimension is mainly focused on the employees and implies aspects like employability, lifelong learning, empowerment, avoidance of discrimination, respectful adjustment to changes, work-life-balance aspects as well as health and safety arrangements. This includes in principle also a positive commitment to diversity, a fair and gender neutral HR policy, verifiable performance measurements and evaluation systems as well as transparent training & development policies.

An organization, which reflects these criteria, reflects also a high level of Corporate Social Responsibility with a view onto a sustainable management and creates a culture, which is perceived as open, fair and attractive to potential and existing employees. In the frame of the demographical change and the expected deficit of experts, the labor market position of young and well educated employees will improve. In the future they will analyze carefully if the current or potential employer suits their personal value systems. This includes also that a potential employer should be able to offer interesting concepts to adjust the working conditions to individual and private situations and requirements.

The present Master Thesis **"Corporate Social Responsibility meets Human Resource Management"** investigates two – at a first glance – totally different topics. The target of this thesis is to find out if the concept of a "Life Cycle orientated Management Policy" supports the implementation of CSR aspects into the personnel work. By means of an expert interview based on a scripted guideline[3] it has been examined if and how the two mentioned topics have already been recognized, considered or implemented by the interviewed companies. The results have shown that "Corporate Social Responsibility" as well as the idea of a "Life Cycle orientated HRM" are already part of the daily work. But all interviewees confirmed that they have not recognized the potential of these two topics for the future role of the HRM as respected strategic business partner. CSR has a verifiable positive impact on employee morale, loyalty, motivation, commitment and recruitment. CSR activities can also contribute to the branding of a company. The common fields of possible activities, mainly based on the survey, are presented in chapter 6 of this thesis.

---

[3]   Da es im Englischen keine Bezeichnung für den Begriff „leitfadengestütztes Experteninterview" gibt, wurde als begriffsnahe Übersetzung folgende „expression" gewählt „expert interview based on a scripted guideline".

1. Einleitung

Die Unternehmen sind Teil der Gesellschaft und stehen mit dieser in einer direkten und engen Wechselbeziehung. Sie versorgen die Gemeinschaft mit Waren und Dienstleistungen, bieten gleichzeitig Ausbildungs- und Arbeitsplätze, ein damit verbundenes Einkommen, wodurch der Wohlstand gefördert wird und somit auch die soziale Stabilität. Viele Unternehmen haben inzwischen erkannt, dass die Übernahme von gesellschaftlich-sozialer Verantwortung eine Voraussetzung für nachhaltiges und erfolgreiches Wirtschaften und somit einer gut funktionierenden Austauschbeziehung mit der Gesellschaft ist. In diesem Zusammenhang hat das Thema „Corporate Social Responsibility" (CSR) in jüngster Vergangenheit zunehmend an Bedeutung gewonnen. Das CSR-Konzept basiert auf der freiwilligen Übernahme gesellschaftlicher Verantwortung und zwar über die gesetzlichen Bestimmungen hinaus. CSR beinhaltet ökonomische, ökologische und gesellschaftlich-soziale Aspekt und hat eine unternehmensinterne und eine unternehmensexterne Dimension. Die externen Handlungsfelder umfassen das Engagement im lokalen Umfeld, die Beziehung zu Lieferanten und Geschäftspartnern, die Beachtung der Menschenrechte und den globalen Umweltschutz. Die interne Dimension richtet das Augenmerk im Schwerpunkt auf die Mitarbeiter[4] und somit auf das Humankapital, den Arbeitsschutz und die Begleitung von und Anpassung an Veränderungen. Sehr häufig wird CSR nur mit externen Aktivitäten wie Spenden, Stiftungen oder Sponsoring in Verbindung gebracht. Ein wirklich glaubwürdiges CSR-Konzept beginnt jedoch mit der Umsetzung von Maßnahmen im Bereich der internen Dimension – und somit bei der sozialen Verantwortung gegenüber den eigenen Mitarbeitern – dem in einer Wissensgesellschaft wohl wertvollsten Wertschöpfungsfaktor.

Trends wie die demografische Entwicklung oder die veränderte Werteausrichtung der Gesellschaft haben eine nicht zu unterschätzende Wirkung auf den Wertschöpfungsfaktor „Mensch". Die Anzahl der erwerbsfähigen Personen wird zurückgehen und die Belegschaft wird gleichzeitig insgesamt älter wer-

---

[4] Zur besseren Lesbarkeit wird im weiteren Verlauf dieser Arbeit nur die männliche Form der Begriffe „Mitarbeiter", „Arbeitnehmer", etc. verwendet. Diese schließt die weibliche Form selbstverständlich mit ein.

den. Um dem bevorstehenden Fachkräftemangel angemessen begegnen zu können, müssen Unternehmen sowohl ältere Mitarbeiter intensiver und länger im Erwerbsleben halten als auch noch nicht ausreichend genutzte Potenziale – wie Mütter und Migranten – intensiver fördern. Im Zuge des Wertewandels äußern immer mehr Menschen den Wunsch, eine größere Balance zwischen privaten und beruflichen Aktivitäten in den verschiedenen Lebensphasen zu halten. Wie kann es nun gelingen, das ureigene Ziel eines Unternehmens – die Wertschöpfung – mit der erwähnten gesellschaftlich-sozialen Verantwortung sinnvoll zu verbinden und gleichzeitig mit den Erwartungen und Wünschen der Mitarbeiter und potenziellen Bewerbern sinnvoll und nachhaltig zu vereinen? Um als Arbeitgeber in Zukunft attraktiv und wettbewerbsfähig zu bleiben, sind die Unternehmen gefordert diesen neuen Herausforderungen mit angemessenen Maßnahmen und Instrumenten zu begegnen.

Die ersten empirischen Studien zum Thema „Übernahme gesellschaftlicher Verantwortung" wurden in den 70er Jahren durchgeführt.[5] Neben einer Vielzahl an eher allgemeinen Publikationen über CSR wurde in 2005 von Beatrix Kuhlen ein Buch mit dem Titel „Corporate Social Responsibility – Die ethische Verantwortung von Unternehmen für Ökologie, Ökonomie und Soziales" veröffentlicht. Hier wird das Konzept von CSR im Kontext der unternehmerischen Nachhaltigkeit diskutiert und verschiedene Methoden zur Umsetzung von CSR vorgestellt.

Zum Thema „Corporate Volunteering in der Personalarbeit: ein strategischer Ansatz zur Kombination von Unternehmensinteresse und Gemeinwohl" hat Anja Pinter im Jahre 2006 eine Arbeit veröffentlicht. Sie untersucht die Frage, ob der Einsatz von Corporate Volunteering in der Personalarbeit die Integration von sozialem Engagement in die ökonomische Handlungslogik des Unternehmens möglich macht.

Im Jahre 2007 folgte eine Veröffentlichung von Matthias Münstermann über die „Ausgestaltung und Steuerung von CSR-Aktivitäten". Diese Veröffentlichung konzentriert sich auf den strategischen Steuerungsaspekt von CSR. Dabei liegt der Fokus auf der Integration in die Unternehmensstrategie und die Mar-

---

[5] Exemplarisch kann hier die Auswertung von Jahresberichten zur Analyse der Verbreitung von CSR durch Bowman genannt werden. Vgl. hierzu Münstermann, Matthias (2007), S. 23.

ketingstrategie sowie unterschiedlichen externen CSR-Formen wie z. B. Corporate Volunteering, Spenden und Stiftungen.[6] Ebenfalls in 2007 wurde von Matthias Wühle eine Publikation mit dem Titel „Mit CSR zum Unternehmenserfolg" veröffentlicht. Diese Arbeit untersucht die Bedeutung von CSR als Wertschöpfungsfaktor.

Der Begriff der „lebenszyklusorientierten Personalentwicklung" wurde 1995 von Thomas Sattelberger geprägt. Anita Graf veröffentlichte im Jahr 2002 ein Buch zu diesem Thema. Sie hat den Erhalt und die Förderung der Leistungsfähigkeit und der Leistungsbereitschaft im Kontext des gesamten betrieblichen Lebenszyklus untersucht. Im Jahre 2008 hat Sascha Armutat in einer Publikation mit dem Titel „Lebensereignisorientiertes Personalmanagement" Grundlagen und Handlungshilfen im Zusammenhang mit der demografischen Entwicklung vorgestellt.

Jutta Rump hat 2008 in Zusammenarbeit mit dem Ministerium für Wirtschaft, Verkehr, Landwirtschaft und Weinbau in Rheinland Pfalz, unter dem Titel „Strategie für die Zukunft – Lebensphasenorientierte Personalpolitik", einen Leitfaden für Unternehmen zur Bindung und Gewinnung von Mitarbeiterinnen und Mitarbeiter veröffentlicht. Sie empfiehlt bei der Einführung eines lebensphasenorientierten Konzeptes einen 10-Punkte-Plan als Orientierungshilfe und gibt einen Überblick über die Handlungsfelder einer lebensphasenorientierten Unternehmens- und Personalpolitik.

1.1   Zielsetzung

Die wissenschaftlichen Untersuchungen von „Corporate Social Responsibility" (CSR) sind, insbesondere in Deutschland, noch recht jung. Hinsichtlich der Zusammenhänge zwischen den beiden Themenkomplexen „Corporate Social Responsibility" und „Human Resource Management" steht die Wissenschaft noch ganz am Anfang.

Der Fokus dieser Arbeit liegt auf der Analyse der beiden Themenfelder „Corporate Social Responsibility" und „Lebensphasenorientiertes Human Resource

---

[6]   Vgl. Münstermann, Matthias (2007), S. 102 f.

Management" sowie deren Zusammenhänge und Wechselbeziehungen. Dabei werden insbesondere die CSR-Aspekte untersucht, die sich direkt auf die Personalarbeit auswirken. Es soll überprüft werden, ob sich das Konzept der lebensphasenorientierten Personalpolitik zur Implementierung von CSR-Aspekten im Human Resource Management (HRM) eignet und welche möglichen gemeinsamen praxisnahen Gestaltungsfelder sich ergeben könnten.

1.2 Struktur der Arbeit

Die vorliegende Arbeit ist in einen theoretischen und einen empirischen Teil gegliedert. Sie besteht aus sieben Kapiteln, deren Aufbau und Struktur in Abbildung 1 dargestellt sind. Die Darstellung soll die Zusammenhänge der einzelnen Themenfelder verdeutlichen und dem Leser so eine Hilfestellung beim Verständnis geben.

Kapitel 1 gibt einen Einblick in die Definition von „Corporate Social Responsibility" (CSR), führt den Leser dann in das Konzept des „Lebensphasenorientierten Human Resource Managements" ein und enthält einen kurzen Überblick über die wichtigsten Aufgaben eines Human Resource Managements.

Kapitel 2 beschreibt die historischen Hintergründe und die verschiedenen Entwicklungsstufen des CSR-Konzeptes. Mit Hilfe der Definitionen von ausgewählten CSR-nahen Begriffen werden entsprechende Begriffsabgrenzungen innerhalb des CSR-Konzeptes vorgenommen. Hier werden auch die „Drei Säulen der Verantwortung" sowie unterschiedliche CSR-Ansätze erläutert.

Kapitel 3 stellt drei Denkmodelle zum Thema „Lebensphasenorientiertes Human Resource Management" vor. Das „lebenszyklusorientierte" Konzept von Anita Graf, den „lebensereignisorientierten" Ansatz von Sascha Armutat und das „lebensphasenorientierte" Modell von Jutta Rump.

In **Kapitel 4** wird der konzeptionelle Bezugsrahmen erläutert. Es werden übergeordnete Einflussfaktoren sowie die interne und externe Dimension von CSR beschrieben. Das vier-Stufen-Modell von Carroll wird vertieft und die CSR-Aspekte im Kontext der Personalarbeit dargestellt.

In **Kapitel 5** werden die Vorbereitungen der explorativen Studie, die Durchführung des leitfadengestützten Experteninterviews, die Nachbereitung und die

Ergebnisse der Befragung vorgestellt. Die Ergebnisse wurden, zum besseren Verständnis, teilweise durch Hinweise aus der Literatur ergänzt.

In **Kapitel 6** werden – auf Basis der Umfrageergebnisse – die gemeinsamen Gestaltungsfelder von „Corporate Social Responsibility" und dem „Lebensphasenorientierten Human Resource Management" für die betriebliche Praxis erarbeitet. Es werden gemeinsame Handlungsfelder in den Bereichen Mitarbeitergewinnung, Mitarbeiterbindung und Personalfreisetzung vorgestellt. Ergänzend werden auch die mit den beiden Themenkomplexen verbunden Anforderungen an HR und die Rolle der Arbeitnehmervertreter diskutiert.

Das **Kapitel 7** enthält ein kurzes Fazit der gewonnen Erkenntnisse und gibt Anhaltspunkte für weitere Forschungsansätze.

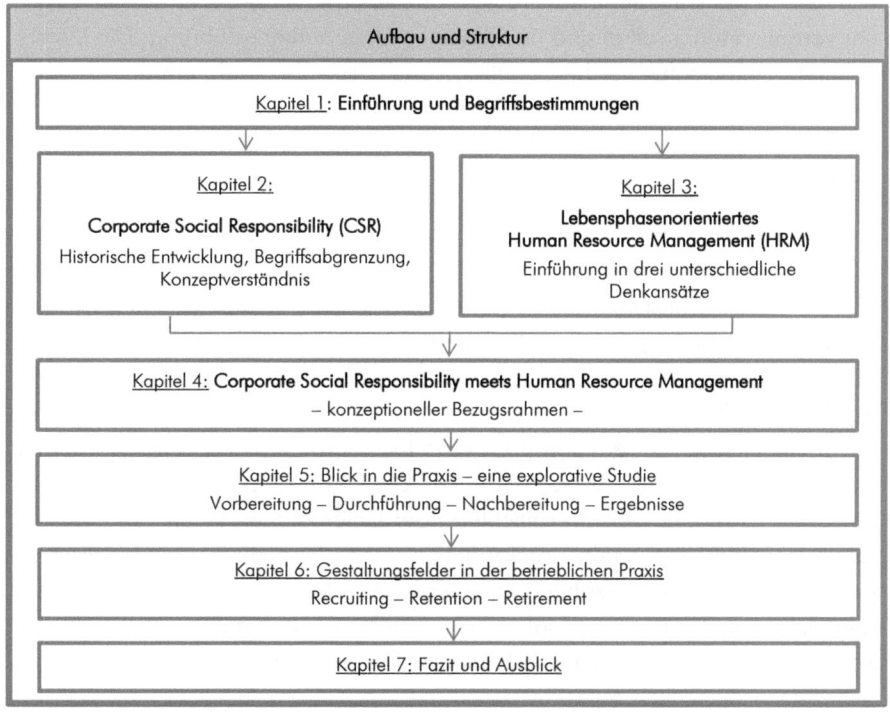

ABB. 1: AUFBAU UND STRUKTUR DER ARBEIT (QUELLE: EIGENE DARSTELLUNG)

21

1.3 Begriffsbestimmungen

1.3.1 Corporate Social Responsibility

Die Europäische Kommission definierte 2001 den Begriff „Corporate Social Responsibility" im „Grünbuch – Europäische Rahmenbedingungen für die soziale Verantwortung der Unternehmen"[7] als „ein Konzept, das den Unternehmen als Grundlage dient, auf freiwilliger Basis soziale Belange und Umweltbelange in ihre Unternehmenstätigkeit und in die Wechselbeziehungen mit den Stakeholdern zu integrieren. Sozial verantwortlich handeln heißt nicht nur, die gesetzlichen Bestimmungen ein[zu]halten, sondern über die bloße Gesetzeskonformität hinaus „mehr" [ ] in Humankapital, in die Umwelt und in die Beziehungen zu anderen Stakeholdern [zu investieren]."[8] Mit der Integration von CSR in die Unternehmensstrategie bekennen sich die Unternehmen zu einer verantwortungsvollen und nachhaltigen Unternehmensführung. Die Unternehmen verpflichten sich freiwillig, auch soziale und umweltrelevante Grundsätze bei ihrer Geschäftstätigkeit und der Beziehung zu Arbeitnehmern, Anteilseignern, Konsumenten, Kunden Investoren oder anderen Akteuren zu berücksichtigen.

Der im Oktober 2010 von der Bundesregierung veröffentlichte „Aktionsplan CSR" bezeichnet „Corporate Social Responsibility" als einen „Beitrag zur Bewältigung der zentralen Herausforderungen in einer globalisierten Welt des 21. Jahrhunderts [...]. Damit soll eine nachhaltige, wirtschaftlich stabile, sozial ausgewogene und umweltverträgliche Entwicklung der Wirtschaft unterstützt werden"[9]. CSR kann als eine freiwillige Investition in verantwortungsvolles und nachhaltiges Handeln entlang der gesamten Wertschöpfungskette bezeichnet werden und beinhaltet ökonomische, ökologische und gesellschaftlich-soziale Faktoren. Es ist eine Selbstverpflichtung der Unternehmen einen Teil Ihres Erfolges an die Gesellschaft zurückzugeben. Denn Wirtschaft und Gesellschaft sind eng miteinander verzahnt. Ein Unternehmen kann nur dann langfristig erfolgreich sein, wenn das soziale Umfeld stabil ist und stabile wirtschaftliche Rahmenbedingungen halten wiederum die Gesellschaft im Gleichgewicht.

---

[7] Im weiteren Verlauf dieser Arbeit wird dieses Grünbuch auch „CSR-Grünbuch" genannt.
[8] Kommission der Europäischen Gemeinschaft – Grünbuch (2001), S. 7.
[9] Bundesministerium für Arbeit und Soziales – Aktionsplan CSR – der Bundesregierung (6. Oktober 2010), S. 7.

Für den Begriff „Corporate Social Responsibility" gibt es keine allgemein anerkannte Definition. Die Bezeichnung Corporate Social Responsibility kommt ursprünglich aus dem Anglo-Amerikanischen und stellt einen Schlüsselbegriff der Unternehmensethik dar. Danach umfasst CSR „die Gesamtheit an potenziellen Maßnahmen zur Sicherung der gesellschaftlichen Legitimation von Unternehmen".[10] Offen bleibt hier, ob die Sicherung der Legitimation eines Unternehmens auch dem Kerngeschäft zwar durchaus dienliche, aber dennoch grundsätzlich freiwillige bzw. ethisch motivierte Handlungen beinhaltet.

1.3.2 Human Resource Management

Die Grundvoraussetzung für ein erfolgreiches Human Ressource Management ist die widerspruchsfreie Einbettung in die Unternehmensstrategie.[11] Die Personalstrategie ist somit eine Teilstrategie der Unternehmensstrategie und gliedert sich in verschiedene Gestaltungsfelder:

Personalmarketing und Personalauswahl – Die klassischen Aufgaben dieses Gestaltungsfeldes liegen in der Gewinnung, der Auswahl und der Integration von Mitarbeitern. Ziel ist es, für die zu besetzenden Stellen die passenden Kandidaten auszuwählen und eine konstruktive und stabile Einarbeitung sicherzustellen. Dieser Prozess wird durch den Aufbau eines „einzigartigen" Arbeitgeberimages unterstützt. Hierbei werden attraktive Einzelaspekte und authentische Werte zu einem konsistenten Gesamtbild verknüpft.[12]

Leistungsmanagement und Vergütung – Dieser Bereich beschäftigt sich mit der Konzeption und Umsetzung von integrierten Systemen – Zielvereinbarungs-, Leistungsbewertungs- und Vergütungssystemen. Hierzu zählen neben der Gestaltung von wettbewerbsfähigen Basisgehältern und variablen Vergütungskomponenten wie z. B. leistungsbezogene Vergütungsbestandteile, auch freiwilligen Sozialleistungen, die betriebliche Altersversorgung und Kapital- und Erfolgsbeteiligungen.[13]

Personalbetreuung und Personalbindung – Diese beiden Bereiche haben grundsätzlich einen gemeinsamen Fokus – einen mitarbeiterorientierten wert-

---

[10] Gabler Wirtschaftslexikon – Corporate Social Responsibility.
[11] Vgl. DGFP e.V. (Hrsg.), (2008), S. 66.
[12] Vgl. Gmür, Markus/Thommen, Jean-Paul (2007), S. 234 f.
[13] Vgl. DGFP e.V. (Hrsg.), (2008), S. 65.

schätzenden Service. Die Personalbetreuung beinhaltet im Schwerpunkt operative Dienstleistungen, wie z. B. die Pflege der Personalakten, die Verwaltung der Arbeitszeitkonten, die Durchführung der Gehaltsabrechnungen, die Organisation der Sozialleistungen sowie die schnelle und kompetente Beantwortung von Fragen rund um das Beschäftigungsverhältnis. Die Mitarbeiterbindung hat eine stärkere strategische Ausrichtung und konzentriert sich auf systematische Maßnahmen hinsichtlich der Förderung der Mitarbeiterbindung, der Leistung und der Loyalität.[14]

Personal- und Managemententwicklung – Hier steht die „Identifikation, Entwicklung und Nutzung von strategisch relevanten Kompetenzen unterschiedlicher Beschäftigungsgruppen"[15] im Vordergrund. Darunter fallen z. B. die Aus- und Weiterbildung, das Talentmanagement sowie die Nachfolgeplanung und Laufbahnplanung.

Personalfreisetzung – Dieses Feld umfasst alle Aktivitäten im Zusammenhang mit dem freiwilligen oder dem von Unternehmensseite initiierten Ausscheiden von Mitarbeitern. Die Durchführung und Gestaltung von Arbeitnehmer- und Arbeitgeberkündigungen oder auch Konzepte zur (flexiblen) Ruhestandsregelungen zählen zu dieser Personalfunktion.[16]

1.3.3 Lebensphasenorientiertes Human Resource Management

Ein lebensphasenorientiertes Human Resource Management umfasst die gesamte Lebensarbeitszeit eines Menschen und berücksichtigt die verschiedenen individuellen privaten und beruflichen Hintergründe und Lebensentwürfe in einem integrierten Konzept. Dieses Konzept soll „für die Beachtung typischer Motive, die sich mit charakteristischen Lebensphasen ergeben, sensibilisieren"[17]. Ziel dieser Ausrichtung ist es, die Bedürfnisse der Beschäftigen mit den Unternehmenszielen möglichst in Einklang zu bringen und „eine Personalpolitik zu betreiben, die die unterschiedlichen Phasen des Berufslebens und Wertestrukturen ihrer Arbeitnehmerinnen und Arbeitnehmer beachtet und fami-

---

[14] Vgl. DGFP e.V. (Hrsg.), (2008), S. 138.
[15] DGFP e.V. (Hrsg.), (2008), S. 48.
[16] Vgl. DGFP e.V. (Hrsg.), (2008), S. 65.
[17] Armutat, Sascha et al. (Hrsg.), (2008), S. 29.

24

lienbewusste Ansätze mit alternsgerechten Maßnahmen verbindet"[18]. Eine lebensphasenorientierte Personalpolitik soll auch der Verdichtung der Berufs- und Erwerbsverläufe[19] und dem damit einhergehenden Lebensstau entgegenwirken und so ein mögliches Burnout Syndrom[20] frühzeitig verhindern.[21]

Der Fokus liegt bei diesem Konzept insbesondere auf der nachhaltigen Entwicklung und Erhaltung der Leistungs- und Beschäftigungsfähigkeit aller Mitarbeiter bei gleichzeitiger Förderung der Balance von privaten und beruflichen Aktivitäten und der Gestaltung einer alternsgerechten Personalpolitik unter Berücksichtigung des Diversity-Aspektes[22]. Das Konzept der lebensphasenorientierten Personalpolitik zeichnet sich durch folgende Eigenschaften aus:

- „Es ist unternehmerisch ausgerichtet und fokussiert zugleich auf eine individualisierte Personalarbeit.

- Es ist flexibel, weil es auf gesellschaftliche und die beruflichen und privaten Herausforderungen des einzelnen Mitarbeiters schnell reagieren kann.

- Es muss eine existente Personalstrategie nicht grundsätzlich infrage stellen und ist anschlussfähig an vorhandene Personalinstrumente."[23]

„Eine lebensphasenorientierte Unternehmens- und Personalpolitik integriert intergenerative und alternsgerechte Konzepte ebenso wie familienbewusste Maßnahmen und Instrumente."[24] Um eine angemessene Balance zwischen der beruflichen Entwicklung und den persönlichen Belangen sicherstellen zu können, muss die Personalpolitik eines Unternehmens neben der rein traditionellen Betrachtung der beruflichen Karriere auch Faktoren wie Familie, Gesundheit und privates Engagement bei der Planung der beruflichen Laufbahn stärker einbeziehen.

---

[18] Rump, Jutta et al. (2008), in: Strategie für die Zukunft – Leitfaden, S. 7.
[19] Eine Übersicht zur Verkürzung der Erwerbszeit im Zeitraum zwischen 1971 und 2001 ist in Anhang 1 beigefügt.
[20] Der Begriff wurde 1973 von dem Psychoanalytiker Herbert Freudenberger geprägt. Charakteristische Merkmale sind körperliche und emotionale Erschöpfungszustände und andauernde Leistungs- und Antriebsschwäche sowie eine verminderte Fähigkeit sich zu erholen. Die Kombination von beruflichen und privaten Problemen bildet meist die Ursache. Vgl. Greve, Gustav (2010), S. 32 f.; vgl. Kaiser, Stephan/Ringlsetter, Max (Hrsg.), (2010), S. 106.
[21] Vgl. Rump, Jutta et al. (2008), in: Strategie für die Zukunft – Leitfaden, S. 9.
[22] Der Begriff Diversity wird in Abschnitt 3.4.4 näher erläutert.
[23] Armutat, Sascha et al. (Hrsg.), (2008), S. 31.
[24] Geldermann, Brigitte bei: Loebe, Herbert/Severing, Eckart (Hrsg.), (2007), S. 28.

2. Corporate Social Responsibility – ein Konzept der Nachhaltigkeit

2.1 Historische Entwicklung von CSR

Die Aktivitäten und Diskussionen über CSR reichen zurück bis in das 18. und 19. Jahrhundert und waren grundsätzlich auf religiösen oder ethischen Überzeugungen begründet.[25] Anfang des 20. Jahrhunderts gab es zwei Strömungen hinsichtlich der Bedeutung von gesellschaftlicher Verantwortung, einerseits die auf ethischem Verantwortungsbewusstsein begründete Auffassung, dass die Unternehmensziele auf die gesellschaftlichen Bedürfnisse ausgerichtet sein sollen, andererseits die Vorstellung, dass die unternehmerische Verantwortung alleine in der Maximierung der Gewinne liegt und damit implizit, das Gemeinwohl verbessere und fördere.[26]

Die Grundlage des heutigen Verständnisses von CSR wurde Ende der 1950er Jahre in den USA begründet. Aufgrund unzureichender staatlicher Regelungen hinsichtlich der Beziehung zwischen Arbeitnehmern und Arbeitgebern hat man versucht, die Unternehmen zu zusätzlichen freiwilligen Regelungen zu bewegen.[27] Die Unternehmen haben sich daraufhin verstärkt um die Themen Altersversorgung, Sicherheit am Arbeitsplatz und medizinische Versorgung bemüht und zum ersten Mal die Mitarbeiter bei der Betrachtung des Themas CSR ernsthaft einbezogen.[28]

Die Initiativen und Regelwerke zum Thema CSR sind sowohl auf nationaler als auch internationaler Ebene inzwischen sehr umfangreich und nahezu undurchschaubar geworden.[29] Die Debatte um die nachhaltige Entwicklung von Unternehmen wird heute auf der internationalen Ebene vor allem durch die Gründung des **„Global Compact"** (2000) und der **„OECD-Leitsätze"** (1999) geprägt. Auf europäischer Ebene spielen vor allen Dingen die **„Brundtland-**

---

[25] Vgl. Loew, Thomas/Ankele, Kathrin/Braun, Sabine/Clausen, Jens (2004), S. 18;vgl. Carroll, Archie B. (1993), S. 30.
[26] Vgl. Zimmer, Reingard (2006), S. 3.
[27] Vgl. Zimmer, Reingard (2006), S. 3.
[28] Vgl. Carroll, Archie B. (1993), S. 30; vgl. Münstermann, Matthias (2007), S. 7.
[29] Einen guten Überblick liefert eine Studie des BMAS. Vgl. hierzu BMAS – Studie (November 2008), S. 8.

Kommission" (1987) und das **„Grünbuch"** (2001) eine maßgebliche Rolle. Die Diskussionen um CSR sind in Deutschland noch recht jung und werden federführend vom **„Bundesministerium für Arbeit und Soziales (BMAS)"** initiiert und gefördert. Als eine der jüngsten Veröffentlichungen kann auf den **„Aktionsplan CSR"** (2010) der Bundesregierung und die **„DIN ISO 26000"**[30] verwiesen werden. Der Aktionsplan CSR und die DIN ISO 26000 haben zum Ziel, das Verantwortungsbewusstsein und die Kooperation von Politik, Wirtschaft, Gewerkschaften und der Gesellschaft so zu fördern, dass alle Beteiligten ihren Beitrag zur Bewältigung der ökonomischen, sozialen und ökologischen Herausforderungen leisten können.[31] Parallel zu den in Abbildung 2 dargestellten Entwicklungen und Initiativen auf internationaler, europäischer und deutscher Ebene hat auch das CSR-Konzept selbst eine inhaltliche Weiterentwicklung erfahren, die in Abschnitt 2.1.3. kurz näher erläutert wird.

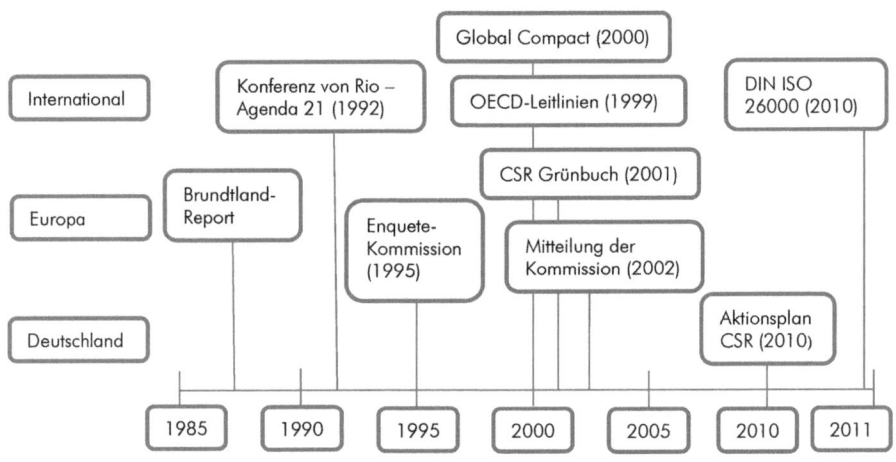

ABB. 2: HISTORISCHE ENTWICKLUNG VON CSR (QUELLE: EIGENE DARSTELLUNG)

---

[30] Weitere Informationen bei: ISO Interantional Organization for Standardization – ISO 26000.
[31] Vgl. Bundesministerium für Arbeit und Soziales – Aktionsplan CSR – der Bundesregierung (6. Oktober 2010), S. 12.

2.1.1 Die internationale Dimension von CSR

. Die **OECD (Organization for Economic Cooperation and Development)** hat zehn Kapitel mit den sogenannten **OECD-Leitsätzen** entwickelt. Diese beinhalten Empfehlungen für multinational agiere Unternehmen hinsichtlich verantwortlichen Handelns:[32]

- „Grundpflichten" – Nachhaltigkeit in der Entwicklung, Einhaltung von Menschenrechten, Förderung lokaler Kapazitäten.

- „Informationspolitik" – Bereitstellung von Information über Geschäftsergebnisse und soziales Engagement.

- „Beschäftigungspolitik" – Einhaltung der Kernarbeitsnormen, Vermeidung von Diskriminierung und Kinderarbeit.

- „Umweltschutz" – internes Umweltmanagement, transparente Berichterstattung, Krisenplanung.

- „Korruption" – Bekämpfung der Korruption.

- „Verbraucherinteressen" – Anwendung von fairen Geschäfts- und Werbepraktiken.

- „Wissenschaft und Technologie" – Transfer von Technologie und Knowhow.

- „Wettbewerb" – Berücksichtigung der wettbewerbsrechtlichen Bestimmungen der jeweiligen Länder.

- „Besteuerung" – Beachtung der lokalen steuerrechtlichen Regelungen.

- „Nationale Kontaktstelle" – Geschäftspartner zur Einhaltung der OECD-Leitsätze ermutigen und Einmischung in Politik eines Gaststaates vermeiden.

---

[32] Vgl. BMWI – Bundesministerium für Wirtschaft und Technologie (2006).

Der **Global Compact der Vereinigten Nationen (UNGC – United Nation Global Compact)** ist auf **internationaler Ebene** eine der prominentesten Initiativen zur Förderung von verantwortungsvollen Unternehmenspraktiken. Der Kerngedanke ist, dass Unternehmen im Rahmen einer Selbstverpflichtung eine gesellschaftliche Verantwortung in ihr Kerngeschäft übernehmen. Unternehmen, die dem Global Compact (GC) beitreten, verpflichten sich ausdrücklich – in allen Staaten in denen sie tätig sind – folgende zehn Prinzipien einzuhalten:[33]

Menschenrechte

1. Unternehmen sollen die internationalen Menschrechte innerhalb ihres Einflussbereiches sowohl achten als auch unterstützen und
2. sicherstellen, dass sie sich nicht an Menschenrechtsverletzungen mitschuldig machen.

Arbeitsnormen

3. Unternehmen sollen die Vereinigungsfreiheit und die wirksame Anerkennung des Rechts auf Kollektivverhandlungen wahren sowie für
4. die Beseitigung aller Formen der Zwangsarbeit,
5. die Abschaffung der Kinderarbeit und
6. die Beseitigung von Diskriminierung bei Anstellung und Beschäftigung eintreten.

Umweltschutz

7. Unternehmen sollen im Umgang mit Umweltproblemen einen vorsorgenden Ansatz unterstützen.
8. Initiativen ergreifen um ein größeres Verantwortungsbewusstsein für die Umwelt zu erzeugen und
9. die Entwicklung und Verbreitung umweltfreundlicher Technologien fördern.

Korruptionsbekämpfung

10. Unternehmen sollen gegen alle Arten der Korruption eintreten.

---

[33] Vgl. Bundeszentrale für politische Bildung, UN Global Compact.

Der Global Compact ist in erster Linie ein Forum für Unternehmen, die zum Thema CSR in einen Dialog treten und ihre Erfahrungen austauschen möchten. Die Mitgliedsunternehmen sind angehalten, ihre Aktivitäten hinsichtlich ihres gesellschaftlichen Engagements in einem jährlichen Nachhaltigkeitsbericht zu veröffentlichen, um so die Umsetzung der 10 Kriterien nachverfolgen zu können. Da die Unterzeichnung einer Beitrittserklärung auf Freiwilligkeit basiert, sind im Falle eines Verstoßes jedoch keine Sanktionsmaßnahmen vorgesehen.[34] Im Zusammenhang mit dem Global Compact wird auch immer wieder auf eine Sonderorganisation der Vereinten Nationen verwiesen, die „International Labour Organisation" (ILO)[35]. Sie hat den Auftrag, soziale Gerechtigkeit sowie die Einhaltung der Menschenrechte und des Arbeitsrechtes zu fördern.

Die **DIN ISO 26000** wurde nach sechsjähriger Entwicklung im November 2010 als internationaler „Leitfaden zur gesellschaftlichen Verantwortung" verabschiedet und im Januar 2011 in Deutschland veröffentlicht. Dieser Leitfaden enthält lediglich Empfehlungen und dient den Unternehmen als Orientierung. Die ISO 26000 soll Unternehmen dabei unterstützen, sich hinsichtlich der Auswirkungen ihrer Entscheidungen und Aktivitäten auf die Gesellschaft und der Umwelt bewusst zu werden sowie einen Beitrag zur nachhaltigen Entwicklung zu leisten. Dieser Leitfaden ist weder für Zertifizierungszwecke vorgesehen noch dafür geeignet.[36] Mit der Einführung einer Zertifizierung würde die explizite Freiwilligkeit von CSR faktisch aufgehoben werden.

CSR hat grundsätzlich zum Ziel, die Verantwortung für das eigene Handeln gegenüber der Gesellschaft und der Umwelt zu übernehmen und dabei die Anspruchsgruppen zu identifizieren und zu beteiligen. In Abbildung 3 sind die Grundsätze und die Kernthemen gesellschaftlicher Verantwortung gemäß DIN ISO 26000 kurz aufgezeigt.[37]

---

[34] Vgl. Pinner, Wolfgang (2008), S. 119.
[35] Die hier formulierten Grundsätze gelten für multinationale Unternehmen und wurden von Regierungen, Arbeitnehmervertretern und Arbeitgeberorganisationen verhandelt und verabschiedet und richten sich an alle Länder. Diese Erklärung enthält – anders als die OECD-Leitsätze – jedoch nur sozialpolitische Themen. Vgl. hierzu BDA (2005), S. 11.
[36] Vgl. Bundesverband Verbraucherzentrale (16.10.2008) und vgl. Haufe-online Personal; CSR ist heute Norm; Punkt 3.2.
[37] Vgl. ISO International Organization for Standardization – ISO 26000.

Grundsätze	Kernthemen
Rechenschaftspflicht	Organisationsführung
Transparenz	Menschenrechte
ethisches Verhalten	Arbeitspraktiken
Achtung der Interessen der Stakeholder	Umwelt
Achtung der Rechtsstaatlichkeit	faire Betriebs- und Geschäftspraktiken
Achtung internationaler Verhaltensstandards	Konsumentenanliegen
Achtung der Menschenrechte	Einbindung und Entwicklung der Gemeinschaft

ABB. 3: GRUNDSÄTZE UND KERNELEMENT DER DIN ISO 26000
(QUELLE: EIGENE DARSTELLUNG)

Sowohl bei der Umsetzung der Grundsätze als auch der Kernthemen spielen die Unternehmenspolitik und die Unternehmensphilosophie, die Verhaltensgrundsätze und die Führungsgrundsätze sowie die Werte und die Kultur eine wichtige Rolle – aber auch der Umgang mit Verträgen, Richtlinien, Anweisungen oder Verfahrensbeschreibungen.[38] Die Entscheidungen und Handlungen aller verantwortlichen Personen sollten sich immer an den geltenden Bestimmungen, den vereinbarten Werten und Prinzipien eines Unternehmens orientieren.

2.1.2 Europäische und deutsche CSR Standards

Der sogenannte **Brundtland-Report** wurde 1987 mit dem Titel „Unsere gemeinsame Zukunft" (Our Common Future) von der UN-Kommission für Umwelt und Entwicklung veröffentlicht und beinhaltet ein Leitbild einer integrativen nachhaltigen Entwicklung.[39] Nachhaltige Entwicklung bedeutet, gemäß der Definition der Brundtland-Kommission, eine Entwicklung, die die Bedürf-

---

[38] Vgl. Haufe-online Personal; CSR ist heute Norm; Punkt 4.1.
[39] Vgl. Wissenschaftliche Dienste des deutschen Bundestages (06.04.2004), S. 1.

nisse der Gegenwart befriedigt, ohne jedoch künftige Generationen in ihrer Bedürfnisbefriedigung zu gefährden.[40] Die Veröffentlichung des Berichtes hat die weltweite Diskussion über Nachhaltigkeit angestoßen. Die 1992 in Rio de Janeiro entwickelte Agenda 21 baut auf dem im Brundtland-Report definierten Leitbild der Nachhaltigkeit auf und hat zum Ziel, Umweltaspekte mit verschiedenen Bereichen des Lebens und der Politik zu verknüpfen.[41]

Das **CSR-Grünbuch** der Europäischen Kommission (2001) gilt als erste grundlegende Publikation zu diesem Thema. Der Originaltitel lautet „Promoting an European Framework for Corporate Social Responsibility" und wurde offiziell mit „Europäische Rahmenbedingungen für die soziale Verantwortung der Unternehmen" übersetzt. Das CSR-Grünbuch (2001) und auch die im Anschluss veröffentlichte CSR-Mitteilung (2002) machen übereinstimmend deutlich, dass das Thema CSR sowohl gesellschaftlich-soziale als auch umweltrelevante Belange umfasst, nur auf freiwilliger Basis praktiziert werden kann und die bestehenden Rechtsvorschriften nicht ersetzt. Das CSR-Engagement soll einen Beitrag zur nachhaltigen Entwicklung leisten und unternehmerisches Engagement über die gesetzlichen Verpflichtungen hinaus beinhalten. Das CSR-Grünbuch untergliedert die gesellschaftlich-soziale Verantwortung der Unternehmen in eine interne und eine externe Dimension, die in den Abschnitten 2.3.4. und 4.2 näher erläutert werden.

Der **Aktionsplan CSR (2010)** wurde vom Bundesministerium für Arbeit und Soziales (BMAS) entwickelt. Das BMAS hat im Januar 2009 ein aus verschiedenen Experten bestehendes Forum gegründet, um die Entwicklung der CSR-Strategie zu unterstützen. Der im Juni 2010 abgeschlossene Empfehlungsbericht bildete die Grundlage für den vorliegenden Aktionsplan. Der Aktionsplan der Bundesregierung baut auf bereits existierenden CSR-Aktivitäten und Netzwerken auf und versucht die vielfältigen nationalen und internationalen Initiativen zu bündeln. Der Aktionsplan soll einerseits die Umsetzung der nationalen Nachhaltigkeitsstrategie unterstützen und andererseits einen Bewusstseinswandel bei den Unternehmen herbeiführen. „Denn CSR bietet für Deutschland die Chance, sowohl die Wettbewerbsfähigkeit der Unternehmen nachhaltig zu stärken, als auch Antworten auf gesellschaftliche Herausforde-

---

[40] Vgl. Lexikon der Nachhaltigkeit – Brundtland-Report.
[41] Vgl. Umweltschulen; Agenda 21 – Einführung.

rungen zu finden, die durch politische Maßnahmen allein nicht zur erreichen wären."[42]

2.1.3 Historische Meilensteine

Der Grundgedanke von CSR ist, die Unternehmen als Teil der Gesellschaft zu verstehen und diesen somit eine gewisse Verantwortung für die Entwicklung der Gesellschaft zu übertragen. Im Laufe der Entwicklung und Auseinandersetzung mit CSR hat sich der Fokus von einer eher rein normativen Verankerung über eine strategische Einbindung hin zu dem Bestreben entwickelt, die CSR-Performance auch sichtbar zu machen.

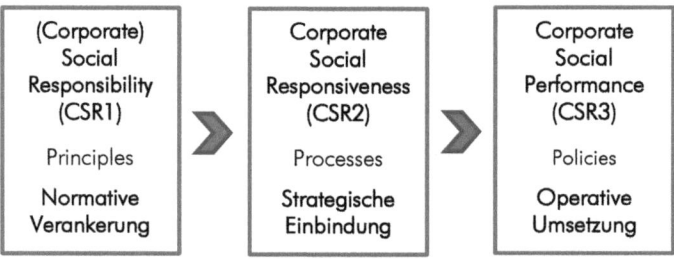

ABB. 4:   CSR – AN INTEGRATED MODEL
(QUELLE: VGL. LOEW, THOMAS/ANKELE, KATHRIN/BRAUN, SABINE/CLAUSEN, JENS (2004), S. 23)

(Corporate) Social Responsibility: Als Initiator der wissenschaftlichen Auseinandersetzung um das Thema CSR gilt die Veröffentlichung „Social Responsibilities of Businessmen" von Bowen im Jahr 1953. „It [social responsibility] refers to the obligations of businessmen to pursue those policies, to take those decisions, or to follow those lines of actions, which are desirable in terms of objectives and values of our society."[43] Bowen betont erstmals die Verpflichtung von Unternehmen sich über die technischen und ökonomischen Interessen hinaus, auch an gesellschaftlichen Erwartungen und Werten zu orientieren.[44]

---

[42] Bundesministerium für Arbeit und Soziales – Aktionsplan CSR – der Bundesregierung (6. Oktober 2010), S. 10.
[43] Bowen, zitiert bei: Loew, Thomas/Ankele, Kathrin/Braun, Sabine/Clausen, Jens (2004), S. 19.
[44] Vgl. Schmitt, Katharina (2005), S. 7.

Corporate Social Responsiveness: Das von Frederick 1978 entwickelte Konzept legt den Fokus auf eine aktive und gestaltende Auseinandersetzung mit seinen Stakeholdern.[45] Dieser Begriff beschreibt die aktionsorientierte Variante von CSR und bezieht sich auf die Bereitschaft und die konkreten Aktivitäten der Unternehmen sich ihrer sozialen Verantwortung zu stellen. Mit „Responsiveness" wird auch der Prozess des Umsetzens von Maßnahmen bezeichnet.[46]

Corporate Social Performance: Dieser Ansatz beschäftigt sich mit der Messung und Analyse von unternehmerischen Aktivitäten im Zusammenhang mit der Übernahme gesellschaftlicher Verantwortung.[47] Im Mittelpunkt steht hier die Implementierung von Managementsystemen zur Steuerung und Bewertung von unternehmerischen Aktivitäten, mit dem Ziel sowohl ökonomische als auch ökologische und soziale Unternehmensbeiträge transparent zu machen.[48]

2.2 Einordnung und Begriffsabgrenzung von CSR

Im Rahmen der Debatte über das Konzept von Corporate Social Responsibility werden unter diesem Begriff oft unterschiedliche Aktivitäten im Zusammenhang mit dem ökologischen und gesellschaftlich-sozialen Engagement eines Unternehmens subsumiert. In der Literatur werden die Begriffe „Corporate Social Responsibility" und „Corporate Responsibility" auch häufig synonym benutzt. Zum besseren Verständnis werden nachfolgend die Begriffe „**Corporate Responsibility**", „**Corporate Governance**", „**Corporate Citizenship**" und „**Corporate Sustainability**" erläutert.

2.2.1 Corporate Responsibility

Corporate Responsibility (CR) kann mit „unternehmerische Verantwortung" übersetzt werden und beinhaltet die Verantwortung eines Unternehmens für die Bereiche, auf die es einwirkt. Der Begriff steht für Transparenz im Umgang mit den Stakeholdern sowie für eine nachhaltige und verantwortungsvolle Unter-

---

[45] Vgl. Loew, Thomas/Ankele, Kathrin/Braun, Sabine/Clausen, Jens (2004), S. 19.
[46] Vgl. Loew, Thomas/Ankele, Kathrin/Braun, Sabine/Clausen, Jens (2004), S. 23.
[47] Vgl. Münstermann, Matthias (2007), S. 14.
[48] Vgl. Schmitt Katharina (2005), S. 18.

nehmensführung im Rahmen der festgelegten Grundsätze. Unter diesem Begriff werden auch häufig die Themenkomplexe **Corporate Social Responsibility (CSR), Corporate Governance (CG)** und **Corporate Citizenship (CC)** zusammengefasst.[49]

2.2.2 Corporate Governance

Der Begriff Corporate Governance (CG) umfasst die Grundsätze einer verantwortungsvollen Unternehmensführung und somit den rechtlichen und faktischen Ordnungsrahmen für die Leitung und Überwachung eines Unternehmens, der häufig auch als Unternehmensverfassung bezeichnet wird. CG beinhaltet aber auch die Gesamtheit der Beziehungen zwischen dem Management eines Unternehmens, dem Aufsichtsorgan, den Aktionären und anderen Unternehmensbeteiligten (Stakeholdern). „Der Kodex verdeutlicht die Verpflichtung von Vorstand und Aufsichtsrat, im Einklang mit den Prinzipien der sozialen Marktwirtschaft für den Bestand des Unternehmens und seine nachhaltige Wertschöpfung zu sorgen (Unternehmensinteresse)."[50] Die Grundsätze einer verantwortungsvollen Unternehmensführung sollen eine unabhängige, wertsteigende und erfolgsorientierte Unternehmensführung sicherstellen. Zur Steuerung des Unternehmens zählen Elemente wie Strategie, Wertesystem, Aufbau- und Ablauforganisation inklusive Controlling und Kommunikation.[51] Die OECD betont, dass Corporate Governance nur ein Aspekt in der Unternehmensführung ist und Faktoren wie Ethik und Aufgeschlossenheit hinsichtlich ökologischer sowie gesellschaftlicher Interessen durchaus Auswirkungen auf den langfristigen Erfolg der Unternehmen haben.[52] Der CG besteht weitgehend aus gesetzlichen und freiwilligen länderspezifischen Maßnahmen und stellt somit kein international einheitliches Regelwerk dar.[53]

---

[49] Hinsichtlich der genauen Zuordnung der Begriffe herrscht in der Literatur keine Einigkeit. Vgl. Pinter, Anja (2006), S. 16.
[50] Regierungskommission Deutscher Corporate Governance Kodex in der Fassung vom 26. Mai 2010, S. 2.
[51] Vgl. Loew, Thomas/Brauns, Sabine (2009), S. 6.
[52] Vgl. OECD-Grundsätze der Corporate Gonverance in der Fassung, Neufassung 2004, S. 12.
[53] Vgl. Bundesministerium für Arbeit und Soziales, Corporate Social Responsibility in Deutschland, Glossar – Corporate Governance.

2.2.3 Corporate Citizenship

Unter dem Begriff Corporate Citizenship (CC) wird das bürgerschaftliche Engagement von Unternehmen im gesellschaftlichen Umfeld verstanden. Es beinhaltet das Selbstverständnis eines Unternehmens sich als verantwortungsvoller Bürger für das Gemeinwohl zu engagieren. Im CSR-Grünbuch definiert die Europäische Kommission den Begriff als „Gestaltung der Gesamtheit der Beziehungen zwischen einem Unternehmen und dessen lokalen, nationalen und globalen Umfeld".[54] Im Aktionsplan CSR wird der Begriff CC bezeichnet als „bürgerschaftliches Engagement in und von Unternehmen, die sich auf der Basis von verantwortlichem Handeln [...] aktiv für die Zivilgesellschaft und für gesellschaftliche, ökologische und kulturelle Belange engagieren"[55]. Zu den typischen Formen von CC zählen Spendenaktivitäten (**Corporate Giving**), die Gründung von Stiftungen (**Corporate Foundation**) sowie die Freistellung von Mitarbeitern im Rahmen eines freiwilligen sozialen Engagements (**Corporate Volunteering**).[56] Die Unterstützung und Kooperation mit externen Partnern z. B. aus den Bereichen Politik, Bildung, Bürgerinitiativen oder Verbänden erfolgt dabei im Rahmen von sogenannten „Entwicklungspartnerschaften" durch die Bereitstellung von Ressourcen zur Lösung von gesellschaftlichen Problemen (**Public Private Partnership**)[57] Bei einer weiteren Variante des CC fließen Teile des Unternehmensgewinns in soziale Projekte (**Cause Related Marketing**).[58] Das Konzept von CC wird grundsätzlich auch definiert „als das über die eigentliche Geschäftstätigkeit hinausgehende Engagement des Unternehmens zur Lösung sozialer Probleme im lokalen Umfeld des Unternehmens und seiner Standorte".[59]

---

[54] Kommission der Europäischen Gemeinschaft – Grünbuch (2001), S. 28.
[55] Bundesministerium für Arbeit und Soziales – Aktionsplan CSR – der Bundesregierung (6. Oktober 2010), S. 7 f.
[56] Vgl. Loew, Thomas/Ankele, Kathrin/Braun, Sabine/Clausen, Jens (2004), S. 54.
[57] Vgl. Schmitt, Katharina (2005), S. 15.
[58] Vgl. Münstermann, Matthias (2007), S. 13.
[59] Loew, Thomas/Ankele, Kathrin/Braun, Sabine/Clausen, Jens (2004), S. 54.

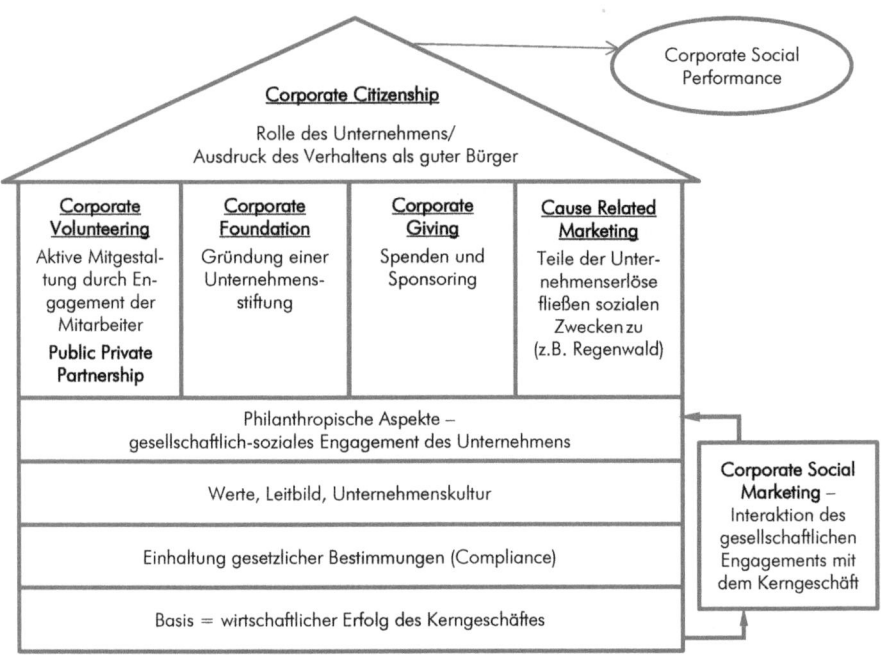

Corporate Social Performance

ABB. 5:   DEFINITORISCHE PRÄZISIERUNG UND BEGRIFFSABGRENZUNG VON CSR
(QUELLE: IN ANLEHNUNG AN MÜNSTERMANN, MATTHIAS (2007), S. 13)

2.2.4 Corporate Sustainability

Corporate Sustainability wird mit „nachhaltige Unternehmensführung" übersetzt. Der Begriff tauchte zum ersten Mal 1713 in der Forstwirtschaft auf und stand in Verbindung mit der nachhaltigen Bewirtschaftung des Waldes. In den siebziger Jahren hat der „Club of Rome" den Nachhaltigkeitsgedanken als „Zustand des globalen Gleichgewichtes" bezeichnet und betont, dass der Fokus dabei nicht nur auf der Natur liegt.[60] Das aktuelle Verständnis des Begriffes wurde maßgeblich im Jahre 1987 im Zusammenhang mit dem „Brundt-

---

[60]   Vgl. Gruhl, Andreas (2010), S. 23.

land-Report"[61] geprägt. Nachhaltigkeit wird dort beschrieben als: „sustainable development [which] meets the needs of the present without compromising the ability of future generations to meet their own needs"[62]. Die Bemühungen um Nachhaltigkeit haben zum Ziel, die aktuellen Bedürfnisse zu befriedigen und sind gleichzeitig darauf bedacht, die Möglichkeit der Bedürfnisbefriedigung auch für nachfolgende Generationen nicht einzuschränken oder zu gefährden. „Im übergreifenden Sinne bewertet „Nachhaltigkeit" gegenwärtiges Denken und Handeln unter dem Gesichtspunkt, die Lebenssituation der heutigen Generationen zu verbessern, ohne die Zukunftsperspektiven der kommenden Generationen zu verschlechtern."[63]

Seit der Konferenz der Vereinten Nationen für Umwelt und Entwicklung in Rio de Janeiro (1992) hat sich der Begriff „Sustainable Development" (Nachhaltigkeit bzw. nachhaltige Entwicklung) in vielen Bereichen der Politik etabliert. Die vom Deutschen Bundestag eingerichtete „Enquete-Kommission zum Schutz des Menschen und der Umwelt"[64], hat 1995 das „Drei Säulen Modell" entwickelt. „Die drei Säulen Ökologie, Ökonomie[65] und soziale Ziele sollen gleichberechtigt und gleichwertig zueinander stehen und so eine dreidimensionale Perspektive für eine nachhaltige Gesellschaftspolitik formen."[66] Um Nachhaltigkeit wirklich sicherstellen zu können, müssen somit diese drei Säulen langfristig ausgewogen miteinander koordiniert werden. „Unternehmerisches Nachhaltigkeitsmanagement umfasst [...] alle systematischen, koordinierten und zielorientierten unternehmerischen Aktivitäten, die der nachhaltigen Entwicklung einer Unternehmung dienen und eine nachhaltige Entwicklung der Wirtschaft und Gesellschaft fördern. Es beinhaltet die Koordination und Integration des Umwelt- und Sozialmanagements mit dem konventionellen be-

---

[61] Der Titel des sogenannten Brundtland-Reports lautet „Our Common Future" und wurde von der „World Commission on Environment and Development (WCED) erstellt. Der Bericht wird in der Literatur häufig nach dem damaligen Vorsitzenden der Commission „Gro Harlem Brundtland" bezeichnet.

[62] Word Commission on Environment and Development (1987), S. 43; zitiert bei: sneep Hamburg, S. 4.

[63] Wissenschaftliche Dienste des deutschen Bundestages – Der aktuelle Begriff: Nachhaltigkeit (06.04.2004), S. 1.

[64] Vgl. Lexikon der Nachhaltigkeit – Enquete-Kommission: Schutz des Menschen und der Umwelt, Ziele und Rahmenbedingungen.

[65] Der Begriff „Ökonomie" kommt aus dem Griechischen und wird mit „Kunst der Haushaltsführung" übersetzt. (oikos = Haushalt und nomos = Gesetz). Vgl. hierzu Göbel, Elisabeth (2006), S. 49.

[66] Wissenschaftliche Dienste des deutschen Bundestages – Der aktuelle Begriff: Nachhaltigkeit (06.04.2004), S. 2.

trieblichen Management."[67] Die ökonomische Nachhaltigkeit ist somit eine tragfähige Grundlage für den Erwerb von Wohlstand, die ökologische Nachhaltigkeit zielt auf die Erhaltung der Natur und der Umwelt für die nachfolgenden Generationen ab und die soziale Nachhaltigkeit legt den Fokus auf eine zukunftsfähige und lebenswerte Gesellschaft.

2.3 Die drei Säulen der Verantwortung – „Tripple Bottom Line"

John Elkington entwickelte bereits 1994 in Großbritannien das „Tripple-Bottom-Line"-Prinzip. Das Ziel dieses Konzeptes war es, die unternehmerische Verantwortung in all seinen Dimensionen zu erfassen und somit nicht nur die ökonomischen Gesichtspunkte, sondern auch die gesellschaftlich-sozialen und ökologischen Auswirkungen zu messen.[68] Elkington hat in seinem Konzept folgende Handlungsfelder und Anspruchsgruppen unterschieden:[69]

- verantwortlicher Umgang mit den ökonomischen Faktoren des Unternehmens,

- bewusster Umgang mit den genutzten Ressourcen – mit dem Fokus auf den „klassischen" Umweltschutz im Unternehmen,

- Übernahme von Verantwortung für die Mitarbeiter und das gesellschaftliches Umfeld – hierzu zählen alle Stakeholder des Unternehmens.

Unternehmen agieren also nicht unabhängig von ihrer Umwelt, sondern sind in eine ständige Wechselbeziehung mit dem Umfeld und der Gesellschaft eingebettet, und tragen somit Verantwortung für ganz unterschiedliche gesellschaftliche Gruppen – die sogenannten Stakeholder.

In Deutschland wurde das „Drei Säulen Modell" von der „Enquete-Kommission zum Schutz des Menschen und der Umwelt" in das öffentliche Interesse gerückt und betonte dabei ausdrücklich die Gleichrangigkeit von

---

[67] Müller, Martin/Schaltegger Stefan (Hrsg.), (2008), S. 18.
[68] Vgl. Engemann, Kirstin/Kestler, Florian/Scheunemann, Wolfgang; bei: Hutter, Peter-Klaus/Scheunemann, Wolfgang (Hrsg.), (2007), S. 14.
[69] Vgl. Engemann, Kirstin/Kestler, Florian/Scheunemann, Wolfgang; bei: Hutter, Peter-Klaus/Scheunemann, Wolfgang (Hrsg.), (2007), S. 14.

ökonomischen, ökologischen und sozialen Grundsätzen hinsichtlich einer nachhaltigen Entwicklung. Die Kommission weist auch darauf hin, dass die formulierten Ziele jedoch noch in konkrete Handlungsempfehlungen und Qualitätsziele übertragen werden müssen.[70]

2.3.1 Ökonomische Aspekte

Im Zusammenhang mit den ökonomischen Aspekten hatte die Enquete-Kommission das Ziel, Rahmenbedingungen zu schaffen, die z. B. einen hohen Beschäftigungsgrad, Preisniveaustabilität, außenwirtschaftliches Gleichgewicht sowie stetiges und angemessenes Wirtschaftswachstum sicherstellen. Die Rahmenbedingungen sollten so ausgestaltet sein, dass die persönliche Initiative (Eigenverantwortung) gefördert und das Gemeinwohl der derzeitigen und künftigen Bevölkerung gesichert werden kann, um so individuelle als auch gesellschaftliche Bedürfnisse befriedigen zu können. Der gesellschaftliche Wandel, der die Basis für künftige Erfordernisse und Entwicklungen darstellt, sollte ebenso gefördert werden, wie Innovationen und langfristige Orientierung.[71]

2.3.2 Ökologische Gesichtspunkte

Bei den von dieser Enquete-Kommission formulierten Regelungen hinsichtlich der ökologischen Zielsetzungen wird deutlich, dass Nachhaltigkeit eine große Rolle spielt. Die Kommission fordert z. B., dass erneuerbare Ressourcen nur in dem Maße abgebaut werden sollen, wie sich diese auch wieder regenerieren können, nicht erneuerbare Ressourcen nur insoweit genutzt werden sollen, wie ein angemessener Ausgleich geschaffen werden kann und Risiken für die menschliche Gesundheit zu vermeiden sind. Der Nachhaltigkeitsgedanke wird im Nachhaltigkeitsbericht der Bundesregierung (2002) mit der Fokussierung auf die Themenfelder „Generationengerechtigkeit, Lebensqualität, sozialer Zusammenhalt und internationale Verantwortung" konkretisiert.[72]

---

[70] Vgl. Loew, Thomas/Ankele, Kathrin/Braun, Sabine/Clausen, Jens (2004), S. 60.
[71] Vgl. Loew, Thomas/Ankele, Kathrin/Braun, Sabine/Clausen, Jens (2004), S. 60 f.
[72] Vgl. Loew, Thomas/Ankele, Kathrin/Braun, Sabine/Clausen, Jens (2004), S. 62.

2.3.3 Gesellschaftlich-soziale Belange

Als wichtigste „soziale" Komponenten wurden z. B. Wohlstand, Frieden, die Möglichkeit zur individuellen Entfaltung, soziale Sicherheit und Gerechtigkeit, sowie Chancengleichheit und die Einheitlichkeit der Lebensverhältnisse genannt. Aber auch Gesundheitsförderung, Bildungs- und Ausbildungschancen, sowie der Erhalt der Erwerbsfähigkeit und die Altersversorgung zählen dazu. Im CSR-Grünbuch wird die soziale Verantwortung definiert als „eine freiwillige Verpflichtung der Unternehmen, auf eine bessere Gesellschaft und eine sauberere Umwelt hinzuwirken".[73] Insbesondere diese gesellschaftlich-soziale Dimension von CSR erfordert einerseits eine enge Zusammenarbeit mit allen Stakeholdern eines Unternehmens und andererseits ein vielfältiges Engagement in ganz verschiedenen Bereichen. Das CSR-Grünbuch unterscheidet in diesem Zusammenhang zwischen der internen und externen Dimension von CSR und verweist auf unterschiedliche bereits bestehende Regelungen und Vereinbarungen.

2.3.4 Die Dimensionen von CSR

Die **interne Dimension der gesellschaftlich-sozialen Belange** bezieht sich vorwiegend auf das soziale und verantwortungsvolle Handeln innerhalb einer Organisation und betrifft in erster Linie die Mitarbeiter eines Unternehmens, den Arbeitsschutz, den bewussten Umgang mit Ressourcen sowie die Bewältigung und Begleitung von Veränderungen. Im Bereich Human Resource steht die Investition in Humankapital im Fokus. Um qualifizierte Mitarbeiter zu gewinnen und auch zu halten, müssen entsprechende Maßnahmen ergriffen und Anreize geschaffen werden. Dazu zählen zum Beispiel lebenslanges Lernen auf allen Hierarchieebenen und Altersstufen und der damit verbundenen Entwicklung der Beschäftigungsfähigkeit. Aber auch die Vermeidung von Diskriminierung spielt eine große Rolle – hinsichtlich der Einstellungspolitik, der Karrierechancen, und auch in Bezug auf die Vergütungsgerechtigkeit.[74] Die Vereinbarkeit von beruflichen und privaten Faktoren stellt ein weiteres wichtiges Element der internen Dimension dar.

---

[73] Kommission der Europäischen Gemeinschaft – Grünbuch (2001), S. 4.
[74] Vgl. Kuhlen, Beatrix (2005), S. 31.

Die **externe Dimension der gesellschaftlich-sozialen Verantwortung** betrifft die Integration des Unternehmens in das lokale Umfeld und somit auch die Beziehung zu Geschäftspartnern, Zulieferern und Verbrauchern. Da Unternehmen einen relevanten Teil der Gesellschaft darstellen, spielen sie für das jeweilige lokale Umfeld eine entsprechend bedeutende Rolle – sie schaffen Arbeitsplätze, zahlen Arbeitsentgelte und Steuern und fördern so die Stabilität der Gesellschaft und den Wohlstand.[75] Die Förderung der Wechselbeziehung mit dem Umfeld wird meist im Rahmen der Unterstützung von Kunst und Kultur umgesetzt oder auch durch Spenden und Zuschüsse an Einrichtungen und Organisationen zur Förderung von Kinderbetreuung oder (Aus-)Bildungseinrichtungen. Diese CC Aktivitäten fördern das Vertrauen und sind für Unternehmen ein Instrument zum Management von Beziehungen, denn bei der erfolgreichen Umsetzung von CC ist es wichtig, sich für die Belange des Umfeldes zu interessieren.

Mit dem CSR-Grünbuch hat eine erste Strukturierung der Komplexität der sozialen Verantwortung stattgefunden. Bei genauerer Betrachtung könnten die Umweltverträglichkeit und die Bewirtschaftung der natürlichen Ressourcen auch dem globalen Umweltschutz zugeordnet oder einige Aspekte der Menschenrechte in der internen Dimension genannt werden. Die Schwierigkeit Begriffe und Aktivitäten eindeutig der einen oder anderen Dimension zuzuordnen, macht schließlich auch deutlich, dass sowohl die sozialen Aspekte, als auch die ökologischen nur als integratives Konzept zusammen mit den ökonomischen Aspekten betrachtet werden können.

---

[75] Vgl. Kuhlen, Beatrix (2005), S. 32.

Interne Dimension von CSR	Externe Dimension von CSR
Human Resource Management • Erhalt der Beschäftigungsfähigkeit, lebenslanges Lernen, • Empowerment[76] • Vermeidung von Diskriminierung • Balance zwischen privaten, familiären und beruflichen Aspekten • Gewinn- und Kapitalbeteiligung	**Lokale Gemeinschaft** • Integration der Unternehmen in das lokale Umfeld und Förderung der Wechselbeziehung – (lokale) Ausbildungs- und Arbeitsmärkte, Umweltbelange, Partnerschaften, Sponsoring und Spenden
Arbeitsschutz • Bestehende Regelungen sollen durch zusätzlich freiwillige Maßnahmen ergänzt werden – auch um den besonderen Bedingungen im Rahmen des Outsourcings und der Beschäftigung von Fremdfirmen gerecht zu werden	**Geschäftspartner, Zulieferer, Verbraucher** • Erweiterung der sozialen Verantwortung auf Geschäftspartner und Zulieferer. • Partnerschaften, die auf wechselseitigem sozialem und ökologisch verantwortlichem Handeln beruhen. • Einhaltung gesetzlicher Regelungen
Anpassung an den Wandel • Durch die Zusammenarbeit von Behörden, Unternehmen und Arbeitnehmervertreter sollen bei Fusionen und Umstrukturierungen möglichst die Interessen und Belange aller Akteure berücksichtigt werden, damit diese Maßnahmen sorgsam geplant und sozial verantwortlich durchgeführt werden können	**Menschenrechte** • Globale Vernetzung der Unternehmenstätigkeit und Versorgungskette • Beachtung der Menschrechte (OECD-Leitlinien für multinationale Unternehmen/ILO – Kernarbeitsnormen) • Kampf gegen Korruption (Cotonau Abkommen) • Freiwillige Verhaltenskodizes hinsichtlich Arbeits-bedingungen, Menschenrechte, Umweltaspekte
Umweltverträglichkeit und Bewirtschaftung der natürlichen Ressourcen • Ein sparsamer und bewusster Einsatz von Ressourcen kann die Ertragskraft und die Wettbewerbsfähigkeit der Unternehmen verbessern. • Maßnahmen zur Unterstützung bei der Einhaltung von Rechtsvorschriften und die Förderung von Vereinbarungen auf freiwilliger Basis	**Globaler Umweltschutz** • Grenzüberschreitende Effekte wirtschaftlich bedingter Umweltprobleme • Einflussnahme auf soziale und wirtschaftliche Entwicklung in Drittländern durch Investitionen • Förderung einer nachhaltigen Entwicklung • Global Compact • OECD-Leitlinien

ABB. 6: INTERNE UND EXTERNE DIMENSIONEN VON CSR LT. EU-GRÜNBUCH (QUELLE: VGL. LOEW, THOMAS/ANKELE, KATHRIN/BRAUN, SABINE/CLAUSEN, JENS (2004), S. 27)

---

[76] Der Begriff (engl.) wird oft mit *„Bevollmächtigung"* übersetzt und bezeichnet Maßnahmen, die die Autonomie und Mitbestimmungsmöglichkeiten von Mitarbeitern rund um ihren Arbeitsplatz erweitern. Er beinhaltet die Weitergabe von Entscheidungsbefugnissen und Verantwortung. Vgl. Gabler Wirtschaftslexikon – Empowerment.

2.4 Unterschiedliche CSR-Konzepte

2.4.1 Die CSR-Pyramide von Carroll

Carroll hat bereits 1979 ein Konzept zur Systematisierung von CSR entwickelt. Der sogenannte **Corporate Social Performance Ansatz** (CSP) von Carroll umfasst ökologische, legale, ethische und philanthropische (wohltätige) Aspekte und basiert auf einem vierstufigen Modell. Die Corporate Social Responsibility Pyramide von Carroll teilt die oben genannten Aspekte in eine klar strukturierte und auf den ersten Blick auch „hierarchische" Ordnung ein.

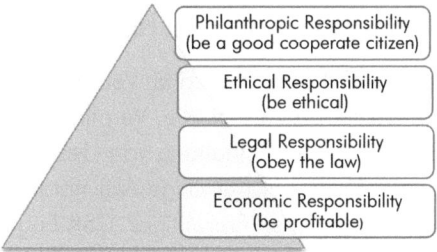

Philanthropic Responsibility
(be a good cooperate citizen)

Ethical Responsibility
(be ethical)

Legal Responsibility
(obey the law)

Economic Responsibility
(be profitable)

ABB. 7: DIE CORPORATE-SOCIAL-RESPONSIBILITY-PYRAMIDE NACH CARROLL (QUELLE: VGL. CARROLL, ARCHIE B. (2008), S. 45)

Carroll bezeichnet die **ökonomische Verantwortung** als fundamentale Aufgabe eines Unternehmens und betrachtet diese, ähnlich wie Friedmann, auch als soziale Verantwortung gegenüber der Gesellschaft.[77] Die nächste Stufe – **legale Verantwortung** – verweist auf die notwendige Einhaltung von Gesetzen und Regularien. Die dritte Komponente stellt die **ethische Verantwortung** dar, wonach Unternehmen insbesondere auch die Regeln, Normen und Werte in ihre Entscheidungen und Handlungen einbeziehen sollen, die nicht in Regelwerken oder Gesetzen verankert sind. An der Spitze der Pyramide steht die **philanthropische Verantwortung,** womit die freiwilligen wohltätigen Maßnahmen eines Unternehmens gemeint sind, begründet auf dem Wunsch der Gesellschaft, etwas zurückzugeben.[78]

---

[77] Vgl. Carroll, Archie B. (1993), S. 32, vgl. Brink, Alexander (2007), S. 7.
[78] Vgl. Carroll, Archie B./Buchholtz, Ann K. (2008), S. 45 f. und vgl. Clausen, Andrea (2009), S. 225.

45

Die Pyramide von Carroll zeigt, dass die ganzheitliche soziale Verantwortung aus ganz verschiedenen Komponenten besteht. „[...] business is expected to be a good corporate citizen – to fulfill its philanthropic responsibility to contribute financial and human resources to the community and to improve the quality of life."[79] Carroll beschreibt zwar alle Ebenen getrennt voneinander, versucht aber gleichzeitig die ökonomischen und rechtlichen Aspekte von CSR in einen Kontext mit der ethischen und philanthropischen Verantwortung zu bringen. Die verschiedenen Ebenen dieser Pyramide ergänzen sich gegenseitig zu einer Orientierungshilfe hinsichtlich der Entwicklung eines umfassenden CSR-Konzeptes.

2.4.2 Drei CSR-Verantwortungsbereiche nach Hiß

Der Ansatz von Hiß teilt das CSR-Konzept in drei Verantwortungsbereiche. Der innere Verantwortungsbereich beschreibt die Verpflichtung des Unternehmens gegenüber dem Markt und der Einhaltung von Gesetzen. Der mittlere Verantwortungsbereich bezieht sich auf freiwillige Aktivitäten innerhalb der Wertschöpfungskette des Unternehmens. Freiwilliges CSR-Engagement außerhalb der Wertschöpfungskette – Spenden und Sponsoring – zählt zum äußeren Verantwortungsbereich.

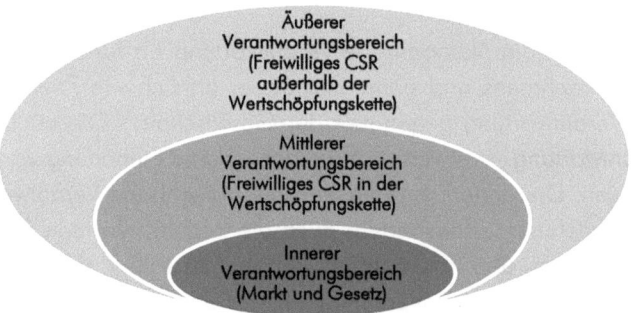

ABB. 8: DREI VERANTWORTUNGSBEREICHE VON CORPORATE SOCIAL RESPONSIBILITY (QUELLE: HIß, STEFANIE BEI: MÜLLER, MARTIN/SCHALTEGGER, STEFAN (HRSG.), (2008), S. 21)

---

[79] Carroll, Archie B./Buchholtz, Ann K. (2008), S. 46.

Der innere Bereich, also die ökonomische Verantwortung eines Unternehmens, ist auch immer eng mit der Einhaltung von gesetzlichen Bestimmungen verbunden und wird deshalb von Hiß zwar als CSR-Element eingeordnet, aber als „unfreiwilliges CSR" bezeichnet. Der mittlere Bereich bezieht sich auf Aktivitäten, die zwar freiwillig sind, aber dennoch eng mit der Wertschöpfung[80] des Unternehmens in Verbindung stehen. Hier könnte z. B. die Entwicklung eines „Code of Conduct" oder die Einführung eines Gütesiegels genannt werden. Dem äußeren Verantwortungsbereich werden alle CSR-Aktivitäten zugeordnet, die nicht in enger Verbindung mit der unternehmerischen Wertschöpfungskette stehen. Zu diesem Bereich gehören philanthropische Aspekte und somit grundsätzlich alle Aktionen im Rahmen von Corporate Citizenship.[81]

Auch dieses Konzept dient lediglich einer groben Systematisierung von CSR. Trotz der Einteilung der Verantwortungsbereiche können sich die Bereiche durchaus überschneiden und es besteht somit keine eindeutige hierarchische Gliederung.

2.4.3 Zwei Dimensionen nach Quazi und O'Brian

Das zwei-dimensionale CSR-Modell besteht aus einer Verantwortungsdimension und einer Kostendimension. Dieser Ansatz beschreibt die Perspektive der gesellschaftlichen Verantwortung eines Unternehmens mit Hilfe einer Bandbreite, die als „enge bzw. weitere Verantwortung" bezeichnet wird. Die Ergebnisse des gesellschaftlichen Engagements werden aus der Perspektive der Kosten betrachtet und umfassen sowohl die durch CSR verursachten Kosten als auch die dadurch zu erwartenden Vorteile.

Das Modell besteht aus vier Sichtweisen und weist einige Parallelen zu den vier Stufen von Carrolls CSR-Pyramide auf. Die klassische Sichtweise dieses Ansatzes ist mit der ökonomischen Stufe von Carroll zu vergleichen. Die sozial-ökonomische Sichtweise entspricht einer Mischung aus der legalen und der ethischen Stufe. Die moderne Sichtweise stellt eher die rein ethische Stufe in

---

[80] Unter Wertschöpfung wird grundsätzlich die Summe der Werte verstanden, die den im Unternehmen vorhandenen bzw. eingebrachten Wirtschaftsgütern durch den betrieblichen Produktionsprozess hinzugefügt wird. Vgl. Weber, Wolfgang/Mayrhofer, Wolfgang/Nienhüser, Werner/Kabst, Rüdiger (2005), S. 329.

[81] Vgl. Hiß, Stefanie bei: Müller, Martin/Schaltegger, Stefan (Hrsg.), (2008), S. 21.

der Pyramide von Carroll dar. Die philanthropische Sichtweise stimmt mit der vierten Stufe aus Carrolls Ansatz überein.[82]

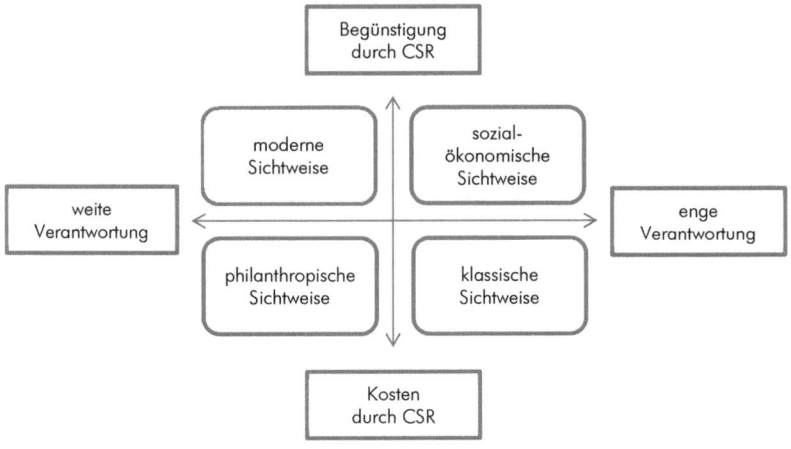

Abb. 9:   Das zwei-dimensionale Modell von CSR
(Quelle: Vgl. Müller, Martin/Schaltegger, Stefan (Hrsg.), (2008), S. 57)

Die Darstellung der vier Aspekte von Carroll in Form einer Pyramide könnte irrtümlich zu der Annahme verleiten, dass die vier Stufen aufeinander aufbauen und somit nacheinander abgearbeitet werden sollen. Wie aber bereits in Abschnitt 2.4.1 dargestellt, möchte Carroll die vier Stufen eher als ganzheitliches Konzept verstanden wissen und betont, dass alle Elemente der Pyramide gleichermaßen eine wichtige Rolle spielen. Die Pyramide von Carroll zeigt schon aufgrund der verwenden Begrifflichkeiten für den Leser eine bessere Verständlichkeit und Tiefe, wobei das zwei-dimensionale Modell durch die weniger selbsterklärenden Begriffe eine breitere aber auch oberflächliche CSR-Perspektive aufzeigt. Eine Systematisierung eines Konzeptes ist wichtig für das gemeinsame Verständnis. Am weitesten verbreitet ist die unter Punkt 2.4.1 beschriebene Systematisierung von Carroll, die im weiteren Verlauf dieser Arbeit einen Teil des Bezugsrahmens bildet.

---

[82] Vgl. Welzel, Evelize bei: Müller, Martin/Schaltegger, Stefan (Hrsg.), (2008), S. 57.

3. Lebensphasenorientiertes Human Resource Management

In diesem Kapitel werden drei Konzepte zum Thema „Lebensphasenorientiertes Human Resource Management" vorgestellt. Einleitend wird „Das Modell der Lebenszyklen" von Anita Graf beschrieben. Hier werden grundsätzlich drei Hauptzyklen unterschieden – der biosoziale, der familiäre und der berufliche Lebenszyklus. Der Ansatz des „Lebensereignisorientierten Human Resource Management" von Sascha Armutat legt den Fokus auf die individuellen Lebensereignisse eines Mitarbeiters. Das Modell der „Lebensphasenorientierten Personalpolitik" von Jutta Rump betrachtet die gesamte Lebensarbeitszeit und somit die einzelnen beruflichen Phasen vom Eintritt ins Berufsleben bis zum Austritt sowie den Einfluss von privaten Ereignissen.

3.1 „Das Modell der Lebenszyklen" – ein Konzept von Graf

Das Modell der Lebenszyklen kommt ursprünglich aus der Biologie und beschreibt die Entwicklungsprozesse lebender Systeme von der Geburt bis zum Tod. Das Lebenszyklusmodell basiert auf dem Grundgedanken, dass ein Entwicklungsprozess durch das Durchleben verschiedener Phasen[83] gekennzeichnet ist, wobei die Phasen unterschiedlich lang sein können und an dem Übergang zu einer anderen Phase jeweils eine besondere Veränderungsbereitschaft und Veränderungsfähigkeit gefordert ist. [84] Die Bewältigung der in jeder Phase anstehenden spezifischen Aufgaben kann somit zu persönlichem Wachstum und Reife führen und die Bildung von Kompetenzen zur Bewältigung künftiger Aufgaben fördern. Der individuelle Lebenszyklus eines Menschen setzt sich aus verschieden Teilzyklen zusammen, die im Schwerpunkt jeweils unterschiedliche Lebensbereiche betreffen. Die Entwicklung der Persönlichkeit wird dem **biosozialen Zyklus** zugeordnet, Partnerschaft und Kinder dem **familiären Zyklus** und Ereignisse im Zusammenhang mit der beruflichen

---

[83] Eine Übersicht über die Entwicklungsphasen und der damit verbundenen Aufgaben ist in Anhang 2 beigefügt.
[84] Vgl. Graf, Anita (2002), S. 43.

Laufbahn beziehen sich auf den **beruflichen Zyklus,** der zusätzlich in einen **betrieblichen** und einen **stellenbezogenen Lebenszyklus** unterschieden werden kann.[85] Zu erwähnen ist, dass die unterschiedlichen Zyklen eng miteinander verwoben sind und teilweise auch Überschneidungen aufweisen. Abbildung 10 gibt einen kurzen Überblick über spezielle Entwicklungsmerkmale der einzelnen Zyklen.

Zyklen	Merkmale
biosozialer Lebenszyklus	• steigende Lebenserwartung sowie Entwicklungen im Bereich Gesundheit
familiärer Lebenszyklus	• veränderte Heirats- und Scheidungsrate • rückläufige Geburtenrate • veränderte familiäre Lebensformen
beruflicher Lebenszyklus	• Veränderung der Bedeutung der Arbeit • Verkürzung des beruflichen Lebenszyklus aufgrund verlängerter Ausbildungszeiten • Veränderung beruflicher Lebensläufe (nebenberufliche Studiengänge, veränderte Arbeitsformen, häufigere Arbeitsplatzwechsel)
betrieblicher Lebenszyklus	• Verflachung der betrieblichen Lebenszyklen infolge von flacheren Hierarchien • Veränderung der Karriereverläufe infolge des Wertewandels • Trend zu mehr Selbstverantwortung • Zunahme der Bedeutung von älteren Mitarbeitern
stellenbezogener Lebenszyklus	• Veränderung der Arbeitsbedingungen und Arbeits-/ Qualifikationsanforderungen

ABB. 10: ENTWICKLUNGEN IM ZUSAMMENHANG MIT DEN LEBENSZYKLEN DES MENSCHEN (QUELLE: VGL. GRAF, ANITA (2001), S. 26 IN: IOMANAGEMENT)

---

[85] Vgl. Graf, Anita (2002), S. 45 f.

3.1.1 Biosozialer Lebenszyklus

Dieser Zyklus umfasst die gesamte Zeitspanne von der Geburt bis zum Tode eines Menschen und wird sowohl von biologischen als auch sozialen Aspekten beeinflusst. „Der biosoziale Lebenszyklus eines Menschen beschreibt den stufenweisen Verlauf der Persönlichkeitsentwicklung und ist von *biologischen* wie auch von *sozialen Einflussfaktoren* abhängig."[86] Die biologischen Einflüsse beziehen sich z. B. auf die erhöhte Wahrscheinlichkeit, im Alter zu erkranken oder auf die individuelle Konstitution eines Menschen. Die persönliche Entwicklung eines Menschen wird aber auch von der Erziehung sowie von gesellschaftlichen und kulturellen Normen und Werten bestimmt.[87] Die Lebensphasen orientieren sich also einerseits am jeweiligen Alter eines Menschen, berücksichtigen aber andererseits auch das persönliche Umfeld und somit soziale Einflussfaktoren. Jede Lebensphase ist von unterschiedlichen Aufgaben und Anforderungen gekennzeichnet, die von jedem Menschen ganz individuell gemeistert werden. Abbildung 11 gibt einen Überblick über die Aufgaben und Charakteristiken von unterschiedlichen Phasen.

Die zwei wichtigsten Entwicklungsaspekte im Zusammenhang mit dem biosozialen Zyklus sind die gestiegene Lebenserwartung und die Entwicklungen im Bereich Gesundheit. In einer Gesellschaft mit einem hohen Anteil von älteren Menschen geht tendenziell die Anzahl der Erkrankungen zurück, dafür erhöht sich die Dauer der Krankheit. [88] Der demografische Wandel und die Entwicklungen im Bereich Gesundheit stehen in einer engen Wechselbeziehung.

---

[86] Graf, Anita (2002), S. 47.
[87] Vgl. Graf, Anita (2002), S. 48.
[88] Vgl. Graf, Anita (2002), S. 59 f.

Alter	Aufgaben	Charakteristiken
Adoleszenz bis Anfang 30	selbstständig werden, sich in der Welt der Erwachsenen etablieren, eine eigene Familie gründen, berufliche Laufbahn/ Entwicklung einschlagen	Testphase, vorläufige Entscheidungen, Phase voller Energie, Enthusiasmus, Idealismus
Ende 20 bis Anfang 30	Überprüfung der getroffenen Entscheidungen, Konfrontation der eigenen Ideale mit der Wirklichkeit	Phase der Entscheidungen – Stabilisierung oder bedeutsame Neuorientierung
30 bis 40	Verwirklichung der getroffenen Entscheidungen	Stabilisierung, Etablierung
Ende 30 bis Anfang 40	Lebensmitte – Übergang oder Krise, Gegenüberstellung eigener Hoffnungen und Träume mit den gemachten Zugeständnissen, Treffen neuer Entscheidungen	Halbzeit, Erkennen eigener Sterblichkeit, Phase der Selbstkonfrontation
40 bis 50	Übernahme der Verantwortung für das eigene Leben, mit Konsequenzen der getroffenen Entscheidungen leben lernen, Bewältigung von familiären Problemen und neue Qualität der Beziehung bewältigen	Phase neuer Stabilisierung und neue Rollenfindung
50 bis Pensionierung	sich selbst akzeptieren, mit abnehmenden Fähigkeiten umgehen lernen, das Leben leichter und angenehmer gestalten, mit Wettbewerb Jüngerer umgehen lernen	Phase der Wertschätzung, des Gewohnten und der eigene Ansichten
60 bis Tod	Mit beruflichen Rückzug und den sich daraus ergebenen Veränderungen des eigenen Lebensstils umgehen lernen, Gesundheitsprobleme managen lernen, soziale Isolation und das Gefühl des Überflüssigwerdens vermeiden durch Schätzenlernen und Anwenden von Weisheit und Erfahrung	Auseinandersetzung mit nachlassender Leistungsfähigkeit und Krankheit, Tod als Wirklichkeit

ABB. 11: DAS BIOSOZIALE ZYKLUSKONZEPT NACH SCHEIN
(QUELLE: VGL. GRAF, ANITA (2002), S. 57 F.)

3.1.2 Familiärer Lebenszyklus

Der familiäre Lebenszyklus ist geprägt von der Gründung einer eigenen Familie und den damit einhergehenden zu bewältigenden Aufgaben und Herausforderungen. Dieser Zyklus bezieht sich primär auf die Bereiche Partnerschaft, Ehe, Kinder und Enkelkindern[89], umfasst aber auch ehrenamtliche Tätigkeiten und grundsätzlich die Betreuung von pflegebedürftigen Familienangehörigen.

Die Ehe ist zwar immer noch die am häufigsten gewählte Lebensform, besonders im mittleren Alter, hat aber in den letzten Jahren zugunsten nichtehelicher Lebensformen an Bedeutung verloren. Aufgrund von längeren Ausbildungszeiten und der notwendigen beruflichen Mobilität hat sich der Zeitpunkt einer Eheschließung oder Familiengründung in ein höheres Lebensalter verlagert.[90] Eine Eheschließung kann meist als erster Schritt in eine Familiengründung bezeichnet werden. Dadurch, dass die Heiratsrate insgesamt rückläufig ist und zusätzlich die Ehen später geschlossen werden, kommt es auch zu einer Verschiebung der Erstgeburten.[91] Da die Familiengründung oft parallel zur Berufstätigkeit erfolgt, hat dies auch einen großen Einfluss auf die Erwerbsbeteiligung von Frauen. In Deutschland waren im Jahre 2008 nur 45% der bis 30-jährigen Mütter mit Kindern bis 14 Jahren berufstätig. Die entsprechenden Väter waren mit 82% fast doppelt so oft berufstätig. Das hat auch häufig damit zu tun, dass die Einkommenschancen für Männer besser sind als für Frauen.[92] Und je jünger die Mütter sind, desto seltener sind sie berufstätig. Für die Gleichstellung der Geschlechter wäre jedoch eine ausbalancierte Erwerbsbeteiligung von Frauen und Männern ausschlaggebend.[93]

Das Bild der traditionellen Familie hat sich in den letzten Jahrzehnten grundsätzlich stark verändert. Mit dem Trend der Individualisierung haben sich auch neue Lebensformen wie z. B. „Dual Career Couples"[94] oder „Ein-Eltern-Familien" etabliert. Gleichzeitig verliert das traditionelle Modell des männli-

---

[89] Vgl. Graf, Anita (2002), S. 45.
[90] Vgl. Statistisches Bundesamt (2010), S. 17 f.
[91] Vgl. Graf, Anita (2002), S.65 f.; vgl. Müller, Julia/Scheuermann, Diana bei: Humboldt Universität Berlin (2006), S. 5 f.
[92] Vgl. Wallacher, Johannes (2011), S. 49.
[93] Vgl. Statistisches Bundesamt (2010), S. 30 f.
[94] Als „Dual Career Couples" werden Partnerschaften bezeichnet, in denen beide Partner ihre berufliche Weiterent-wicklung verfolgen und gleichzeitig ein gleichwertiges und gemeinsam geführtes Familien- bzw. Privatleben anstreben. Vgl. Oelsnitz, Dietrich von der/Stein, Volker/Hahmann, Martin (2007), S. 240.

chen Ernährers immer mehr an Bedeutung, denn immer häufiger suchen Frauen nach Möglichkeiten, Familie und Beruf bzw. Karriere optimal zu verbinden. Der Kinderwunsch wird heute sehr bewusst mit Faktoren wie Karriere, Einkommen, wirtschaftliche Unabhängigkeit sowie der Aufgabenteilung im Haushalt und der Organisation der Kinderbetreuung abgestimmt.[95] Diese Entwicklung wird einerseits als Gleichstellung der Frau bezeichnet, birgt aber andererseits eine nicht zu unterschätzende Doppelbelastung für die Frau. Auch das im Rahmen der demografischen Entwicklung diskutierte Thema „Pflege von Angehörigen" führt in der Regel zu einer zusätzlichen Belastung für die weiblichen Mitglieder der Gesellschaft.

3.1.3 Beruflicher Lebenszyklus

Der berufliche Lebenszyklus umfasst die gesamte Lebensarbeitszeit – von der Berufswahl bis zum Ausscheiden aus dem Erwerbsleben – und beschreibt die verschiedenen Phasen der beruflichen Entwicklung insgesamt. Dieser Zyklus wird in Abbildung 12 dargestellt und beinhaltet folgende Aspekte: Berufswahl und Ausbildung, Start ins Berufsleben, Karriere und Laufbahn, mittlere Karrierephase (Wachstum, Karriereplateau, Stagnation) und den Austritt.

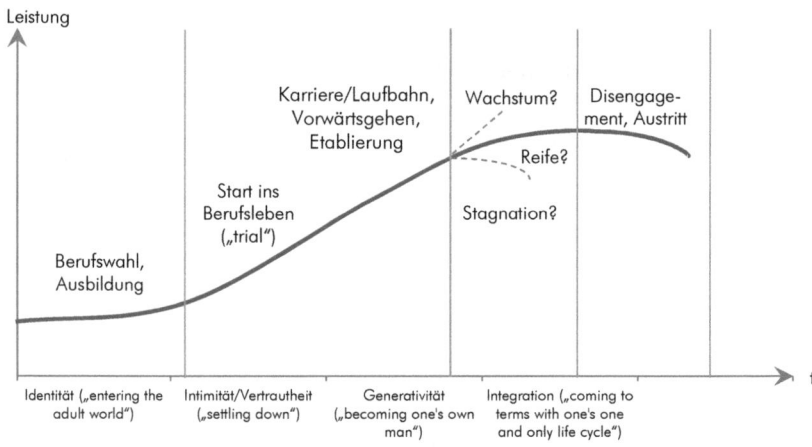

ABB. 12: PHASEN DES BERUFLICHEN LEBENSZYKLUS (QUELLE: GRAF, ANITA (2002), S. 69)

---

[95] Vgl. Graf, Anita (2002), S. 66.

Die erste Phase bildet die **Berufswahl und die Ausbildung,** die einerseits durch Interessen und mögliche Erfolgschancen und andererseits durch vorhandene Schulausbildung und den Empfehlungen von Eltern und Freunden beeinflusst wird.[96] Der Entscheidung für einen beruflichen Werdegang und dem **Eintritt in eine Organisation** folgt eine Phase, in der es zur Bewältigung von verschiedenen Entwicklungs- und Lernherausforderungen kommt. Diese beeinflussen die individuelle **Laufbahn und den Karrierepfad** hin zu einer relativ stabilen Karriereorientierung. Nach der Sammlung von unterschiedlichen Berufserfahrungen – z. B. durch den Wechsel innerhalb einer Organisation oder zwischen den Unternehmen – kommt es meist in der mittleren Karrierephase zu einer Überprüfung des eigenen Standortes. Das In-Frage-Stellen von beruflichen und persönlichen Zielvorstellungen kann zu einer Krise bzw. tiefgreifenden Änderungen führen. Die Verlaufsmöglichkeiten dieser Phase können sehr unterschiedlich sein. Es kann eine Phase der **Weiterentwicklung** und des **Wachstums,** ein Aufrechterhalten des **Status quo** oder auch eine **Stagnation** bis hin zu einem **Leistungs- und Qualifikationsverlustes** eintreten. Im späteren Verlauf des beruflichen Zyklus kann es zu einer Abnahme oder auch einer Überalterung des Wissens kommen. Fehlende Lern- und Entwicklungsmöglichkeiten können sogar zur einer inneren Kündigung der Betroffenen führen.[97] Die letzte Phase in diesem Zyklus stellt in der Regel die **Pensionierung** dar. Der berufliche Zyklus kann in einen betrieblichen und einen stellenbezogenen Lebenszyklus untergliedert werden.

3.1.4 Betrieblicher Lebenszyklus

Der betriebliche Lebenszyklus beschreibt die berufliche Laufbahn und die damit verbundene Entwicklung eines Mitarbeiters innerhalb der gleichen Organisation.[98] Dieser Zyklus kann in die in Abbildung 13 dargestellten vier Phasen – Einführung, Wachstum, Reife, Sättigung – eingeteilt werden:[99]

---

[96] Vgl. Graf, Anita (2002), S. 67.
[97] Vgl. Graf, Anita (2002), S. 67 ff.
[98] Vgl. Graf, Anita (2002), S. 46.
[99] Vgl. Graf, Anita (2002), S. 85.

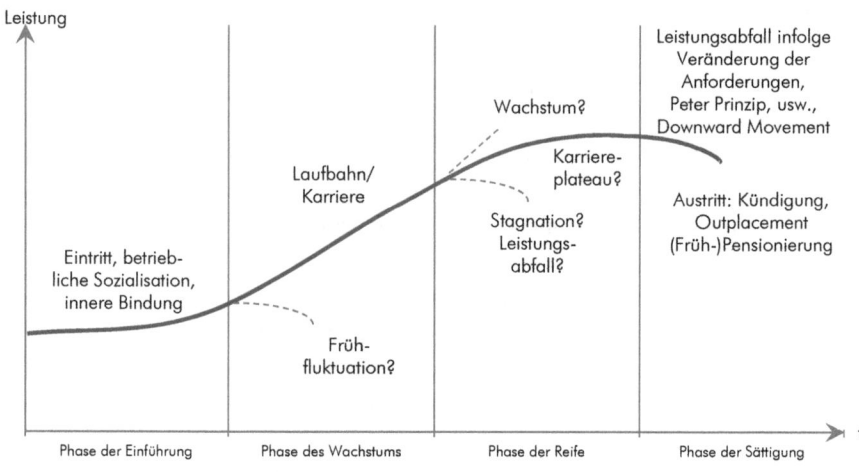

ABB. 13: PHASEN DES BETRIEBLICHEN LEBENSZYKLUS (QUELLE: GRAF, ANITA (2002), S. 85)

Graf bezeichnet den klassischen „Eintritt in eine Organisation" und den damit verbundenen betrieblichen Sozialisationsprozess[100] als **Phase der Einführung,** in der ein Mitarbeiter die spezifischen Normen und Werte sowie die Erwartungen seines Umfeldes kennen und einzuschätzen lernt.[101] Die sich anschließende **Phase des Wachstums** ist geprägt von der individuellen Laufbahn des Mitarbeiters und kann durch die Übernahme einer verantwortungsvolleren Tätigkeit oder eines erweiterten Kompetenz- und Handlungsspielraums gekennzeichnet sein. Die Karriereentwicklung kann im Rahmen einer Fach-, Projekt- oder Führungslaufbahn stattfinden. In der darauffolgenden **Phase der Reife** sind unterschiedliche Entwicklungsverläufe denkbar – Übernahme weiterer Herausforderungen, Erhaltung des Erreichten oder auch Abfall der Leistungsfähigkeit. In der **Sättigungsphase** kann es zu einer sinkenden Leistungsfähigkeit[102] oder Leistungsbereitschaft des Mitarbeiters kommen, die dann auch zur

---

[100] Als Sozialisation wird ein Prozess der Eingliederung bzw. Anpassung eines Menschen in die ihn umgebende Gesellschaft und Kultur bezeichnet. Vgl. Weber, Wolfgang/Mayrhofer, Wolfgang/Nienhüser, Werner/Kabst, Rüdiger (2005), S. 110.

[101] Vgl. Graf, Anita (2002), S. 83.

[102] Der Begriff „Downward Movement" wird in Abschnitt 6.3 dieser Arbeit kurz beschrieben. Unter der Bezeichnung „Peter Prinzip" wird verstanden, dass jeder bis zur Stufe seiner eigenen Unfähigkeit befördert wird. Vgl. hierzu Oelsnitz, Dietrich von der/Stein, Volker/Hahmann, Martin (2007), S. 238.

Kündigung, einer Outplacementmaßnahme oder einer frühzeitigen Pensionierung führen kann.[103]

3.1.5 Stellenbezogener Lebenszyklus

Der stellenbezogene Lebenszyklus bezieht sich auf die Übernahme einer neuen Funktion. Hier kann die erste Position, aber auch die Übernahme einer ganz neuen Funktion innerhalb des Unternehmens gemeint sein. Im zweiten Beispiel hat der Mitarbeiter den betrieblichen Sozialisationsprozess bereits durchlaufen.[104] Auch dieser Zyklus kann in eine Einführungsphase, eine Wachstumsphase, eine Reifephase und eine Sättigungsphase eingeteilt werden (Abb. 14).

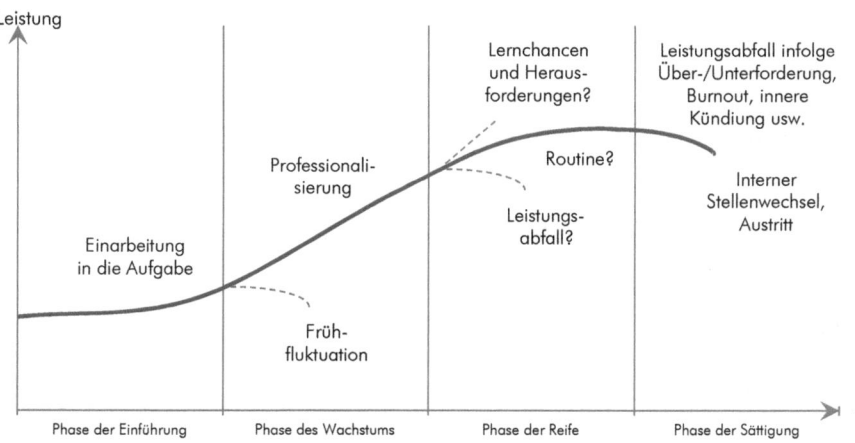

ABB. 14: PHASEN DES STELLENBEZOGENEN LEBENSZYKLUS
(QUELLE: GRAF, ANITA (2002), S. 143)

Der **Phase der Einführung**, die durch Patenmodelle oder Einführungsprogramme unterstützt und beschleunigt werden kann, schließt sich die **Phase des Wachstums** an. In dieser Phase erlangt der Mitarbeiter eine gewisse Routine, kann seine Fähigkeiten vertiefen und erweitern, Netzwerke knüpfen und

---

[103] Vgl. Graf, Anita (2002), S. 83 f.
[104] Vgl. Graf, Anita (2002), S. 141.

Beziehungen aufbauen.[105] Mit interessanten und herausfordernden Aufgaben kann einer möglichen Frühfluktuation entgegengewirkt werden. Die **Phase der Reife** ist dadurch gekennzeichnet, dass der Mitarbeiter alle Aufgaben und Anforderungen der Stelle kennt und das Potenzial der Stelle voll ausgeschöpft hat – es stellt sich eine gewisse Routine ein. Weitere Lern- und Entwicklungsherausforderungen können z. B. durch Job Enlargement[106], Job Enrichment[107] oder der Teilnahme an Projekten geschaffen werden. Leistungsabfall durch Überforderung oder Unterforderung sowie Burnout oder eine innere Kündigung können den Mitarbeiter in die **Phase der Sättigung** führen. Der stellenbezogene Lebenszyklus endet entweder in einem internen Stellenwechsel oder gar dem Austritt aus der Organisation. Das jeweilige Entwicklungspotenzial eines Mitarbeiters ist ein wichtiger Indikator für die Zuordnung in die Phasen des stellenbezogenen Lebenszyklus. Im Einzelnen sind hier die Leistungsfähigkeit und die Leistungsbereitschaft, aber auch Faktoren wie Motivation, individuelle Wertesysteme und Zufriedenheit zu nennen. Technologische Entwicklungen, die zunehmende Globalisierung und der Wandel der Werte haben einen Einfluss auf die Arbeitsbedingungen und Qualifikationsanforderungen.

3.1.6 Zyklusübergreifende Zusammenhänge

Diese einzelnen Teilzyklen sind eng miteinander verwoben und bedingen sich gegenseitig. Immer dann, wenn Ereignisse, wie z. B. Berufseintritt oder Neuorientierung und Heirat oder Familiengründung, aus verschiedenen Zyklen zusammenfallen und bewältigt werden müssen, erhöhen sich die Anforderungen an das Individuum. Wie ein Individuum mit diesen meist stressbehafteten Aufgabenstellungen umgeht, hängt auch von der Gesundheit, dem Energieniveau, dem Temperament oder auch der Intelligenz jedes Einzelnen ab. Das Berufsleben nimmt aktuell noch einen großen Bereich in den Lebensverläufen ein und ist geprägt von elementaren Erfahrungen in Verbindung mit Spannungsfeldern wie Sicherheit und Unsicherheit, Entfaltung und Fremdbestim-

---

[105] Vgl. Graf, Anita (2002), S. 141.
[106] Als Enlargement wird die Erweiterung des Arbeitsfeldes bezeichnet. Vgl. Weber, Wolfgang et al. (2005), S. 160.
[107] Als Enrichment wird eine Bereicherung des Arbeitsgebietes bezeichnet. Vgl. Weber, Wolfgang et al. (2005), S. 160 f.

mung, Selbstständigkeit und Abhängigkeit, Erfolg und Misserfolg.[108] Alle diese Erfahrungen prägen letztlich die Persönlichkeit und das Verhalten eines Menschen und somit auch seinen Werdegang und seine Wertvorstellungen. Abbildung 15 zeigt eine Übersicht über die verschieden Phasen und Zyklen.

Lebenszyklen		
biosozial	familiär	beruflich
frühe Karrierephase (15 – 35 Jahre) selbstständig werden, Entwicklung eines eigenen Lebensstiles und der Karriereplanung	Partnerschaft, Heirat, Elternschaft	Schüler, Student, Auszubildender, Berufsanfänger, Verantwortung übernehmen, Laufbahn- und Karriereplanung
mittlere Karrierephase (35 – 50 Jahre) getroffene Entscheidungen überprüfen, Bilanz ziehen, Übergang in die Lebensmitte – Krise	erwachsene Kinder verlassen das Elternhaus, Verantwortung für eigene Eltern übernehmen	Standortüberprüfung, Stellenwert der beruflichen Tätigkeit überdenken, Mentorenfunktionen übernehmen
späte Karrierephase (50 – 60/67) Rückblick und ungewisse Zukunft, Gesundheit	Trennung oder Tod von Familienangehörigen oder Freunden	Auseinandersetzung mit möglichen neuen Rollen, Vorbereitung auf die Pensionierung

ABB. 15: DIE DREI HAUPTZYKLEN IN VERSCHIEDENEN PHASEN (QUELLE: EIGENE DARSTELLUNG)

Im Zusammenhang mit dem betrieblichen Zyklus kann ein Trend zum Abbau von Hierarchiestufen beobachtet werden, der wiederum von personalpolitischen Konsequenzen begleitet wird. Hierarchien stehen nach wie vor für Führungs- und Entscheidungsstrukturen einerseits und für das Sichtbarmachen von beruflichen Entwicklungen andererseits. Eine Möglichkeit, diesem Dilemma zu begegnen, ist die Entkopplung von Hierarchie und Karriere. Dies bedeutet auch, dass die wachsenden Fähigkeiten und Erfahrungen mit der Bewältigung von komplexeren Aufgaben in Verbindung gebracht werden und Karriere eher als „Vorwärts" verstanden wird und nicht als „Aufwärts". Lebenslanges Lernen wird zum Karriereprinzip und somit auch zur Chance für die ei-

---

[108] Vgl. Abels, Heinz/Honig, Michael-Sebastian, Saake, Irmhild/Weymann, Ansgar (2008), S. 178.

gene Entwicklung.[109] Hier bieten Fach- oder auch Projektlaufbahnen eine angemessene Alternative. Insbesondere der biosoziale und der familiäre Zyklus stehen auch aufgrund ihres grundsätzlichen Bezugs zum Alter und den gesellschaftlichen Normen in einer engen Verbindung.

3.2 „Das lebensereignisorientierte HRM" – ein Ansatz von Armutat

Armutat verfolgt einen **„lebensereignisorientierten" Ansatz des Personalmanagements**, der sich schwerpunktmäßig auf die individuellen Lebensereignisse eines Mitarbeiters konzentriert. Er unterscheidet dabei folgende Ereignisse: Eintritt in eine Organisation, Qualifikation, Karriere, „Change", Ereignisse im privaten Umfeld, außerbetriebliches Engagement und Ausstieg. Die einzelnen Elemente dieser Ereignisse werden nachfolgend kurz erläutert.

Der **„Eintritt in eine Organisation"** wird bei Armutat unterschieden in die klassische Neueinstellung, einen Tätigkeitswechsel, der gleichzeitig mit einem Standortwechsel in Verbindung steht, und der Rückkehr nach einer längeren Unterbrechung der Tätigkeit.[110] Das Ereignis **„Qualifikation"** spielt bei Armutat, insbesondere in Verbindung mit dem zu erwartenden künftigen Fachkräftemangels, eine zentrale Rolle.[111] Er erwähnt in diesem Zusammenhang auch das Konzept des „lebenslangen Lernens" in Verbindung mit privaten Aktivitäten, z. B. Förderung der Sozialkompetenz durch die Übernahme von Ehrenämtern oder die Entwicklung von „Managementkompetenzen" in der Rolle als Mutter, und verweist darauf, dass nicht formalisierte Lernprozesse in der Zukunft an Bedeutung gewinnen werden.[112] Im Zusammenhang mit dem Lebensereignis **„Karriere"** betont Armutat die Verpflichtung der Unternehmen, eine „systematische Laufbahnförderung und Karriereplanung einzuführen"[113], wobei er darauf hinweist, dass Karrieren nicht immer nur linear nach oben verlaufen müssen, sondern auch durch „Seitwärtsbewegungen" oder Unterbrechungen gekennzeichnet sein können. Der **„Change"** wird im „lebenser-

---

[109] Vgl. Graf, Anita (2002), S. 123 ff.
[110] Vgl. Armutat, Sascha et al. (Hrsg.), (2008), S. 107.
[111] Vgl. Armutat, Sascha et al. (Hrsg.), (2008), S. 111.
[112] Vgl. Armutat, Sascha et al. (Hrsg.), (2008), S. 115 f.; vgl. Schröder, Thomas (2010), S. 166.
[113] Armutat, Sascha et al. (Hrsg.), (2008), S. 119.

eignisorientierten" Konzept als ein eigenständiges Ereignis genannt und in vier Dimensionen unterteilt: 1. Veränderungen in den Eigentümerverhältnissen, der Struktur des Unternehmens oder des Portfolios; 2. Arbeitszeitveränderungen; 3. Aufgabenveränderungen durch Innovationen; 4. Wandel der Unternehmenskultur.

Auch **„Ereignisse im privaten Umfeld"** wie z. B. eine neue Partnerschaft, die Einrichtung oder Verlagerung des räumlichen Lebensmittelpunktes, die Geburt eines Kindes, Pflege von Familienangehörigen, Krankheit oder auch Trennung[114] und **„außerbetriebliches Engagement"** – ehrenamtliches, bürgerschaftliches und politisches Engagement oder auch sportliche Wettkämpfe – können die Leistungsfähigkeit eines Mitarbeiters nachhaltig beeinflussen.[115] Der **„Ausstieg"** aus einem Unternehmen oder gar aus dem Berufsleben ist ein Lebensereignis, mit dem sich jeder Berufstätige mit Sicherheit einmal auseinandersetzen muss. Für das Unternehmen spielen dabei Themen wie Wissensmanagement und Nachfolgeplanung eine wichtige Rolle. Für Mitarbeiter bedeutet es, sich mit der Gestaltung des weiteren Lebensweges oder dem Eintritt in den Ruhestand zu beschäftigen.

3.3 „Die lebensphasenorientierte Personalpolitik" – ein Modell von Rump

Die traditionellen Erwerbsbiografien wurden ursprünglich in drei starre Sequenzen eingeteilt – Lehrjahre, Erwerbsjahre, Ruhestand[116] – wobei die persönlichen Lebensumstände der Individuen eine untergeordnete Rolle spielten. Das lebensphasenorientierte Modell konzentriert sich auf die gesamte Lebensarbeitszeit eines Mitarbeiters – vom Eintritt ins Berufsleben, bis zum Austritt – und berücksichtigt sowohl die individuellen Lebenssituationen als auch die unterschiedlichen Situationen im beruflichen Werdegang eines Individuums. Als berufliche Phasen werden hier genannt: **Einstieg, Neuorientierung, Kompetenz- und Laufbahnentwicklung,** die auch einen **Auslandsaufenthalt** beinhalten kann, sowie **betriebliche Veränderungen und der berufliche Rück-**

---

[114] Vgl. Armutat, Sascha et al. (Hrsg.), (2008), S. 130 ff.
[115] Vgl. Armutat, Sasche et al. (Hrsg.), (2008), S. 140 ff.
[116] Vgl. Kruse, Andreas – Roman Herzog Institut (2009), S. 23.

zug.[117] Zu den individuellen Lebenshintergründen zählen Ereignisse wie z. B. **Partnerschaft, Familie, Elternschaft, Krankheit, Verantwortung für pflegebedürftige Familienangehörige, ehrenamtliche oder nebenberufliche Tätigkeiten aber auch privat initiierte Weiterbildung.**[118]

Der Fokus des lebensphasenorientierten Modells liegt auf der Gewinnung und Bindung von Mitarbeitern, der Förderung und dem Erhalt der Leistungs- und Beschäftigungsfähigkeit sowie einer alternsgerechten Unternehmens- und Personalpolitik.[119] Rump nennt in diesem Zusammenhang die **Demografie-orientierung, die nachhaltige Sicherung der Beschäftigung und die Vereinbarkeit von Beruf und Familie** als die drei wichtigsten Dimensionen einer lebensphasenorientierten Personalpolitik.[120] Dieses Modell betont, ebenso wie das Konzept von Graf und der Ansatz von Armutat, dass die betrieblichen Ziele und Notwendigkeiten mit den Interessen und Bedürfnissen der Mitarbeiter, auf der Basis eines ganzheitlichen intergierten Konzeptes, so weit wie möglich, in Einklang gebracht werden müssen. Als übergreifende Handlungsfelder werden die Unternehmens- und Führungskultur, sowie die Gestaltung der Organisation und die Kommunikation genannt.

Die spezifischen Handlungsfelder liegen im Bereich der Mitarbeitergewinnung, der Personalentwicklung, den Leistungs- und Vergütungssystemen sowie den zusätzlichen Sozialleistungen und den Services eines Unternehmens.[121] Als leitende Grundsätze dieses Konzeptes werden **Ganzheitlichkeit, Integration, ethischer Kodex, Kontinuität und Wirtschaftlichkeit** aufgeführt. Rump weist auch darauf hin, dass eine nachhaltige und zukunftsorientierte Umsetzung dieses Konzeptes nicht nur von der Unterstützung der Arbeitgeber abhängig ist, sondern dass auch der Staat und die Beschäftigten selbst ihren Beitrag zum Erfolg dieses Konzeptes leisten müssen.[122]

---

[117] Vgl. Rump, Jutta (2009), Strategie für die Zukunft – Kick-off-Präsentation, S. 9.
[118] Vgl. Rump, Jutta (2010), Strategie für die Zukunft – Roadshow 2010, S. 9.
[119] Vgl. Rump, Jutta (2009), Strategie für die Zukunft – Kick-off-Präsentation, S. 5.
[120] Vgl. Rump, Jutta et al. (2008), in: Strategie für die Zukunft – Leitfaden, S. 19.
[121] Vgl. Rump, Jutta (2010), Strategie für die Zukunft – Roadshow 2010, S. 12 ff.
[122] Vgl. Rump, Jutta (2009), Strategie für die Zukunft – Kick-off-Präsentation, S. 23.

3.4 Dimensionen einer „lebensphasenorientierten Personalpolitik"

Bei der erfolgreichen Umsetzung einer strategischen lebensphasenorientierten Personalpolitik gilt es, „Entwicklung und Erhaltung der nachhaltigen Beschäftigungsfähigkeit unter Berücksichtigung der Lebensphasen, [...] die Vereinbarkeit von Beruf und Familie durch eine familienbewusste Personalpolitik sowie der Umgang mit Demografieeffekten und eine altersgerechte Personalpolitik miteinander zu verbinden".[123] Dieses Konzept wird darüber hinaus durch den Diversity-Ansatz und eine praktizierte Altersneutralität[124] – und somit der Vermeidung von Diskriminierung – ergänzt.

3.4.1 Work-Life-Balance

Der Ausdruck „Work-Life-Balance" umfasst ein Konzept, mit dem langfristig eine gesunde Balance erzielt werden kann, und zwar durch Investition in Form von Zeit, Engagement, Leistung, Disziplin auf der einen Seite und Konsum, Gratifikation, Genuss auf der anderen Seite.[125] Diese Balance kann für jeden individuell ganz unterschiedlich aussehen. Work-Life Balance wird z. B. durch Faktoren wie soziale, zeitliche und arbeitsstrukturelle Rahmenbedingungen oder auch Persönlichkeitsfaktoren, Einstellungen und dem Wertesystem einer Person beeinflusst. Hierbei handelt es sich um Faktoren, wie sie ebenfalls in der Thematik der Beschäftigungsfähigkeit zu finden sind.

Das Thema Work-Life-Balance gewinnt aufgrund eines im Rahmen des Wertewandels wachsenden Bedürfnisses nach mehr Lebensqualität, aber auch angesichts der Diskussionen über die Verlängerung der Lebensarbeitszeit an Bedeutung. Will ein Unternehmen die nachhaltige Produktivität einer immer älter werdenden Belegschaft sicherstellen, muss es Möglichkeiten hinsichtlich der Vereinbarkeit von privaten und beruflichen Lebensbereichen schaffen. „Unternehmen sind deshalb darauf angewiesen, all ihren MitarbeiterInnen die Vereinbarkeit von Beruf- und Privatleben nicht nur zu ermöglichen, sondern

---

[123] Rump, Jutta et al. (2008) in: Strategie für die Zukunft – Leitfaden, S. 19.
[124] Vgl. Armutat, Sascha et al. (2009), S. 59 und S. 63 f.
[125] Vgl. Kastner, Michael bei: Kaiser, Stephan/Ringlstetter, Max (Hrsg.), (2010), S. 1.

sie aktiv zu fördern, um nachhaltig von einer in jeder Hinsicht beschäftigungsfähigen Belegschaft profitieren zu können."[126]

Zu den bekanntesten Maßnahmen gehören grundsätzlich flexible Arbeitszeitmodelle, die im günstigsten Falle die individuelle Lebenssituation eines Beschäftigten berücksichtigen können. Aber auch die Vertrauensarbeitszeit, Lebensarbeitszeitkonten[127], ein aktives und nachhaltiges Gesundheitsmanagement oder auch die problemlose Rückkehr aus der Elternzeit sowie finanzielle Zuschüsse für „familiäre Ereignisse" finden in vielen Unternehmen Berücksichtigung.[128] Das Konzept der Work-Life-Balance ergänzt somit die berufliche Entwicklungswege um zentrale Elemente aus dem persönlichen und familiären Bereich – wie Familie, Gesundheit, private Interessen,[129] Ehrenämter und sportliche Aktivitäten.

3.4.2 Employability

Der Begriff Employability bezeichnet die Fähigkeit zur Teilnahme am Arbeits- oder Berufsleben und wird mit Beschäftigungsfähigkeit oder Arbeitsmarktfähigkeit übersetzt. „Employability ist die Fähigkeit, fachliche, soziale und methodische Kompetenzen unter sich wandelnden Rahmenbedingungen zielgerichtet und eigenverantwortlich anzupassen und einzusetzen, um eine Beschäftigung zu erlangen oder zu erhalten."[130] Der Begriff ist ursprünglich im Rahmen der Diskussion um die staatliche Arbeitsmarktpolitik entstanden. Menschen die entweder von der Arbeitslosigkeit bedroht oder bereits ohne Beschäftigung waren, sollten wieder beschäftigungsfähig gemacht werden.[131] Unternehmen definieren Employability als „Marktfähigkeit des Mitarbeiters [...] auf dem internen und/oder externen Arbeitsmarkt" (Credit Swiss) oder als „Unternehmer bzw. Unternehmerin in eigener Sache" (Adam Opel AG).[132]

---

[126] Stuber, Michael (2009), S. 44.
[127] Lebensarbeitszeitkonten eignen sich sehr gut, um einen „lebenszyklischen Bedarf" an Flexibilität hinsichtlich Arbeitszeit und somit der Balance zwischen beruflichen und privaten Ereignissen zu gewährleisten. Vgl. Rimser, Markus (2006), S. 140 f.
[128] Vgl. Stuber, Michael (2009), S. 205 und S. 211.
[129] Vgl. Geldermann, Brigitte bei: Loebe, Herbert/Severing, Eckart (Hrsg.), (2007), S. 29.
[130] Rump, Jutta/Eilers, Silke bei: Rump, Jutta/Sattelberger, Thomas/Fischer, Heinz (Hrsg.), (2006), S. 21.
[131] Vgl. Ackermann, Friedrich-Karl bei: Speck, Peter (Hrsg.), (2008), 3. Auflage, S. 309.
[132] Lombriser, R./Uepping, H. bei: Speck, Peter (Hrsg.), (2008), S. 310.

Das Konzept von Employability betont die Wichtigkeit von lebenslangem Lernen und Qualifizierungsmaßnahmen aber verweist auch auf ein begleitendes, nachhaltiges Gesundheitsmanagement, um das Ausbrennen[133] von Mitarbeitern zu verhindern. Employability umfasst ein „Bündel an Fachwissen und fachlicher Kompetenz einerseits und überfachlichen Kompetenzen, Einstellungen und Mentalitäten andererseits".[134] Bei dem Erhalt von Beschäftigungsfähigkeit spielen neben der Qualifikation, der Motivation und der Gestaltung der Arbeitsumgebung auch Faktoren wie Gesundheit und das private Umfeld eine maßgebliche Rolle.

ABB. 16: DIE KERNKOMPETENZEN DER EMPLOYABILITY
(QUELLE: RUMP, JUTTA BEI: HAPPE GUIDO (HRSG.), (2010), S. 59)

Um den Ansatz der Beschäftigungsfähigkeit in Unternehmen langfristig etablieren zu können, muss diese Idee im ersten Schritt auf der normativen Ebene verankert und Teil der Unternehmenspolitik, der Unternehmensziele und der Unternehmenskultur werden. Erst dann kann Employability über strategische Maßnahmen wie Personalentwicklungsprogramme, Laufbahn- und Karrieremodelle, Anreiz- und Vergütungssysteme und Gesundheitsmanagement

---

[133] Häufig wird der englische Begriff „burnout" verwendet. Charakteristische Merkmale sind körperliche und emotionale Erschöpfungszustände in Verbindung mit einer Leistungs- und Antriebsschwäche sowie ein vermindertes Vermögen, sich zu erholen. Vgl. hierzu: Greve, Gustav (2010), S. 33.
[134] Rump, Jutta bei: Happe, Guido (Hrsg.), (2010), S. 59.

konkretisiert werden. Auf der operativen Ebene können die strategischen Ziele mit geeigneten Maßnahmen in konkretes Handeln umgewandelt werden.[135]

3.4.3 Demografieorientierung

Der demografische Wandel beschreibt die weltweite tendenzielle Entwicklung der Bevölkerung hinsichtlich der Veränderung in der Zusammensetzung der Altersstruktur. In Deutschland ist die Geburtenrate seit 1972 geringer als die Sterberate, was bedeutet, dass die Bevölkerungszahl rückläufig ist und die Menschen im Schnitt älter werden.[136] In einer schrumpfenden Gesellschaft werden weniger junge Menschen ausgebildet und es stehen auch weniger junge Menschen auf dem Arbeitsmarkt zur Verfügung. Da Attribute wie Aufgeschlossenheit, Innovation, Veränderungsbereitschaft, Anpassungsflexibilität und Kreativität eher den jüngeren Generationen zugeschrieben und auch Unternehmensgründungen eher von jungen Menschen durchgeführt werden, ist zu befürchten, dass der Wirtschaft enormes Potenzial verloren geht.[137]

Die Umkehrung des Generationenverhältnisses stellt zweifellos eine große Herausforderung für die Unternehmen dar. Unternehmen müssen einerseits noch nicht ausreichend genutzte Potenziale zugänglich machen – Frauen, Migranten, Ältere – und andererseits Konzepte entwickeln, die auf die individuellen Lebensphasen der Beschäftigten zugeschnitten und die vor allen Dingen auch „alternsgerecht" sind.

Für ältere Mitarbeiter könnte z. B. die Gesundheitsförderung gestärkt oder die Einbeziehung in Weiterbildungsmaßnahmen intensiviert werden. Vermutlich sind die Beschäftigungs- und Qualifikationsrisiken von älteren Mitarbeitern weniger im Alter selbst als mehr in den personalpolitischen Strukturen der Unternehmen zu suchen.[138] Wir können heute schon davon ausgehen, dass sich die durchschnittliche Lebensarbeitszeit trotz der aktuellen Arbeitslosigkeit und der fortschreitenden Rationalisierung verlängern wird und die Unternehmen schon jetzt Ihre Personalpolitik an den Herausforderungen des demografi-

---

[135] Vgl. Rump, Jutta/Eilers, Silke bei: Rump, Jutta/Sattelberger, Thomas/Fischer, Heinz (Hrsg.), (2006), S. 35.
[136] Vgl. Statistisches Bundesamt. Geburten in Deutschland (2007), S. 23.
[137] Vgl. Wartenberg, Ludolf von/Haß, Hans-Joachim (200), S. 163 f.
[138] Vgl. Schöpf, Nicolas bei: Loebe. Herbert/Severing, Eckart (Hrsg.), (2007), S. 22.

schen Wandels orientieren müssen. „In wenigen Jahren wird die Innovations- und Wettbewerbsfähigkeit der deutschen Wirtschaft von Belegschaften abhängen, die überwiegend aus Älteren besteht."[139]

3.4.4 Diversity Management

Der Begriff „Diversity" steht sowohl für Vielfalt als auch für Verschiedenheit und beschreibt die vielfältigen Dimensionen menschlicher Unterschiede und Gemeinsamkeiten. „Diversity Management als Oberbegriff für Prozesse, Verfahren und Maßnahmen zielt darauf ab, die Unternehmenskultur dahingehend zu beeinflussen, dass Unterschiede verstanden, wertgeschätzt und produktiv integriert werden können. Das Ziel ist es, Unterschiede als Potenziale zu nutzen, allen Mitarbeitern gleiche Chancen zu ermöglichen und damit über Zufriedenheit, Wohlbefinden und Wertschätzung, Leistungspotenzial, Kooperations- und Innovationsfähigkeit und damit Produktivität und Wirtschaftlichkeit des Unternehmens nach innen und außen zu steigern."[140]

Durch die Globalisierung und der damit verbundenen Internationalisierung von Arbeits- und Absatzmärkten gewinnt das Management von Diversity immer mehr an Bedeutung. Neben der Vielzahl von Unterschieden (Abb. 17) hinsichtlich Geschlecht, Alter, Behinderung, Religionen, sexueller Ausrichtung oder Familienstand muss auch die Zusammenarbeit von Menschen mit unterschiedlichen Nationalitäten und Kulturen gemanagt werden. Die Vielfalt liegt aber auch in unterschiedlichen Erfahrungen, Fähigkeiten, Werten und Einstellungen der Mitarbeiter.[141]

---

[139] Geldermann, Brigitte bei: Loebe, Herbert/Severing, Eckart (Hrsg.), (2007), S. 27.
[140] Lotzmann, Natalie bei: Holz, Melanie/Da-Cruz, Patrick (Hrsg.), (2007), S. 72.
[141] Vgl. Engemann, Kirstin/Kestler, Florian/Scheunemann, Wolfgang; bei: Hutter, Peter-Klaus/Scheunemann, Wolfgang (Hrsg.), (2007), S. 51 f.

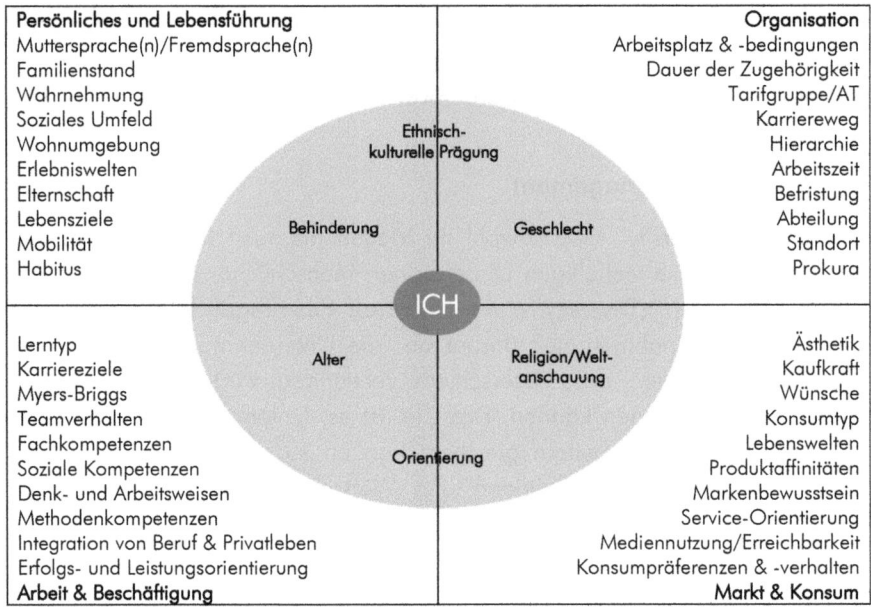

Persönliches und Lebensführung
Muttersprache(n)/Fremdsprache(n)
Familienstand
Wahrnehmung
Soziales Umfeld
Wohnumgebung
Erlebniswelten
Elternschaft
Lebensziele
Mobilität
Habitus

Organisation
Arbeitsplatz & -bedingungen
Dauer der Zugehörigkeit
Tarifgruppe/AT
Karriereweg
Hierarchie
Arbeitszeit
Befristung
Abteilung
Standort
Prokura

Ethnisch-kulturelle Prägung
Behinderung
Geschlecht
ICH
Alter
Religion/Welt-anschauung
Orientierung

Lerntyp
Karriereziele
Myers-Briggs
Teamverhalten
Fachkompetenzen
Soziale Kompetenzen
Denk- und Arbeitsweisen
Methodenkompetenzen
Integration von Beruf & Privatleben
Erfolgs- und Leistungsorientierung
Arbeit & Beschäftigung

Ästhetik
Kaufkraft
Wünsche
Konsumtyp
Lebenswelten
Produktaffinitäten
Markenbewusstsein
Service-Orientierung
Mediennutzung/Erreichbarkeit
Konsumpräferenzen & -verhalten
Markt & Konsum

ABB 17: DIE VIELFALT VON DIVERSITY (QUELLE: STUBER, MICHAEL (2009), S. 21)

In Verbindung mit Schlüsselthemen wie der Globalisierung, grenzübergreifenden Unternehmenszusammenschlüssen oder strategischen Allianzen und den damit einhergehenden Organisationsveränderungen spielen Diversitymanagement und ethisches Handeln eine elementare Rolle. Themen wie Diversity, ethisches Handeln und Corporate Social Responsibility sind heutzutage in vielen Unternehmen feste Strategiebestandteile und werden auch in sogenannte Nachhaltigkeitsberichte oder CSR-Berichte integriert.[142]

---

[142] Vgl. Stuber, Michael (2009), S. 35 f.; vgl. Wühle, Matthias (2007), S. 8.

4. Corporate Social Responsibility meets Human Resource Management

In diesem Kapitel wird der konzeptionelle Bezugsrahmen dieser Arbeit mit seinen einzelnen Aspekten vorgestellt. Einleitend werden ausgesuchte externe Einflussfaktoren – Wertewandel, bildungspolitische Aspekte und gesellschaftliche Herausforderungen – sowie deren Auswirkung auf das Konzept von Corporate Social Responsibility und das Human Resource Management untersucht. Als übergeordnete interne Handlungsfelder werden die Unternehmensstrategie, die Unternehmenswerte und das Thema Corporate Governance näher beleuchtet.

Die internen und externen Dimensionen von CSR – Investition in Humankapital und Arbeitsschutz, Anpassung an den Wandel und die Integration in das lokale Umfeld, Menschenrechte und Geschäftspartner sowie Ressourcenmanagement und Umweltschutz – werden ergänzend etwas näher erläutert. Bei der Erarbeitung des Bezugsrahmens (Abbildung 18) werden die CSR-Elemente der Pyramide von Carroll – Ökonomie, Recht, Ethik und Philanthropie – mit den unternehmerischen Aspekten – Wertschöpfung, Einhaltung von Gesetzten, Unternehmenskultur und auch Corporate Citizenship – in einen praxisbezogenen Kontext gesetzt.

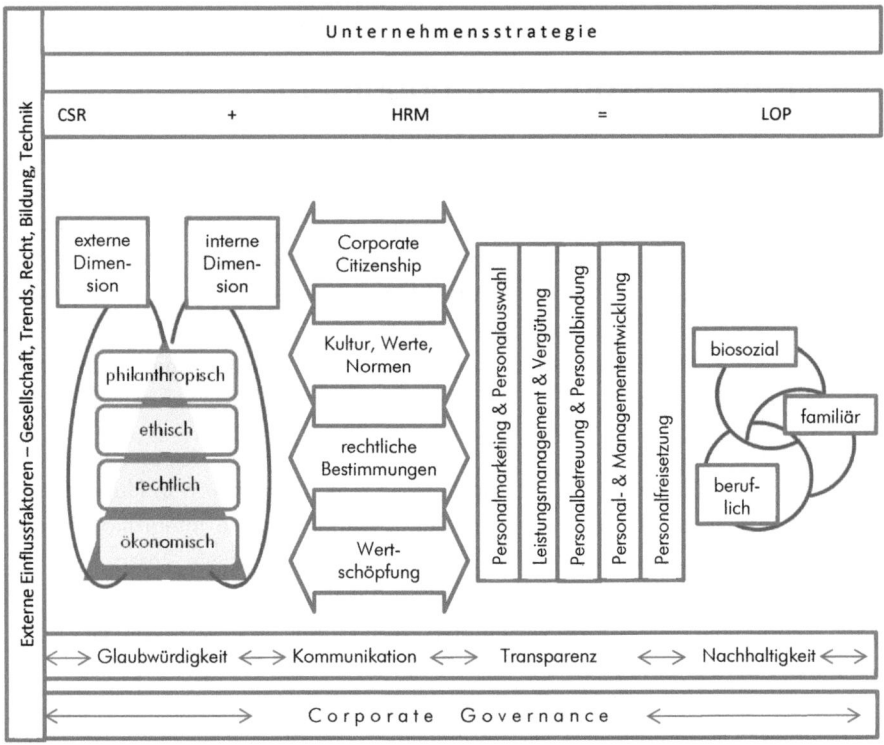

ABB. 18: KONZEPTIONELLER BEZUGSRAHMEN (QUELLE: EIGENE DARSTELLUNG)

Im weiteren Verlauf werden die fünf typischen Personalfunktionen – Personalmarketing & Personalauswahl, Leistungs- & Vergütungsmanagement, Personalbetreuung & Personalbindung, Personal- & Managemententwicklung und Personalfreisetzung – sowie deren Beziehungen und gemeinsame Handlungsfelder hinsichtlich Corporate Social Responsibility und einer lebensphasenorientierten Personalpolitik diskutiert.

4.1 Übergeordnete Einflussfaktoren von HRM und CSR

Strategische Konzepte werden immer von einer Anzahl verschiedener Faktoren beeinflusst, die bei der erfolgreichen Entwicklung, Ausgestaltung und Umsetzung angemessen berücksichtigt werden müssen. Die übergeordneten Handlungsfelder können sowohl interne als auch externe Einflussfaktoren umfassen. **Externe Faktoren** sind im Unternehmensumfeld begründet und umfassen neben gesellschaftspolitischen Fragestellungen und Trends[143] auch rechtliche Rahmenbedingungen, sowie bildungspolitische Aspekte und neue Technologien oder Innovationen. Themen wie Unternehmensstrategie und Unternehmenskultur sowie Glaubwürdigkeit, Wertesysteme, Transparenz und Kommunikation – um nur einige wichtige Punkte zu nennen – zählen zu den **internen Faktoren** und können sowohl die Konzeption als auch die Einführung und Umsetzung von CSR oder LOP maßgeblich beeinflussen.[144]

4.1.1 Externe Wirkungsfaktoren

Gesellschaftlicher Diskurs und Wertewandel: „Ein Wertewandel besteht dann, wenn eine Generation andere Auffassungen, Einstellungen und Meinungen hinsichtlich relevanter Grundwerte vertritt als ihre Elterngeneration."[145] Aktuell prägen Themen wie moderne Unternehmenskultur, hoch flexible Arbeitszeitsysteme, anpassungsfähige Vergütungssysteme und individuelle Karrieremöglichkeiten sowie Work-Life-Balance die Arbeitswelt. Ein von Diversity geprägtes Unternehmen berücksichtigt diese Entwicklungen sowohl auf dem Arbeitsmarkt als auch auf dem Absatzmarkt.[146]

In den letzten Jahrzehnten hat der gesellschaftliche Wertewandel eine Vielfalt von unterschiedlichen Lebensformen hervorgebracht. Neben den klassischen Familien oder auch Mehrgenerationenfamilien gibt es vermehrt Verheiratete ohne Kinder, Zweitverheiratete mit Kindern aus erster Ehe (Patchwork Familien), Alleinerziehende, gleichgeschlechtliche Lebensgemeinschaften mit und

---

[143] Hier sind insbesondere die folgenden vier Megatrends zur nennen: Demografische Entwicklung, Vormarsch der Frauen, Entwicklung zur Wissensgesellschaft und Gesellschaftlicher Wertewandel. Vgl. Rump, Jutta et al. (2008), in: Strategie für die Zukunft – Leitfaden, S. 10.
[144] Vgl. Armutat, Sascha et al. (Hrsg.), (2008), S. 50 f.
[145] Stuber, Michael (2009), S. 59.
[146] Vgl. Stuber, Michael (2009), S. 59.

ohne Kinder und Singles. Aber auch unverheiratete Paare mit Kind sind immer häufiger anzutreffen, wobei nicht selten beide Elternteile berufstätig sind.[147] Die öffentliche Diskussion aktueller gesellschaftspolitischer Fragestellungen wird nicht selten durch die Einführung von Gesetzen, Verordnungen, Richtlinien oder auch Empfehlungen und freiwilligen Initiativen – auf nationaler oder regionaler Ebene – begleitet. Für diese neuen Lebensformen hat die Politik bereits einzelne Regelungen – wie zum Beispiel Elternzeit für Männer – eingeführt, aber meist sind hier die Unternehmen gefordert, angemessene Zusatzleistungen anzubieten, um z. B. Betreuungslücken zu schließen. In diesem Zusammenhang sind Firmenkindergärten oder auch Zuschüsse zu den Betreuungskosten nicht selten.

Das Thema „Frauenförderung" wurde bereits in den 70er Jahren öffentlich diskutiert und führte dann in den 90er Jahren zur Erweiterung des Artikels 3 des Grundgesetzes, in dem ausdrücklich die Gleichstellung von Mann und Frau festgeschrieben wurde. Der Fokus lag auf einer Optimierung der Betreuungsinfrastruktur, um Frauen eine bessere Vereinbarung von Beruf und Familie zu ermöglichen. Im Zusammenhang mit der Diskussion über das Thema „Familienpolitik" hat der Europäische Rat am 12. Juli 2005 die Leitlinie 18[148] mit dem Titel „Einen lebenszyklusorientierten Ansatz in der Beschäftigungspolitik fördern" verabschiedet. Die Leitlinie beinhaltet im Schwerpunkt folgende Maßnahmen: Förderung der Beschäftigung von Jugendlichen und Frauen, Abbau von geschlechterspezifischen Unterschieden, bessere Vereinbarkeit von Familie und Beruf, Einrichtungen für betreuungsbedürftige Familienmitglieder bereitstellen, alternsgerechte Arbeitsbedingungen schaffen, Förderung des Gesundheitsmanagements sowie Vermeidung von Frühverrentung.[149]

Auch das Konzept eines lebensphasenorientierten Personalmanagements wird bereits von einer Vielzahl von Regelung flankiert. So wurde z. B. im Rahmen der Diskussion hinsichtlich der Vereinbarkeit von Beruf und Familie mit dem Bundesentgelt- und Elternzeitgesetz (BEEG), dem Mutterschutzgesetz (MuSchG) sowie dem Teilzeit- und Befristungsgesetz (TzBG) und dem Kinderförderungsgesetz (KiföG) entsprechende gesetzliche Rahmenbedingungen geschaffen.

---

[147] Vgl. Armutat, Sascha et al. (Hrsg.), (2008) S. 54 und vgl. Stuber, Michael (2009), S. 65.
[148] Mehr Info hierzu unter: Europa. Zusammenfassung der EU-Gesetzgebung. Beschäftigungspolitische Leitlinien.
[149] Vgl. Armutat, Sascha et al. (Hrsg.), (2008), S. 32.

Auch die Einführung des Allgemeinen Gleichstellungsgesetzes (AGG) und des Pflegezeitgesetzes (PflegeZG) zielen darauf ab, mögliche Benachteiligungen von Frauen zu vermeiden, da diese erfahrungsgemäß die Pflege von Familienangehörigen übernehmen. Die Idee einer nachhaltigen Unternehmensführung ist nun schon fast 300 Jahre alt. Dennoch hat sich das Thema „Nachhaltigkeit" in Verbindung mit dem „Drei-Säulen-Konzept" erst in den 90er Jahren – im Rahmen eines Wertewandels – etabliert.[150] Das CSR-Konzept basiert maßgeblich auf einer freiwilligen Selbstverpflichtung der Unternehmen und kann somit rechtlich nicht eingefordert werden. Inzwischen gibt es immer mehr Unternehmen, die sich freiwillig auf die Einhaltung der Grundsätze des Global Compact und der OECD-Leitlinien verpflichtet haben. In Deutschland hat das „Bundesministerium für Arbeit und Soziales" alle Initiativen und Netzwerke in einem „Aktionsplan CSR" zusammengeführt.[151] „Mit dem „Aktionsplan CSR" verfolgt die Bundesregierung die strategische Intention,

- CSR in Unternehmen und öffentlichen Verwaltung besser zu verankern,

- verstärkt kleine und mittlere Unternehmen (KMU) für CSR zu gewinnen,

- die Sichtbarkeit und Glaubwürdigkeit von CSR zu erhöhen,

- politische Rahmenbedingungen für CSR zu optimieren und

- einen Beitrag zur sozialen und ökologischen Gestaltung der Globalisierung zu leisten."[152]

Bildungspolitische Aspekte: Auch die staatliche Bildungspolitik hat einen großen Einfluss auf die Unternehmen, denn sie produziert quasi die „Rohlinge", die dann am Arbeitsmarkt zur Rekrutierung zur Verfügung stehen.[153]

Die Bildungslandschaft in Deutschland hat sich in den letzten Jahrzehnten verschlechtert. Das Niveau der Schulabgänger ist gesunken und die Zahl der Absolventen schrumpft aufgrund der geburtenschwachen Jahrgänge. Im Hinblick auf die Absolventenzahl rangiert Deutschland unter dem europäischen Durchschnitt, weswegen anzunehmen ist, dass es schwierig werden könnte,

---

[150] Vgl. hierzu Abschnitt 2.2.4 dieser Arbeit.
[151] Vgl. Bundesministerium für Arbeit und Soziales – Aktionsplan CSR – der Bundesregierung (6. Oktober 2010), S. 9.
[152] Bundesministerium für Arbeit und Soziales – Aktionsplan CSR – der Bundesregierung (6. Oktober 2010), 12.
[153] Vgl. Armutat, Sascha et al. (Hrsg.), (2008), S. 54.

den künftigen Anforderungen einer Wissensgesellschaft gerecht zu werden und somit wettbewerbsfähig zu bleiben.[154] Zu berücksichtigen ist auch die Tatsache, dass nachwachsende Generationen immer längere und anspruchsvollere Bildungsgänge durchlaufen müssen, um eine Chance auf eine attraktive Position am Arbeitsmarkt zu haben.[155]

Grundsätzlich kann eine Investition in Bildung als eine Investition in Nachhaltigkeit bezeichnet werden. Neben dem Aufbau von rein fachlichen Kompetenzen sollten auch die Allgemeinbildung und soziale Kompetenzen – und somit vielleicht auch die Integration von Migranten – gefördert werden. Mit der Einführung von Bachelor- und Masterstudiengängen wurde ein wichtiger Schritt in die Richtung „Long Live Learning" getan. Lebenslanges Lernen ist eine essenzielle Voraussetzung zum Erhalt der Beschäftigungsfähigkeit eines jeden Mitarbeiters. Gut qualifizierte Mitarbeiter sind den Anforderungen einer Wissensgesellschaft besser gewachsen, sie sind innovativer und können somit einen größeren Beitrag zum Erhalt der Wettbewerbsfähigkeit leisten.[156] „Wissen und Kompetenz ist [...] Rohstoff für Innovationsfähigkeit. Daraus resultiert die zunehmende Bedeutung von Wissen und Kompetenz als Wettbewerbsfaktor."[157]

Das CSR-Grünbuch weist darauf hin, dass Unternehmen im Zusammenhang mit dem Konzept des lebenslangen Lernens eine zentrale Rolle übernehmen müssen. Insbesondere hinsichtlich der Gestaltung von Bildungs- und Ausbildungsprogrammen und der Erleichterung des Eintretens in das Berufsleben.[158] Der von der Bundesregierung veröffentlichte „Aktionsplan CSR" sieht vor, CSR in die Bereiche Bildung, Qualifizierung, Wissenschaft und Forschung zu integrieren, denn „eine grundlegende ökonomische und wertorientierte Ausbildung ist Voraussetzung für eine umfassende Urteils- und Handlungskompetenz in der globalen Wirtschaft, die Fragen der Ethik und Ökologie einschließt und Problembewusstsein im Hinblick auf Fragen der Nachhaltigkeit vermittelt".[159]

---

[154] Vgl. Armutat, Sascha et al. (Hrsg.), (2008), S. 55.
[155] Vgl. Graf, Anita (2002), S. 188; vgl. auch Anhang 1.
[156] Vgl. Armutat, Sascha et al. (Hrsg.), (2008), S. 55.
[157] Rump, Jutta et al. (2008), in: Strategie für die Zukunft – Leitfaden, S. 12.
[158] Vgl. Kommission der Europäischen Gemeinschaft – Grünbuch (2001), S. 9.
[159] Bundesministerium für Arbeit und Soziales – Aktionsplan CSR – der Bundesregierung (6. Oktober 2010), S. 20.

Die Vernetzung von Schulen[160], Berufsschulen und Hochschulen mit der Wirtschaft soll ausgebaut und der Theorie-Praxis-Dialog in übergreifenden Netzwerken gefördert werden.[161]

Zu den größten **gesellschaftlichen Herausforderungen** gehören z. B. die **demografische Entwicklung**, aber auch **Innovationen** und **neue Arbeitsformen**. Diese Aspekte werden künftig die Arbeitswelt maßgeblich beeinflussen.

Technische Innovationen erhöhen nicht nur die Produktivität eines Unternehmens, sondern können auch die Arbeit und das Lernen insgesamt mobiler und transparenter machen. Junge Menschen integrieren neue Technologien ganz selbstverständlich in ihren Lebensalltag. Die „Internet-Generation" bewirbt sich nahezu ausschließlich „online" und informiert sich in sozialen Netzwerken über die Kultur und Arbeitsbedingungen des möglichen neuen Arbeitgebers.[162] Die Einrichtung von Internetportalen für Mitarbeiter und Manager ermöglichen die vom Gesetz vorgeschriebene Zeiterfassung auch von unterwegs oder Zuhause. Führungskräfte- und Mitarbeiterportale machen Arbeits- und Lernorte mobil. Die Führung über Ziele (Management by Objective) ermöglicht Telearbeit und Vertrauensarbeit. Ergebniskontrolle steht vor der Anwesenheitskontrolle. All dies hilft die Bedürfnisse von Mitarbeitern und Unternehmen stärker in Einklang zu bringen und somit auch eine lebensphasenorientierte Personalarbeit zu fördern.[163]

Obwohl sich die **Demografie** in unterschiedlichen Teilen der Erde ganz unterschiedlich auswirkt, ist jedoch weltweit ein Trend erkennbar: der Anteil älterer Menschen steigt. Diese Entwicklung stellt die Unternehmen vor eine besondere Herausforderung. Im Rahmen des „Aktionsplan CSR" hat sich die Bundesregierung folgende Ziele gesetzt:

- „ein nachhaltiges Personalmanagement zu fördern, welches in der betrieblichen Realität einen Diversity-Ansatz in Bezug auf Alter, Geschlecht und Migrationshintergrund umsetzt, der auf den Nutzen sozialer Vielfalt

---

[160] Es gibt inzwischen auch schon ein CSR-Heft für die Schule „Sozial Politik – Unternehmen Verantwortung". Herausgegeben von der Arbeitsgemeinschaft Jugend und Bildung e.V. in Zusammenarbeit mit dem BMAS.
[161] Vgl. Bundesministerium für Arbeit und Soziales – Aktionsplan CSR – der Bundesregierung (6. Oktober 2010), S. 20.
[162] Vgl. Albers, Markus (14./16. Mai 2011) in: Karriere Welt, S. 10.
[163] Vgl. Armutat, Sascha et al. (Hrsg.), (2008), S. 57.

beruht, um für eine demografiefeste und leistungsfähige Arbeitswelt von morgen Sorge zu tragen und faire Beschäftigungschancen für alle Gruppen gleichermaßen zu eröffnen.

• die Innovationsfähigkeit von Unternehmen und Organisationen zu steigern, um globale Herausforderungen und Zukunftsaufgaben wie den Klimawandel oder Rohstoffknappheit verantwortungsvoll bewältigen zu können."[164]

Die Bundesregierung plant entsprechend fördernde Rahmenbedingungen „für ein demografiesensibles, lebensverlauf- und mitarbeiterorientiertes Personalmanagement in den Unternehmen zu unterstützen"[165]. Zu den konkreten Maßnahmen zählen z. B. die Förderung des betrieblichen Gesundheitsmanagements bzw. gesundheitsfördernder Arbeitsbedingungen, alters- und alternsgerechte Arbeitsplatz- und Arbeitszeitgestaltung, sowie die Implementierung einer lebensphasenorientierten Unternehmenspolitik und Konzepte zur kontinuierlichen und alternsgerechten Fort- und Weiterbildung.

Im Rahmen einer lebensverlaufsorientierten Unternehmens- und Personalpolitik soll insbesondere die Vereinbarkeit von Beruf und Familie unterstützt werden. Hierbei sollen ganz besonders den Frauen, die ihre Erwerbstätigkeit familienbedingt unterbrochen haben, der Wiedereinstieg in das Berufsleben erleichtert werden. Aber auch die Geschlechtergerechtigkeit in Führungspositionen soll Teil des Maßnahmenplans sein.[166]

4.1.2 Interne Einflussfaktoren

Die **Unternehmensstrategie** legt die mittel- und langfristige Entwicklung des Unternehmens fest und beinhaltet übergeordnete und richtungsweisende Ziele. In der aktuellen Diskussion über das Thema CSR geht es heute in den Unternehmen oft nicht mehr darum, ob ein gewisses Maß an gesellschaftlicher Verantwortung übernommen werden soll, sondern um die Frage, wie CSR

---

[164] Bundesministerium für Arbeit und Soziales – Aktionsplan CSR – der Bundesregierung (6. Oktober 2010), S. 27.
[165] Bundesministerium für Arbeit und Soziales – Aktionsplan CSR – der Bundesregierung (6. Oktober 2010), S. 27.
[166] Vgl. Bundesministerium für Arbeit und Soziales – Aktionsplan CSR – der Bundesregierung (6. Oktober 2010), S. 27 f.

systematisch in die Unternehmensstrategie integriert werden kann. CSR-Aktivitäten werden so zur Aufgabe des strategischen Nachhaltigkeitsmanagements, mit dem Ziel, einen Mehrwert sowohl für das Unternehmen als auch für die Gesellschaft zu schaffen.[167] Die Verankerung von **Nachhaltigkeit** und somit auch von CSR im Unternehmensleitbild sind eng mit dem „Tripple-Bottom-Line"-Ansatz von Elkington verbunden und haben zum Ziel, ökologische, ökonomische und soziale Elemente im Unternehmensmanagement zu integrieren. Dabei spielt die Wechselbeziehung zwischen Unternehmenskultur und Unternehmensstrategie eine wichtige Rolle.

Die Unternehmensstrategie ist im Schwerpunkt oft auf die sogenannten harten Faktoren fokussiert, wie z. B. Wettbewerbsvorteile, Wachstum oder die Marktposition. Die Kultur eines Unternehmens ist eher auf die weichen Faktoren ausgerichtet – die Werte, das Verhalten und der Umgang miteinander. Für den Erfolg eines Unternehmens ist die Identifizierung der Mitarbeiter und die Bereitschaft sich für das Unternehmen einzusetzen und zu engagieren ein entscheidender Faktor. Deshalb ist es wichtig, dass sowohl die Unternehmensstrategie als auch das tägliche Handeln mit dem Wertesystem des Unternehmens in Einklang stehen.

Die **Unternehmenskultur** kann als Gesamtheit aller Wertvorstellungen, Denkmuster, Normen und Verhaltensweisen verstanden werden, die in einem Unternehmen gepflegt und durch verschiedene Symbole repräsentiert wird. Sie ist die Grundlage der Unternehmenspersönlichkeit und „so etwas wie die mentale DNS[168] eines Unternehmens".[169] Die Einzigartigkeit der Unternehmenskultur zeigt sich im Denken und Handeln der Mitarbeiter, die alle unterschiedliche Persönlichkeiten und Lebenserfahrungen mitbringen[170] und bildet den Rahmen für das Miteinander in einem Unternehmen. Der Aspekt der Unternehmenskultur hat in jüngster Zeit – insbesondere in Verbindung mit der Mitarbeitergewinnung und Mitarbeiterbindung – zunehmend an Bedeutung gewonnen, da Menschen im Rahmen der zunehmenden Individualisierung immer weniger bereit sind nur noch für Geld zu arbeiten. Sie versuchen vielmehr, eine sinnvolle Tätigkeit mit Spaß oder sogar mit dem Begriff „Selbst-

---

[167] Vgl. Pinter, Anja bei: Müller, Martin/Schaltegger, Stefan (Hrsg.), (2008), S. 193.
[168] DNS steht für Desoxyribonukleinsäure – englisch DNA – und ist Träger des Erbgutes.
[169] Greve, Gustav (2010), S. 241.
[170] Vgl. Herbst, Dieter (2006), S. 46 f.

verwirklichung" zu verbinden. „Damit Unternehmen erfolgreich sind, bedarf es der Identifizierung ihrer Mitarbeiter mit dem Unternehmen und der Bereitschaft, sich für das Unternehmen zu engagieren."[171] Bewerber fragen schon heute sehr gezielt nach Möglichkeiten die Arbeit im Bedarfsfall an die persönlichen Gegebenheiten anpassen zu können und sie interessieren sich zunehmend für das gesellschaftlich-soziale Engagement eines Unternehmens.

Der **Corporate Governance Codex** ist eine formelle Erklärung des Unternehmens zu den grundlegenden Werten und Aktivitäten, die im Umgang mit allen Anspruchsgruppen Gültigkeit haben. Die Grundwerte nach denen ein Unternehmen handelt werden häufig in einem Verhaltenscodex (Code of Conduct) festgelegt und sind Teil der Corporate Governance. Solche Verhaltenskodizes haben sowohl Signalfunktion als auch Orientierungsfunktion und beziehen sich meist auf Themen wie Menschenrechte, Umwelt, ethische Standards, zwischenmenschliche Prinzipien und Führungsgrundsätze oder Chancengleichheit bei Stellenbesetzungen. Diese Leitsätze schaffen ein gemeinsames Verständnis für die soziale Verantwortung, stärken die Identität, bilden die Basis für Vertrauen, **Glaubwürdigkeit** sowie **Transparenz**[172] und stehen für **Nachhaltigkeit.**

Neben Vertrauen und Glaubwürdigkeit ist auch Transparenz ein Grundelement der sozialen Verantwortung. Unternehmen sind angehalten, Informationen über die relevanten Entwicklungen an interne und externe Anspruchsgruppen weiterzugeben. Die Weitergabe von Informationen basiert auf gesetzlichen Regelungen und auf freiwilligen Verpflichtungen gegenüber den Anspruchsgruppen. „Sowohl Corporate Governance als auch die unternehmerische Verantwortung (CSR) wollen verbesserte Transparenz bewirken. Im Fall der Corporate Governance dreht es sich um finanzielle Transparenz, im Fall von CSR um geschäftspolitische Transparenz. Das Ziel von CSR ist im Gegensatz zu Corporate Governance nicht die finanzielle, sondern die ökologische und soziale Kontrolle durch die Stakeholder".[173] Insbesondere in international agierenden Unternehmen schützen die internationalen Abkommen (z. B. OECD–Leitlinien, Global Compact) und die damit verbundene Transpa-

---

[171] Kuhlen, Beatrix (2005), S. 38.
[172] Vgl. Pinner, Wolfgang (2008), S. 90 und Kuhlen, Beatrix (2005), S. 14 f.
[173] Pinner, Wolfgang (2008), S. 90.

renz auch vor Korruption oder anderen unlauteren Praktiken.[174] Transparenz kann durch die Entwicklung und Veröffentlichung von Verhaltenskodizes sowie die angemessene Nutzung ganz unterschiedlicher **Kommunikationsmittel** erreicht werden (Abb. 19).

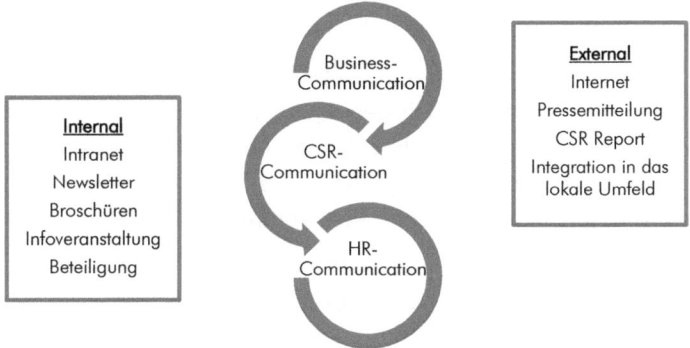

ABB. 19: CSR – HR – BUSINESS – COMMUNICATION
(QUELLE: VGL. COHEN, ELAINE (2010), S. 186)

4.2 Interne und externe Dimensionen von CSR

Die **interne Dimension von CSR** befasst sich mit der Investition in Humankapital, dem Arbeitsschutz und dem Gesundheitsmanagement, den Herausforderungen eines strukturellen Wandels sowie dem bewussten Umgang mit Ressourcen und legt somit den Fokus der sozialen Verantwortung im Schwerpunkt auf die Mitarbeiter. Die **externe Dimension von CSR** bezieht neben den Arbeitnehmern auch Geschäftspartner, Kunden, Zulieferer, Behörden, Umweltschutz und die lokale Gemeinschaft ein. Diese Dimension bezieht sich auch auf die Internationalisierung und Globalisierung von Unternehmen, umfasst Empfehlungen zum globalen Umweltschutz und zur Beachtung der Menschenrechte. Das Nationale CSR-Forum zeigt in seinem Empfehlungsbericht von Juni 2010 bereits einige übergeordnete Handlungsfelder auf:[175]

---

[174] Vgl. Kuhlen, Beatrix (2005), S. 18 ff.
[175] Vgl. Bundesministerium für Arbeit und Soziales – Empfehlungsbericht (22. Juni 2010), S. 54.

- Implementierung eines nachhaltigen Personalmanagement und somit einer familienbewussten Personalpolitik. Das Ziel ist, die „Unterstützung der Vereinbarkeit von beruflichen und nicht-beruflichen Lebenswelten, sprich einer an Lebensphasen orientierten Personalpolitik (aktive Gleichstellungspolitik)".[176] Hierzu zählen auch die Förderung von lebensbegleitendem Lernen und die Bereitschaft der Mitarbeiter sich eigenverantwortlich weiterzubilden, um die Beschäftigungsfähigkeit zu erhalten.

- Schaffen von „guten" Arbeitsbedingungen und somit der Voraussetzungen für physische und psychische Gesundheit der Beschäftigten. Unternehmen müssen die Arbeitsplätze alters- und alternsgerecht gestalten und die Beschäftigten müssen selbst Verantwortung für ein „gesundes Altern" übernehmen.

- Verbesserung der Beschäftigungsmöglichkeiten von benachteiligten Gruppen.

4.2.1 Investition in Humankapital und Arbeitsschutz

Soziales und verantwortliches Handeln steht gemäß CSR-Grünbuch in engem Zusammenhang mit der Investition in Human Resources und somit auch dem Arbeitsschutz. Um qualifizierte Arbeitskräfte zu gewinnen und zu halten, bieten Unternehmen neue Anreize, wie z. B. Programme zur Erhaltung der Balance zwischen Arbeit, Familie und Freizeit sowie gleiche Entwicklungschancen und gleiches Entgelt für Männer und Frauen, Programme zur Gewinnbeteiligung und eine diskriminierungsfreie Beförderungspolitik. Die Förderung von lebenslangem Lernen soll gemäß CSR in den Unternehmen auf allen Hierarchieebenen und in allen Altersklassen stattfinden. Es soll ein Arbeitsumfeld geschaffen werden, das zum Lernen und somit zum Erhalt der Beschäftigungsfähigkeit ermutigt – insbesondere auch Arbeitnehmer die über ein geringeres Bildungsniveau verfügen oder auch ältere Mitarbeiter.[177] Nachhaltigkeit bedeutet auch die Innovations- und Anpassungsfähigkeit der Erwerbsfähigen durch Bildung zu sichern.[178]

---

[176] Bundesministerium für Arbeit und Soziales – Empfehlungsbericht (22. Juni 2010), S. 55.
[177] Vgl. Kommission der Europäischen Gemeinschaft – Grünbuch (2001), S. 9.
[178] Vgl. Wartenberg, Ludolf von/Haß, Hans-Joachim (2006), S. 256 f.

Die Art und Weise, wie ein Unternehmen Verantwortung übernimmt und sich diesen neuen Entwicklungen stellt, hat einen entscheidenden Einfluss auf das Image und somit auf eine positive Beziehung zu Geschäftspartnern, Kunden oder Bewerbern. Das CSR-Engagement bringt auch einen neuen Aspekt in das Personalmarketing, denn Bewerber und somit auch die oft gesuchten Fachkräfte und Talente, werden die Unternehmenspolitik und das Image des potenziellen Arbeitgebers in ihrer Entscheidung berücksichtigen.[179]

Im Zusammenhang mit dem Arbeitsschutz stehen auch die Gestaltung der Arbeitsbedingungen und die Ergonomie am Arbeitsplatz. Hierunter fallen insbesondere auch präventive Maßnahmen wie Gesundheitsmanagement oder zusätzliche Leistungen hinsichtlich der Betreuungsangebote für Mitarbeiter, die aufgrund einer Verletzung oder Erkrankung arbeitsunfähig sind.[180] In Anlehnung an die in Abschnitt 2.3.4 dargestellte Übersicht können diese Maßnahmen den internen Elementen von CSR zugeordnet werden.

4.2.2 Anpassung an den Wandel und Integration in das lokale Umfeld

Das CSR-Grünbuch verweist im Zusammenhang mit dem Aspekt „Anpassung an den Wandel" insbesondere auf Umstrukturierungen im Rahmen der Globalisierung und die damit einhergehenden Unternehmensschließungen. „Sozial verantwortungsvolle Umstrukturierung heißt, die Interessen und Belange aller Akteure, die von Veränderungen und einschlägigen Entscheidungen betroffen sind, in ausgewogener Weise berücksichtigen."[181] Das CSR-Grünbuch betont die mit einem erheblichen Stellenabbau (Massenentlassungen) logischen wirtschaftlichen, sozialen und politischen Folgen für die betroffene Gemeinschaft und die Auswirkungen hinsichtlich der Motivation, der Loyalität, der Kreativität und der Produktivität. Außerdem empfiehlt das CSR-Grünbuch nicht nur die Umstrukturierungsmaßnahmen gut vorzubereiten, sondern auch rückhaltlos zu informieren und alle Möglichkeiten zu nutzen, um Entlassungen zu vermeiden.

---

[179] Vgl. Kleinfeld, Annette/Kettler, Anke (o.J.), S. 1.
[180] Vgl. Kommission der Europäischen Gemeinschaft – Grünbuch (2001), S. 9 und vgl. hinsichtlich der Maßnahmen auch: Kuhlen, Beatrix (2005), S. 31.
[181] Kommission der Europäischen Gemeinschaft – Grünbuch (2001), S. 11.

Es wird auch empfohlen alle Stakeholder – Arbeitnehmer, Behörden und Arbeitnehmervertreter – so früh und umfassend wie möglich in den Prozess einzubinden. Unternehmen sind angehalten, Umschulungsmaßnahmen anzubieten und ihren Beitrag zum Erhalt der Beschäftigungsfähigkeit ihrer Mitarbeiter zu leisten.[182]

Die Übernahme sozialer Verantwortung in Verbindung mit der Integration in das lokale Umfeld kann auch durch die Tätigkeit von Mitarbeitern in gemeinnützigen Projekten oder die Unterstützung von Bildungseinrichtungen erfolgen. Die Kooperation mit Bildungseinrichtungen kann von der Entwicklung von geeigneten Bildungs- und Ausbildungsprogrammen über das Angebot von Praktikumsplätzen für Schüler und Studenten bis hin zur Bereitstellung von Lehrstellen reichen.[183]

Die Schaffung von Arbeitsplätzen und die Rekrutierung von lokalen Arbeitskräften – eine ausreichend hohe Qualifizierung vorausgesetzt – erhöhen den Wohlstand und die Stabilität der Gemeinschaft, was sich wiederum auf den Ruf, die Attraktivität und somit die Wettbewerbsfähigkeit des Unternehmens positiv auswirkt.[184] Besondere Wege des Rekrutierens im Rahmen von CSR stellt die gezielte Zusammenarbeit mit Unternehmen dar, die aus wirtschaftlichen Gründen Restrukturierungen durchführen und ihre Belegschaft reduzieren müssen. Diese Firmen könnten gezielt angesprochen werden, um mit den Mitarbeitern, die ihren Job vermutlich verlieren werden, gezielte Auswahlgespräche zu führen oder Übergangsprogramme zu entwickeln. Dieser Ansatz trägt insbesondere dem internen CSR-Aspekt „Erhalt der Beschäftigungsfähigkeit" und dem externen Aspekt „Integration in die lokale Gemeinschaft" Rechnung. Als zusätzliche CSR-Maßnahmen zur Förderung der sozialen Gemeinschaft sind neben der Bereitstellung von Praktikums- oder Berufsausbildungsplätzen auch Maßnahmen wie die geförderte Einstellung von Minderheiten, freiwillige Einrichtung von Kinderbetreuungseinrichtungen sowie Sponsoring und Spenden für Sport- oder Kulturereignisse oder wohltätige Zwecke denkbar.[185]

---

[182] Vgl. Kommission der Europäischen Gemeinschaft – Grünbuch (2001), S. 10 f.
[183] Vgl. Kommission der Europäischen Gemeinschaft – Grünbuch (2001), S. 9.
[184] Vgl. Kuhlen, Beatrix (2005), S. 33.
[185] Vgl. Kommission der Europäischen Gemeinschaft – Grünbuch (2001), S. 13.

4.2.3 Menschenrechte und Verantwortung der Geschäftspartner

CSR hat eine ausgeprägte Menschenrechtsdimension, insbesondere in Bezug auf die globale Vernetzung der Unternehmenstätigkeit. In diesem Zusammenhang sind internationale Abkommen, wie die Erklärung der ILO (International Labour Organisation)[186] über Kernarbeitsnormen und die OECD-Leitlinien für multinationale Unternehmen zu nennen. Die Einhaltung der Menschenrechte spielt insbesondere bei Unternehmen eine Rolle, deren Versorgungs- bzw. Wertschöpfungskette in einem globalen Kontext steht. Hier stellt sich die Frage, wie überprüft werden kann, ob Geschäftspartner die geltenden Mindeststandards einhalten und was im Falle eines Verstoßes getan werden kann.

Ein weiterer externer CSR-Aspekt ist der Kampf gegen die Korruption. Immer mehr international agierende Unternehmen gehen dazu über, einen freiwilligen Verhaltenskodex im Hinblick auf die Einhaltung von Menschenrechte und allgemeinen Arbeitsbedingungen sowie des Umweltschutzes aufzustellen und ihre Geschäftspartner oder Zulieferer zur Einhaltung zu verpflichten. Solche freiwilligen Verpflichtungserklärungen stehen in engem Zusammenhang mit der Personalarbeit, denn dort können z. B. auch Kriterien für die Festlegung von Arbeitsentgelten, Arbeitszeit, Urlaub und andere soziale Zusatzleistungen definiert werden. Dieser Aspekt ist für das Personalmanagement wichtig, weil dadurch das Arbeitgeberimage – im In- und Ausland – verbessert und somit die Personalgewinnung und Personalbindung positiv beeinflusst wird.[187]

4.2.4 Ressourcenmanagement und globaler Umweltschutz

Im Rahmen der Debatte über eine nachhaltige Unternehmensführung spielen der Umweltschutz und die Nutzung natürlicher Ressourcen eine immer größere Rolle. Auch haben Unternehmen erkannt, dass die bewusste und nachhaltige Nutzung von Ressourcen die Ertragskraft und die Wettbewerbsfähigkeit positiv beeinflussen. „Einige Unternehmen erkennen auch den Zusammenhang zwischen Umweltperformance und Qualität der Arbeit. [...] Saubere Techno-

---

[186] ILO wird mit IAO (Internationale Arbeitsorganisation) ins Deutsche übersetzt.
[187] Kommission der Europäischen Gemeinschaft – Grünbuch (2001), S. 21.

logien können sich demnach in dreierlei Hinsicht positiv auswirken: sie steigern die Umweltperformance, die Arbeitszufriedenheit und die Ertragskraft."[188]

Bewerber achten inzwischen auch auf das ökologische Engagement von potenziellen Arbeitgebern. Aktivitäten im Zusammenhang mit der Reduzierung des „Carbon footprint" (CO2 Fußabdruck) oder die aktive Förderung von Umweltprojekten haben auch Auswirkungen auf das Arbeitgeberimage und somit auf die Positionierung eines Unternehmens auf dem Arbeitgebermarkt. Immer mehr Unternehmen integrieren das Konzept der sozialen Verantwortung in ihre Unternehmensstrategie und bekennen sich in einem ersten Schritt durch die Formulierung der Ziel, Grundwerte und Prinzipien, z. B. in einem Verhaltenskodex, zu ihrer sozialen Verantwortung. Bei der Umsetzung neuer Konzepte stoßen jedoch traditionelle Modelle der Arbeitsorganisation und konventioneller Verhaltensmuster des Managements oft an ihre Grenzen, wodurch hier ein Bedarf an Fortbildung sowohl für Manager als auch für Arbeitnehmer entsteht.[189]

4.3 Das Vier-Stufen-Modell von Carroll in der betrieblichen Praxis

Carroll hat die sogenannte „CSR-Pyramide" (1979) entwickelt. Sie besteht aus vier Stufen – der ökonomischen, der rechtlichen, der ethischen und der philanthropischen Verantwortung.[190] Die ökonomische Performance stellt zwar die Basis dieses Denkmodells dar, aber gleichzeitig muss ein Unternehmen auch die gesetzlichen Bestimmungen einhalten und einer ethischen Verantwortung gerecht werden. Nicht zuletzt wird von Unternehmen auch erwartet, dass sie die Gemeinschaft unterstützen, um so die Lebensqualität zu verbessern. Die einzelnen Stufen der Pyramide werden nachfolgend kurz näher erläutert und in einen praxisbezogenen Kontext gesetzt.

---

[188] Kommission der Europäischen Gemeinschaft – Grünbuch (2001), S. 11.
[189] Vgl. Kommission der Europäischen Gemeinschaft – Grünbuch (2001), S. 18.
[190] Siehe hierzu Abschnitt 2.4.1 dieser Arbeit.

4.3.1 Ökonomische Grundvoraussetzung – Wirtschaftlicher Erfolg

Carroll betont, dass Unternehmen in erster Linie eine ökonomische Verantwortung haben, wobei er darauf hinweist, dass die ökonomischen Ziele nicht nur den Unternehmen selbst nützlich sind, sondern auch der Gesellschaft. „It may seem odd to call an economic responsibility a social responsibility, but this is in effect, what it is".[191] Er betont zwar die ökonomische Verantwortung, insbesondere im Kontext des globalen Wettbewerbes, macht aber gleichzeitig deutlich, dass das Erzielen von Gewinnen nicht die einzige Verantwortung eines Unternehmens sein kann.[192] Vielmehr geht es darum, dass Unternehmen ein Teil eines komplexen Systems sind. Die Herstellung von Produkten oder die Erbringung von Dienstleistungen, die von der Gesellschaft akzeptiert und gekauft werden, führen zu den für ein Unternehmen lebenswichtigen Gewinnen und fördern das Wachstum der Wirtschaft. Dies wiederum schafft Arbeitsplätze und erhöht den Lebensstandard. CSR-Engagement kann bei Kunden z. B. Vertrauen schaffen und stärkt somit die Kundenbindung. Eine Stärkung der Kundentreue kann zu einer langfristigen Sicherung des wirtschaftlichen Erfolges führen, was wiederum den Eigentümern und Aktionären Vorteile bringt.[193] Die Reputation des Unternehmens steigt, was sich positiv auf die Geschäftsentwicklung, aber auch auf Initiativbewerbungen von potenziellen Mitarbeitern auswirkt. In Zeiten von Fachkräftemangel ist dies ein nicht zu unterschätzender strategischer Vorteil. „Die Unternehmen sehen ihr freiwilliges Engagement als Zukunftsinvestition, die letztlich auch dazu beitragen soll, ihre Ertragskraft zu steigern."[194] Den Akteuren sind die Vorteile von CSR durchaus bewusst. So kann die Auseinandersetzung mit ökologischen Themen auch als entsprechendes Risikomanagement genutzt werden. Die positiven Auswirkungen hinsichtlich der Reputation für Produkte und das Unternehmen selbst und somit auch auf die Personalakquise und die Mitarbeiterbindung sind ebenso wie die positiven Auswirkungen auf die Identifikation und Motivation der Mitarbeiter unbestritten.[195] Das bestätigte auch die CSR-Konferenz,

---

[191] Carroll, Archie B. (1993), S. 32.
[192] Vgl. Carroll, Archie B./Buchholtz, Ann K. (2008), S. 40.
[193] Vgl. Kuhlen, Beatrix (2005), S. 10.
[194] Kommission der Europäischen Gemeinschaft – Grünbuch (2001), S. 3.
[195] Vgl. Engemann, Kirstin/Kestler, Florian/Scheunemann, Wolfgang; bei: Hutter, Peter-Klaus/Scheunemann, Wolfgang (Hrsg.)(2007), S. 15.

die im März 2009 in Potsdam stattfand.[196] Versucht man den exakten finanziellen Mehrwert von CSR-Aktivitäten zu beziffern, wird es jedoch schwierig. Die Linde AG hat „erkannt, dass eine glaubwürdige CR-Strategie die Unternehmensreputation – und damit auch den Unternehmenswert – nachhaltig sichern und vergrößern kann".[197] Einige positive Auswirkungen durch die aktive Übernahme gesellschaftlicher Verantwortung können inzwischen empirisch nachgewiesen werden. So können durch gesellschaftlich-soziales Engagement die Ausfallzeiten und somit die Krankenkosten gesenkt oder auch die Kundenbindung und Mitarbeitergewinnung verbessert werden. CSR-Engagement trägt nachweislich auch zur Verbesserung von Firmenratings bei.[198] Unternehmen bestehen aus Menschen und sind somit soziale Systeme. „Der wirtschaftliche Erfolg ist der Erfolg des Menschen und folglich auch der Erfolg der sozialen Logik."[199] Wirtschaftliche und soziale Aspekte scheinen untrennbar miteinander verbunden zu sein. (Abb. 20)

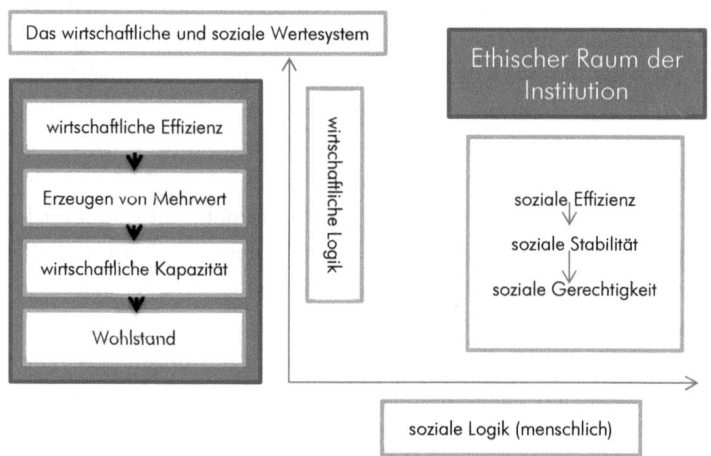

ABB. 20: SCHLÜSSELKRITERIEN FÜR DAS FUNKTIONIEREN VON INSTITUTIONEN (QUELLE: ECHEVARRÍA, SANTIAGO GARCIA BEI: SACKMANN, SONJA A. (HRSG.) (2008), S. 35)

---

[196] Vgl. hierzu den Bericht des „Asia-Europe Meeting". BMAS (2010), S. 17.
[197] Engemann, Kirstin/Kestler, Florian/Scheunemann, Wolfgang; bei: Hutter, Peter-Klaus/Scheunemann, Wolfgang (Hrsg.)(2007), S. 22.
[198] Vgl. Münstermann, Matthias (2007), S. 32.
[199] Echevarría, Santiago Garcia bei: Sackmann, Sonja A. (Hrsg.) (2008), S. 34.

Der im CSR-Grünbuch genannte „Grundsatz der Freiwilligkeit" steht bei genauer Betrachtung im Widerspruch mit der unternehmerischen Aufgabe der „Schaffung eines Mehrwertes". Eine CSR-Maßnahme, die nachweislich einen Mehrwert schafft, kann aus ökonomischer Sicht nicht mehr „freiwillig" sein. Der Rat für nachhaltige Entwicklung nutzt in diesem Zusammenhang die Bezeichnung „erzwungene Freiwilligkeit".[200] Der Grundsatz der Freiwilligkeit bezieht sich somit vielmehr auf die Tatsache, dass CSR-Aktivitäten juristisch nicht vorgeschrieben und somit gesetzlich nicht verankert sind.

4.3.2 Legale Verantwortung – Einhaltung gesetzlicher Bestimmungen

Deutschland gilt im Vergleich mit anderen Ländern als stark reguliertes Land – der Staat regelt die Gestaltung der Gesellschaft mit einer Vielzahl von Gesetzen und Verordnungen. Das hohe Niveau an gesetzlichen Regulierungen bietet dem freiwilligen Engagement von Unternehmen – über die gesetzlichen Bestimmungen hinaus – einen verhältnismäßig geringen Freiraum für Aktivitäten.

Im Rahmen der internen Dimension von CSR müssen zur Vermeidung von Diskriminierung bei der Einstellung, der Beschäftigung und der Vergütung z. B. die Bestimmungen des Allgemeinen Gleichstellungsgesetzes (AGG) oder des Teilzeit- und Befristungsgesetztes (TzBfG) eingehalten werden. Auch die Regelungen hinsichtlich der Kapital- und Gewinnbeteiligung folgt den Bestimmungen des Mitarbeiterkapitalbeteiligungsgesetztes (MKBG) vom April 2009 und ebenso steuerlichen und sozialversicherungsrechtlichen Regelungen und Vorschriften. Bei Unternehmenszusammenschlüssen und Umstrukturierungen müssen die Regelungen des Betriebsverfassungsgesetz (BetrVG) zwingend eingehalten werden. Auch der Arbeitsschutz unterliegt den Vorschriften des Arbeitsschutzgesetzes (ArbSchG). In der externen Dimension von CSR werden z. B. die Themen Menschrechte und globaler Umweltschutz angesprochen, die insbesondere in den OECD-Leitlinien oder den Kernarbeitsnormen der ILO (International Labour Organization) formuliert sind. Die Einhaltung dieser Leitlinien und Absprachen basiert jedoch auf reiner Freiwilligkeit und Selbstkontrolle.

---

[200] Vgl. Rat für nachhaltige Entwicklung (2006), S. 8.

Hinsichtlich der Integration von Unternehmen in das lokale Umfeld stehen die Aktivitäten aus dem Themenkomplex „Corporate Citizenship" im Fokus, wie z. B. **Spendenaktionen und Sponsoring, Corporate Volunteering** oder **Cause-Related-Marketing**. Im Zusammenhang mit einer Spendenvergabe oder einem Sponsoring müssen die Entscheider große Sorgfalt walten lassen, um einen evtl. Tatbestand der Untreue (§ 266 StGB) zu vermeiden. Dadurch wird sichergestellt, dass z. B. ein Vorstand oder ein Aufsichtsrat die Unterstützung nicht willkürlich oder gar aus eigenem Interesse gewährt und damit vielleicht sogar dem Unternehmen schadet.[201] Aufwendungen im Zusammenhang mit Sponsoring und Spendenaktivitäten können teilweise oder sogar vollständig steuerlich abgesetzt werden, wenn sie ganz bestimmte Voraussetzungen erfüllen. Hier ist zu empfehlen, einen Spezialisten zu Rate zu ziehen, damit alle steuerlichen Bestimmungen eingehalten und somit eventuelle Nachzahlungen vermieden werden können. Die Gründung einer **Stiftung** ist der wohl traditionellste Weg der Gemeinnützigkeit. Stiftungen sind grundsätzlich langfristig angelegt und genießen hinsichtlich Glaubwürdigkeit und positivem Image ein hohes Ansehen. Im Jahre 2000 wurde das Stiftungsrecht überarbeitet und bietet nun eine steuerliche Abzugsmöglichkeit von bis zu 307.000 Euro. Obwohl die Hürden für die Gründung einer Stiftung schon abgebaut wurden, ist das Gemeinnützigkeitsrecht sehr kompliziert und reformbedürftig.[202]

Bei Aktivitäten im Zusammenhang mit **„Corporate Volunteering"** taucht immer wieder die Frage auf: „Wo oder durch wen sind die freiwilligen Helfer versicherungstechnisch abgesichert?" Die Verwaltungsberufsgenossenschaft (VBG) hat bestätigt, dass die Mitarbeiter immer dann über das Unternehmen und somit die Berufsgenossenschaft unfallversichert sind, wenn das Unternehmen sie zu diesem Einsatz „angewiesen bzw. aufgefordert" hat. Kommt die Weisung nicht vom Unternehmen, sind die Personen über die jeweilige Einrichtung abgesichert. Im Rahmen von ehrenamtlichen Tätigkeiten in „rechtlich unselbständigen Strukturen" übernehmen inzwischen auch einige Bundesländer den Versicherungsschutz, um das Engagement von Freiwilligen so zu fördern.[203]

---

[201] Vgl. Habisch, André/Wegner, Marina (2004), S. 24.
[202] Vgl. Habisch, André/Wegner, Marina (2004), S. 51.
[203] Vgl. Habisch, André/Wegner, Marina (2004), S. 35.

Beim **Cause-Related-Marketing** handelt es sich um Unternehmensaktivitäten, die gleichzeitig einen sozialen Aspekt haben.[204] Deutsche Gerichte haben sich mit den rechtlichen Aspekten von „Cause-Related-Marketing" (CRM) beschäftigt. Aufgrund eines Mangels an einschlägigen Regelungen zur CRM findet nun die wettbewerbsrechtliche Generalklausel des §1 des Gesetzes gegen den unlauteren Wettbewerb (UWG) Anwendung. „Dieses Gesetz dient dem Schutz der Mitbewerber, der Verbraucherinnen und Verbraucher sowie der sonstigen Marktteilnehmer vor unlauteren geschäftlichen Handlungen. Es schützt zugleich das Interesse der Allgemeinheit an einem unverfälschten Wettbewerb."[205] Den Kunden der Brauerei „Krombacher" wurde versprochen, dass sie mit dem Kauf eines Bierkastens, einen Quadratmeter des Regenwaldes schützen. Das Gericht missbilligte die enge Verbindung von sozialem Engagement und der Kauferwartung und befürchtete, dass sich die Kunden an der Zerstörung des Regenwaldes „mitschuldig" fühlen, falls sie ihr Bier bei einem anderen Unternehmen kaufen.[206] Das Möbelhaus IKEA startete eine Aktion, bei der die gesamten Einnahmen eines bestimmten Tages als Bonus an die Mitarbeiter ausgezahlt werden sollten. Das Gericht zweifelte an den „guten Absichten" und nahm an, dass das Unternehmen ausschließlich gewinnorientiert handelte.[207] Seit 2002 ist jedoch durch den Einfluss des Europäischen Gerichtshofs eine Veränderung in der Rechtsprechung eingetreten. Man geht nun davon aus, dass der Verbraucher mündig genug ist, sich durch das soziale Engagement eines Unternehmens nicht unter Kaufzwang setzen zu lassen und sich somit nicht ungewollt beeinflussen lässt. Gleichzeitig wurde den Unternehmen ein Recht auf Meinungsfreiheit zuerkannt, wodurch diese ihr soziales Engagement wieder in der Werbung thematisieren können.[208] „Legal responsibilities reflect society's view of „codified ethics" in the sense that they embody basic notions of fair practices as established by our lawmakers."[209] Carroll weist darauf hin, dass bereits die Einhaltung von Gesetzen

---

[204] Vgl. Riess, Birgit/Welzel, Carolin/Lüth, Arved (2008), S. 52.
[205] Wortlaut des § 1 des UWG.
[206] Obwohl dieses Regenwaldprojekt nicht unumstritten war, konnte alleine in 2008 eine Fläche von 13.669.187 Quadratmeter Regenwald vor Wilderei und Holzschlag geschützt werden. Vgl. Gruhl, Andreas (2010), S. 93.
[207] Vgl. Habisch, André/Wegner, Marina (2004), S. 39 f.
[208] Vgl. Habisch, André/Wegner, Marina (2004), S. 40.
[209] Carroll, Archie B./Buchholtz, Ann K. (2008), S. 41.

und Verträgen schon ein Teil der ethischen Verpflichtung darstellt, da Gesetze die Normen der Gesellschaft wiederspiegeln.

Neben der „hohen Regelungsdichte weist Deutschland im Bereich der Arbeitswelt als strukturelle Besonderheit einen in hohem Maße institutionalisierten Austausch zwischen Arbeitgeberinnen und Arbeitgebern und Arbeitnehmerrinnen und Arbeitnehmern auf".[210] Neben den Instrumenten der gesetzlichen Regulierung müssen auch die Beteiligungsrechte und Mitbestimmungsrechte der Arbeitnehmervertretungen beachtet werden und schränken somit den Spielraum für freiwillige Aktivitäten weiter ein. Da das CSR-Engagement auf Freiwilligkeit aufbaut, sind die Beteiligungsrechte der Arbeitnehmervertreter jedoch eingeschränkt. Bei freiwilligen CSR-Aktivitäten im Rahmen der internen CSR-Dimension sollte in jedem Falle geprüft werden, ob ein Beteiligungsrecht des Betriebsrates gemäß Betriebsverfassungsgesetz besteht.[211] Die Debatte um CSR fokussiert sich somit auf die beiden Pole: Regulierung versus Freiwilligkeit.[212]

Laut der Definition des CSR-Grünbuchs basiert das CSR-Engagement darauf, über die gesetzlichen Bestimmungen hinaus „freiwillig Verantwortung zu übernehmen" und kann somit nicht rechtsverbindlich eingefordert werden. Neben den bereits auf nationaler und internationaler Ebene bestehenden unterschiedlichen Initiativen und Organisationen haben sich im Jahre 2007 schon 24 von 30 DAX-Unternehmen entschieden, zusätzlich einen Nachhaltigkeits- bzw. CSR-Bericht zu veröffentlichen.[213]

Die Wahrnehmung der ökonomischen Verantwortung steht immer in enger Verbindung mit der Einhaltung von Gesetzen, Verordnungen und Abkommen. Auch das CSR-Engagement – unabhängig, ob im Zusammenhang mit der internen oder externen Dimension – baut auf der Einhaltung von gesetzlichen Bestimmungen auf. Gesetze können allerdings nicht immer alle geschäftsrelevanten Aspekte vollumfänglich abdecken, weil sie z. B. auch „veralten" und somit vielleicht für neue Sachverhalte nicht mehr anzuwenden sind[214] oder

---

[210] Bundesministerium für Arbeit und Soziales – Studie – (November 2008), S. 23.
[211] In Abschnitt 6.7 dieser Arbeit wird auf die Gestaltung der Zusammenarbeit mit den Arbeitnehmervertretern näher eingegangen.
[212] Vgl. Bundesministerium für Arbeit und Soziales – Studie – (November 2008), S. 23.
[213] Vgl. Stuber, Michael (2009), S. 36 und vgl. Gruhl, Andreas (2010), S. 28.
[214] Vgl. Brink, Alexander (2007), S. 7.

weil es im Geschäftsleben auch Aspekte gibt, die mit Gesetzen nicht abschließend zu regeln sind. Dazu gehören auch ethische Gesichtspunkte, Unternehmensleitbilder, Verhaltenskodizes, Unternehmenswerte und die Unternehmenskultur. Sie bilden eine sinnvolle Ergänzung der rechtlich festgelegten Voraussetzungen.

Insbesondere die Globalisierung fordert nicht nur das verantwortliche und ethische Handeln des Gesamtunternehmens, sondern auch ein ethisch Verständnis jedes Einzelnen. Fehlt ein solcher „ethischer Code", könnte die Entwicklung der dafür notwendigen Unternehmenskultur und somit der Unternehmenserfolg beeinträchtigt oder sogar behindert werden.[215] Im globalen Kontext spielen Ethik und Diversity eine ganz besonders wichtige Rolle.

4.3.3 Ethische Verpflichtung – Werte, Leitbilder, Unternehmenskultur

Der Begriff „Ethik" stammt aus dem Griechischen und wird übersetzt mit „Sitte, Gewohnheit oder Brauch".[216] Ethik beschäftigt sich mit der Bewertung des Verhaltens eines Individuums gegenüber sich selbst, gegenüber Mitmenschen und gegenüber der Umwelt. Das Gebiet der Ethik umfasst ein System von Prinzipien und Werten, die als Maßstab für die Bewertung von menschlichem Handeln eingesetzt bzw. genutzt werden und hinterfragt dieses Gefüge mit dem Ziel, eine Verhaltensverbesserung zu erreichen.[217] Werte, die im internationalen Kontext gleichermaßen Gültigkeit haben, sind Verzicht auf Kinderarbeit, Vermeidung von Korruption, Nachhaltigkeit und die Einhaltung von Menschenrechten und Umweltschutz.[218] Durch die Globalisierung der Märkte wurden Initiativen gegründet wie z. B. der Global Compact, der die Einhaltung dieser Werte international unterstützt.

Moralische Grundsätze[219] bilden so etwas wie einen Werterahmen für die Unternehmensethik und somit auch eine Orientierungshilfe für alle Stakeholder bei Entscheidungen und Handlungen im Hinblick auf alle geschäftlichen Akti-

---

[215] Vgl. DGFP e.V. (Hrsg.), (2008), S. 168.
[216] Vgl. Kuhlen, Beatrix (2005), S. 51.
[217] Vgl. Pinner, Wolfgang (2008), S. 67 f.
[218] Vgl. Kuhlen, Beatrix (2005), S. 55.
[219] Unter dem Begriff „Moral" werden Handlungen, Zustände oder Haltungen zusammengefasst, die in einer Gesellschaft, zu einem bestimmten Zeitpunkt als wünschenswert und gut oder böse und verboten gelten. Vgl. hierzu Göbel, Elisabeth (2006), S. 7.

vitäten. Die Unternehmensethik betrachtet alle im Zusammenhang mit der Geschäftstätigkeit getroffenen Entscheidungen und deren Auswirkungen und orientiert sich an allgemein gültigen Grundwerten wie Ehrlichkeit, Vertrauen, Respekt und Fairness.[220] Aspekte der Unternehmensethik sind häufig in Unternehmensleitlinien oder einem sogenannten „Code of Conduct"[221] schriftlich fixiert und informieren über die Unternehmenswerte oder geben Hinweise zu Verhalten in schwierigen Situationen (z. B. Korruption).

Die Einhaltung von gesetzlichen Standards ist die Grundvoraussetzung für ethisches Verhalten. Ethisches Verhalten kann aber gesetzliche Regelungen nicht ersetzten, sondern lediglich ergänzen. Die Bereitschaft von Unternehmen sich nicht nur der ökonomischen, sondern auch der ökologischen und gesellschaftlich-sozialen Verantwortung zu stellen, setzt die Auseinandersetzung mit und das Vorhandensein von ethischen Grundsätzen voraus. Da es sich bei wirtschaftlichen Austauschbeziehungen immer um Beziehungen zwischen Menschen handelt, wird im Rahmen der Unternehmensethik erwartet, dass alle am Unternehmen beteiligten Akteure Verantwortung für ihr Verhalten übernehmen. Die Unternehmensethik ist eng mit dem Thema Führung verknüpft und somit mit der menschenwürdigen und fairen Gestaltung der Arbeitsbeziehungen zwischen Mitarbeiter und Führungskraft und beinhaltet Themen wie Vergütungsgerechtigkeit, Vermeidung von Diskriminierung bei Einstellungen und Beförderungen, Gesundheitsmanagement und individuelle Förderung und Entwicklung der Mitarbeiter.[222]

Da rechtliche Bestimmungen für die Geschäftstätigkeit zwar unerlässlich sind, aber eben nicht immer ausreichen um „alle" Aspekte abzudecken, hat Carroll „ethical responsibilities" als eine weitere Komponente in seine CSR-Pyramide integriert. Unter dem Begriff „ethische Verpflichtung" werden bestimmte Normen, Werte und Standards zusammengefasst, die von allen Stakeholdern als fair oder moralisch eingestuft werden.[223] Die ethische Ebene umfasst auch die Erwartungen der Gesellschaft an die Verhaltensweise eines Unternehmens. Die Übernahme von Verantwortung, die über das ökonomische und gesetzli-

---

[220] Vgl. Kuhlen, Beatrix (2005), S. 53.
[221] „Code of Conduct" kann mit dem Begriff „Verhaltensstandards" übersetzt werden.
[222] Vgl. Göbel, Elisabeth (2006), S. 191.
[223] Vgl. Carroll, Archie B. (1993), S. 33.

che Mindestmaß hinausgeht, ist zwar keine Grundvoraussetzung, wird aber von der Gesellschaft erwartet.

Ein Unternehmen möchte grundsätzlich Gewinne erwirtschaften und langfristig überleben. Aber gerade in Familienunternehmen ist die wirtschaftliche Gesundheit, nachhaltiges Wirtschaften und der Erhalt von Arbeitsplätzen mindestens genauso wichtig wie die Höhe des Jahresgewinnes.[224] „Aus ökonomischer Sicht ist ein moralisches Verhalten nur dann zu erwarten, wenn es dem Akteur Vorteile verspricht, also seinen Nutzen steigert."[225] Bei dieser Aussage wird deutlich, dass sich moralisches oder ethisches Verhalten in irgendeiner Form auszahlen muss, was durchaus legitim ist. Denn ein Unternehmen hat in erster Linie die Verpflichtung, Gewinn zu erwirtschaften, um das Unternehmen und somit die Arbeitsplätze langfristig zu erhalten. Es ist anzunehmen, dass die Einhaltung der ökonomischen, der gesetzlichen und auch der ethischen Verantwortung den langfristigen Erfolg eines Unternehmens unterstützt, wenn nicht sogar sichert.

Die Unternehmenskultur kann als Teilbereich des Wertesystems eines Unternehmens betrachtet werden. Kultur entwickelt sich einerseits durch gemeinsame Erlebnisse oder Geschichten und andererseits auch durch die positiven oder negativen Erfahrungen in der täglichen Arbeit. Insbesondere in Krisenzeiten zeigt sich, wie stabil und nachhaltig die Werte eines Unternehmens von der Unternehmensleitung und dem Personalmanagement tatsächlich gelebt werden. „Damit wird Unternehmenskultur als Arbeitskontext für Mitarbeiter und Führungskräfte bedeutsam und in ihrer spezifischen Art der inhaltlichen Ausgestaltung ökonomisch relevant."[226]

Ethisches Verhalten wird von den Mitarbeitern und der Gesellschaft grundsätzlich von den Unternehmen erwartet. Rein philanthropische Handlungen fallen jedoch in den Bereich der Freiwilligkeit. Handelt ein Unternehmen nicht unbedingt philanthropisch, wird es deshalb nicht zwingendermaßen als unethisch bezeichnet.[227] Die Philanthropie ist eine fast logische Weiterführung der ethischen Aspekte und bietet den Unternehmen die Möglichkeit, einen

---

[224] Vgl. Hemel, Ulrich (2005), S. 108.
[225] Göbel, Elisabeth (2006), S. 66.
[226] Sackmann, Sonja (Hrsg.), (2008), S. 91.
[227] Vgl. Brink, Alexander (2007), S. 25.

Teil ihrer Profite wieder an die Gesellschaft zurückzugeben. „The long-range self-interest view is basically that if business is to have a healthy climate in which to exist in the future, it must take actions now that will ensure it longer-term viability."[228]

4.3.4 Philanthropische Erwartungen – Gesellschaftliches Engagement

Das Wort Philanthropie kommt aus dem Griechischen (philos = Freund und anthropos = Mensch)[229] und umfasst im weiteren Sinne ein „menschen-freundliches Denken und Verhalten". Aber auch Aspekte wie Höflichkeit, Großzügigkeit und Nächstenliebe werden untern diesem Begriff zusammen-gefasst. Die philanthropische Verantwortung ist die vierte Stufe in Carrolls CSR-Pyramide. Diese Stufe reflektiert die aktuellen Erwartungen der Gesell-schaft gegenüber dem Unternehmen und beinhaltet freiwillige gesellschaft-lich-soziale Aktivitäten, die grundsätzlich nicht durch das Gesetz geregelt sind und die allgemeinen ethischen Aspekte noch übersteigen. Hierunter fallen al-le Aktivitäten und Initiativen, die schwerpunktmäßig dem Bereich Corporate Citizenship zugeordnet werden können – wie z. B. das freiwillige Engagement von Mitarbeitern in Projekten oder Organisationen, Spendenaktionen oder freiwillige Förderung des Unternehmens hinsichtlich Aus- und Weiterbildung, Gesundheit, Kunst und Kultur.[230] „Das Prinzip des Corporate Citizenship sieht Unternehmen als soziale Gebilde, die nur durch die Gesellschaft existieren können und denen die Gesellschaft auch Einschränkungen auferlegen kann. Es entsteht so etwas wie ein Vertrag zwischen Gesellschaft und Unternehmen, der die Erwartungen für das Verhalten des Unternehmens festlegt".[231]

Der Themenkomplex CSR hat grundsätzlich eine stark strategische Ausrich-tung und versucht die ökonomischen Ziele des Unternehmens mit den sozia-len, ethischen und ökologischen Faktoren in Einklang zu bringen, wobei die CSR-Aktivitäten eng mit der eigentlichen unternehmerischen Tätigkeit in Ver-bindung stehen. Initiativen im Rahmen von CC hingegen sind vorwiegend auf das Engagement im Bereich des Gemeinwohls im lokalen Umfeld ausgerich-

---

[228] Carroll, Archie B. (1993), S. 39.
[229] Die Übersetzung erfolgte auf Basis der griechischen Sprachkenntnisse der Verfasserin.
[230] Vgl. Carroll, Archie B./Buchholtz, Ann K. (2008), S. 43; vgl. McAdam, Terry W. bei: Carroll, Archie B. (1977), S. 211.
[231] Pinner, Wolfgang (2008), S. 80.

tet, wobei neben den sozialen und ethischen insbesondere die philanthropischen Aspekte die wichtigste Rolle spielen. CC kann somit als Teilkonzept von CSR betrachtet werden. In den USA wurde dem Begriff Corporate Citizenship schon Anfang der 90er Jahre eine strategische Bedeutung zugeordnet. Mit diesem Konzept sollte auch den neuen Entwicklungen einer modernen Wirtschaft, dem technischen Fortschritt und der steigenden Bedeutung von Wissen mehr Aufmerksamkeit geschenkt und neue strategische Nutzenpotenziale für das Unternehmen erschlossen werden. Die damit verbundene Verzahnung mit der Unternehmensstrategie und des unternehmerischen Eigeninteresses zeigen deutlich, dass Unternehmen dieses Konzept nicht nur deshalb implementieren, weil sie „gut" sein wollen.[232] Ist der CSR-Gedanke und somit auch das Thema „Corporate Citizenship" tatsächlich in der Unternehmensstrategie verankert, sind die Unternehmensaktivitäten meist eng mit Aspekten der Mitarbeitergewinnung und Mitarbeitermotivation sowie Mitarbeiterzufriedenheit und Mitarbeiterbindung verknüpft.

Dies zeigt sich in der Praxis auch in ausgesuchten Personalentwicklungsmaßnahmen, unterstützende Maßnahmen hinsichtlich Vereinbarkeit von Beruf und Familie oder auch der Verbesserung der Arbeitsbedingungen, sowie der Unterstützung von Schulen und Hochschulen.[233] Mit dem sozialen Engagement von Unternehmen steigen in der Regel die Erwartungen an Führungskräfte, die auch dafür verantwortlich sind, dass ein Unternehmen wirtschaftlich arbeitet, was wiederum die Voraussetzung dafür ist, dass ein Unternehmen sich gesellschaftlich-sozial engagieren kann.

„Tu Gutes und sprich darüber". Eine gute Informationspolitik ist für eine glaubwürdige CSR-Strategie unumgänglich, um nicht zu sagen essenziell, und „kann Aufschluss über die Glaubwürdigkeit und Ernsthaftigkeit von CSR-Aktivitäten geben und es Unternehmen ermöglichen, den Verdacht bloßer Schönfärberei zu entkräften".[234] „Für die moderne CSR-Managementpraxis in Unternehmen stehen neben philanthropischen [...] Motiven zunehmend die strategischen Fragen nach der Minimierung gesellschaftlicher Risiken aus der eigenen Geschäftstätigkeit und die Nutzung von Geschäftschancen aus ge-

---

[232] Vgl. Loew, Thomas/Ankele, Kathrin/Braun, Sabine/Clausen, Jens (2004), S. 50.
[233] Vgl. Welzel, Evelize bei: Müller, Martin/Schaltegger, Stefan (Hrsg.), (2008), S. 68.
[234] Bundesministerium für Arbeit und Soziales – Aktionsplan CSR – der Bundesregierung (6. Oktober 2010), S. 17.

sellschaftlichem Wandel, also die Realisierung gesellschaftlicher Verantwortung im Kerngeschäft, im Vordergrund."[235]

Die CSR-Pyramide von Carroll verdeutlicht, dass das CSR-Konzept aus verschiedenen zu berücksichtigenden Komponenten besteht, die durchaus kritische Spannungsfelder aufweisen. Die Basiskomponente „Wirtschaftliche Verantwortung" steht sowohl mit den rechtlichen als auch ethischen und philanthropischen Aspekten in einem permanenten Spannungsfeld. Die CSR-Pyramide ist bei der Systematisierung der unternehmerischen Aktivitäten sehr hilfreich, vernachlässigt jedoch die eindeutige Darstellung der Verbindung und Wechselbeziehung der einzelnen Stufen und auch die Vernetzung zwischen Unternehmen und Gesellschaft.

Die vier Elemente Ökonomie, Recht, Ethik und Philanthropie der CSR-Pyramide von Caroll berühren nahezu alle Unternehmensbereiche und beeinflussen sich vor allen Dingen auch gegenseitig. Der wirtschaftliche Erfolg des Unternehmens ist immer auch mit der Beachtung von Gesetzen und Vorschriften verbunden und basiert auf einem ethischen und wertschätzenden Handeln. Nur die Beachtung und das reibungslose Zusammenspiel dieser Elemente macht es dem Unternehmen letztlich möglich, sich nachhaltig und auch glaubwürdig gesellschaftlich zu engagieren. Die Bedeutung der CSR-Aspekte für die einzelnen Funktionen des Human Resource Management werden in Abschnitt 4.4 diskutiert.

4.4 CSR-Aspekte im Kontext der Personalfunktionen

Bis ungefähr zur Beginn der 1980er Jahre bestand die Hauptaufgabe des Personalbereiches in der „Administration" der Mitarbeiter – es wurden Formulare ausgefüllt und Personalakten gepflegt. Mit der Erkenntnis, dass der Faktor Mensch ein wesentlicher Faktor für den unternehmerischen Erfolg darstellt, hat auch die Personalarbeit eine Neuorientierung erfahren. Anfang der 1990er Jahre und im Zuge der Entwicklung einer Wissensgesellschaft wurde der Faktor Mensch dann zu einer wertvollen und wettbewerbsentscheidenden

---

[235] Bundesministerium für Arbeit und Soziales, Studie (November 2008), S. 3.

Ressource.[236] Mitarbeiter sind nicht nur Stakeholder, sondern sollen „als wichtigste, wertvollste und sensitivste Unternehmensressource als Mitunternehmer gewonnen, entwickelt und erhalten werden".[237]

Der gesellschaftliche Wertewandel geht mit einem Trend der Individualisierung einher, der sich auf die Einstellungen und das Verhalten der Menschen und somit auch auf ihren Beruf auswirkt. Verstärkte Selbstfindungs- und Reflexionsprozesse sind Teil dieses Trends und sind eng mit der Infragestellung von traditionellen Lebensläufen und Lebensstilen verknüpft.[238] Um vorhandene Potenziale von Mitarbeitern erschließen und ihre Leistungsbereitschaft fördern zu können, müssen Arbeitgeber intensiver auf die Bedürfnisse und Anliegen der einzelnen Individuen eingehen. Neben einer fairen und marktgerechten Vergütung stellen insbesondere jüngere Arbeitnehmer vermehrt immaterielle Ansprüche an die Arbeitswelt – wie persönliche Entwicklungs- und Entfaltungsmöglichkeiten, Sinnhaftigkeit der Tätigkeit und Wertschätzung.[239] Ziel ist es, die Arbeitszufriedenheit und Identifikation mit dem Unternehmen zu fördern, um so Mitarbeiter nachhaltig an das Unternehmen zu binden. „Mitarbeiter entwickeln keinen Stolz auf ihr Unternehmen, weil es eine hohe Rendite hat, sondern weil es einen wichtigen Beitrag zur Gesellschaft leistet. Mehr noch: Mitarbeiter wollen einen Teil ihrer Arbeitskraft für ehrenamtliche Tätigkeiten aufwenden."[240] In einem Umfeld, das von ständigen Veränderungsprozessen sowie einer hohen Komplexität und Dynamik geprägt ist, werden Mitarbeiter zu einem bedeutenden Erfolgsfaktor für ein Unternehmen. Die Personalarbeit hat sich somit zu einer strategischen Funktion entwickelt, „die die unternehmensstrategisch erforderliche Leistungsbereitschaft sowie Leistungsfähigkeit von Mitarbeitern sicherstellt".[241] Aus diesem Grunde wird sich das HRM immer wieder neuen Themen und Gestaltungskonzepten öffnen müssen – z. B. dem Ansatz von CSR. Unternehmen stehen weltweit vor immer neuen ökonomischen, sozialen und ökologischen Herausforderungen. Eine dieser Herausforderung ist die Gestaltung der Arbeitswelt – insbesondere unter dem Ge-

---

[236] Vgl. Pinter, Anja bei: Müller, Martin/Schaltegger, Stefan (Hrsg.), (2008), S. 193.
[237] Pinter, Anja bei: Müller, Martin/Schaltegger, Stefan (Hrsg.), (2008), S. 193.
[238] Vgl. Abels, Heinz/Honig, Michael-Sebastian/Saake, Irmhild/Weymann, Ansgar (2008), S. 143.
[239] Vgl. Wunderer, Rolf (2007), S. 181, vgl. Kreis, Michael (2007), S. 52 f.
[240] Horx, Matthias (www.zkunftsinstitut.de), in seiner Studie „Future Company" vom April 2011 in: wirtschaft + weiterbildung, (2011a), Heft Nr. 05_11, S. 66.
[241] Vgl. Pinter, Anja bei: Müller, Martin/Schaltegger, Stefan (Hrsg.), (2008), S. 206.

sichtspunkt des demografischen Wandels. Um dem prognostizierten Fachkräftemangel begegnen zu können, werden Unternehmen darauf angewiesen sein, dass Menschen im erwerbsfähigen Alter auch tatsächlich erwerbsfähig sind.

„Arbeit ist die Grundlage unseres wirtschaftlichen Wohlstandes. Sie vermittelt soziale Anerkennung und ist wesentliche Voraussetzung für geistiges und körperliches Wohlbefinden. Über die materielle Sicherung hinaus bietet sie Möglichkeiten zur Entwicklung der Persönlichkeit, zum Austausch von sozialen Kontakten und der Entwicklung von Selbstbewusstsein. Arbeit ist das entscheidende integrative Element unserer Gesellschaft. Erwerbsfähigkeit ist zudem die Basis für die Funktionsfähigkeit der sozialen Sicherungssysteme. Die Frage, wie Arbeit gestaltet werden kann, so dass sie für möglichst viele Menschen Lebens-, Beteiligungs- und Entfaltungschancen schafft, ist eine zentrale gesellschaftliche Herausforderung."[242] Wenn die Gesellschaft altert und somit auch die Erwerbstätigen, bedeutet dies zwangsläufig, dass auch Arbeit anders und flexibler gestaltet werden muss. Vor dem Hintergrund der Diskussionen über die Rente mit 67 oder später, werden sich die Erwerbstätigen jeden Alters einerseits immer wieder durch lebenslanges Lernen an die veränderten Anforderungen anpassen müssen, andererseits sollten Unternehmen ihren Beschäftigten aber auch Bedingungen bieten, die es erlauben, unterschiedliche private und berufliche Ereignisse in jeder Altersphase miteinander vereinbaren zu können.

4.4.1 Personalmarketing und Personalauswahl

Das Personalmarketing beschäftigt sich mit der Festlegung und Identifikation von Zielgruppen sowie der Ausrichtung von zielgruppengeeigneten Maßnahmen. Um bei der Personalwerbung erfolgreich zu sein, muss ein Arbeitgeber hinsichtlich der ermittelten Kriterien von der Zielgruppe zumindest als überdurchschnittlich, besser noch als herausragend, wahrgenommen werden. Die Abweichungen zwischen dem Erwartungsprofil der Zielgruppen und den im Unternehmen vorhandenen Maßnahmen und Instrumenten dient dann zur Verbesserung des Arbeitgeberimages und der Schärfung des Employer

---

[242] Bundesministerium für Arbeit und Soziales – Empfehlungsbericht (22. Juni 2010), S. 52 ff.

Branding.[243] Ein gutes Personalmarketing ist immer ein Teil der Imagewerbung eines Unternehmens.

Bei der Personalauswahl steht, früher wie heute, die Auswahl der „richtigen" Mitarbeiter im Mittelpunkt. Stand früher eher die Fachkompetenz im Vordergrund, gewannen später die Führungs-, die Sozial- und die Persönlichkeitskompetenz immer mehr an Bedeutung. „In Zukunft wird jedoch entscheidend sein, sein gesamtes Kompetenzbündel mit dem steten Wandel des Umfelds in Einklang zu bringen und sich ständig anzupassen."[244] Diese neue Form der Kompetenz wird als „Bewegungskompetenz" bezeichnet.[245] Menschen mit „Bewegungskompetenz" zeichnen sich nicht nur durch Fachkompetenz aus, sondern auch dadurch, dass sie in der Lage sind, Wandel aktiv zu gestalten. Diese „Bewegungskompetenz" ist eine Grundvoraussetzung von Employability. Nachhaltiges Personalmanagement beginnt schon mit der Personalplanung, dem Personalmarketing und der Personalauswahl, denn in einer wissensorientierten Gesellschaft ist der „Faktor" Mensch der entscheidende Wettbewerbsvorteil.

Ein professionelles Personalmarketing richtet sich sowohl an potenzielle Mitarbeiter auf dem externen Arbeitsmarkt, als auch an Mitarbeiter, die bereits im Unternehmen beschäftigt sind. Der Fokus liegt grundsätzlich auf der bewussten, aktiven und systematischen Gestaltung der Arbeitgebermarke und somit auf der Arbeitgeberattraktivität, um bei den entsprechenden Zielgruppen ein möglichst dauerhaftes Interesse an einer Tätigkeit im Unternehmen zu wecken.[246]

Bei der Personalauswahl geht es in erster Linie darum, den für die zu besetzende Stelle geeignetsten Bewerber zu finden. Dabei ist eine „verantwortungsvolle und insbesondere nichtdiskriminierende Einstellungspolitik"[247] unerlässlich. Einerseits wird damit dem am 14. August 2006 verabschiedeten „Allgemeinen Gleichstellungsgesetz (AGG)" Rechnung getragen und andererseits können unzureichend erschlossene Arbeitskräftepotenziale – ethische Minderheiten, ältere Arbeitskräfte, Frauen, Personen mit Migrationshinter-

---

[243] Vgl. Gmür, Markus/Thommen, Jean-Paul (2007), S. 234.
[244] Kres, Michael (2007), S. 50.
[245] Vgl. Kres, Michael (2007), S. 51.
[246] Vgl. DGFP e.V. (Hrsg.) (2008), S. 121.
[247] Kommission der Europäischen Gemeinschaft – Grünbuch (2001), S. 9.

grund, Langzeitarbeitslose – besser genutzt werden.[248] Im Zusammenhang mit dem Aspekt „Empowerment" werden Entwicklungsmöglichkeiten und eine größere Diversifizierung bei der Arbeit angeboten.

Um eine möglichst gute und somit nachhaltige Personalentscheidung treffen zu können, sollte z. B. neben dem „fachlichen Fit" auch ein „kultureller Fit" ein Auswahlkriterium darstellen. Ein Mitarbeiter des englischen Unternehmens „recruitment and executive search company – PeoplePower" bestätigt folgendes: „A few companies who we support on an ongoing basis for all their recruitment needs have updated their code of ethics and recruitment procedures to make an assessment of values of candidates and whether they match the company values".[249] Es ist für Unternehmen somit durchaus empfehlenswert evtl. bestehende ethische Grundsätze oder Verhaltenskodizes zu überarbeiten und diese in den Rekrutierungsprozessen bewusst zu berücksichtigen. Einige Unternehmen gehen also dazu über, auch die Werte der Unternehmen mit den Werten eines potenziellen Mitarbeiters abzugleichen, um so eine hohe Identifikation und somit eine langfristige Bindung der Mitarbeiter sicherzustellen. Wertesysteme sind grundsätzlich langfristig und nachhaltig angelegt und stehen vermutlich in direktem Zusammenhang mit einer nachhaltigen Unternehmensstrategie. Menschen, die sich für einen Arbeitgeber entscheiden, tun dies einerseits weil die angebotene Stelle interessant ist, aber auch weil sie – bewusst oder unbewusst – wahrnehmen, dass das Wertesystem des Unternehmens mit ihrem übereinstimmt. Die Werte eines Unternehmens oder einer Person beeinflussen auch die Entscheidungsprozesse und die Entscheidungsfreudigkeit – „[...] empowering people to live their values at work is key."[250] Es wird empfohlen, Mitarbeiter bei der Umsetzung ihrer Werte am Arbeitsplatz zu ermutigen und zu unterstützen. Ziel ist es, die Arbeitgebermarke nach innen und nach außen glaubwürdig zu vermitteln, die Unverwechselbarkeit der Organisation in der Öffentlichkeit sicherzustellen und ein langfristiges Wertesystem im Unternehmen zu implementieren.

---

[248] Vgl. Kommission der Europäischen Gemeinschaft – Grünbuch (2001), S. 9 und Armutat, Sascha et al. (Hrsg.), (2008), S. 71.
[249] Cohen, Elaine (2010), S. 134.
[250] Cohen, Elaine (2010), S. 126.

4.4.2 Leistungs- und Vergütungsmanagement

Unter dem Begriff Leistungs- und Vergütungsmanagement werden Maßnahmen und Instrumente im Zusammenhang mit der Arbeitszeitgestaltung und der Vergütungspolitik zusammengefasst.[251] Im Zuge der Diskussion über Demografie und Lebensereignisorientierung stehen gerade die Zusatzleistungen wieder mehr im Fokus, wobei Leistungen, „die das Leben in besonderen Lebenssituationen vereinfachen"[252], eine wichtige Rolle spielen. Zu nennen sind hier Maßnahmen im Rahmen des Gesundheitsmanagements, Serviceleistungen rund um die Kinderbetreuung oder die Pflege von Angehörigen, die Förderung des altersgerechten lebenslangen Lernens, aber auch die eigenverantwortliche Gestaltung der Arbeitszeit.

Ein Vergütungssystem setzt sich meist aus verschiedenen Komponenten zusammen, die in ihrer Ausgestaltung von Unternehmen zu Unternehmen ganz unterschiedlich sein können. Zu den Leistungsarten einer Gesamtvergütungspolitik zählen neben dem Grundgehalt auch die betriebliche Altersversorgung, freiwillige Sozialleistungen, sowie leistungsorientierte oder ergebnisorientierte Vergütungsbestandteile.[253] Seit einigen Jahren haben Erfolgs- und Kapitalbeteiligungsmodelle an Bedeutung gewonnen.[254] Im Rahmen der Konzeption von Gesamtvergütungskonzepten sind insbesondere die Aspekte der internen CSR-Dimension wie die Vermeidung von Diskriminierung, die Gestaltung von Gewinn- und Kapitalbeteiligungen, Zusatzleistungen im Rahmen der Balance zwischen Beruf und Familie, sowie lebenslanges Lernen von großer Bedeutung. Bei der Konzeption von integrierten Vergütungssystemen sollten auch immer Aspekte der Unternehmensumwelt – Situation des Arbeitsmarktes, Gehaltsspiegel, und rechtliche Faktoren – berücksichtigt werden.

Die Grundvergütung orientiert sich traditionell an den definierten Anforderungen der Stellen, in Verbindung mit der Erfahrung und der Ausbildung einer Person, aber auch an der jeweils aktuellen Arbeitsmarktsituation. Die klassischen leistungsbezogenen Vergütungsformen wie Akkordlohn, Prämienlohn oder individuelle Leistungszulagen werden zunehmend durch variable Vergü-

---

[251] Vgl. Armutat, Sascha et al. (Hrsg.), (2008), S. 87.
[252] Armutat, Sascha et al. (Hrsg.), (2008), S. 88.
[253] Vgl. DGFP e.V. (Hrsg.), (2008) S. 150.
[254] Vgl. Gmür, Markus/Thommen, Jean-Paul (2007), S. 130.

tungskomponenten im Zusammenhang mit Zielvereinbarungssystemen ersetzt.[255] Die Höhe einer erfolgsorientierten Vergütung orientiert sich an der Erreichung definierter Unternehmensziele. Zu den Kapitalbeteiligungsmodellen zählt jede Form der finanziellen Beteiligung, wie z. B. Mitarbeiteraktien[256] oder Aktienoptionspläne.[257]

Diese Vergütungsvariante ist in der Regel mit mehrjährigen Bindungsfristen gekoppelt.[258] Kapitalbeteiligungsmodelle und die damit verbundene Bindung der Mitarbeiter, soll auch ein nachhaltiges unternehmerisches Handeln fördern. Unter dem Begriff „sonstige Sozialleistungen" werden z. B. das Weihnachts- oder das zusätzliche Urlaubsgeld, Dienstwagenregelungen, Zuschüsse zu Fahrkarten, Mittagessen, Kinderbetreuung sowie Arbeitgeberzuschüsse zur betrieblichen Altersversorgung zusammengefasst. Bei einem Vergütungssystem, das sich an Lebenszyklen oder Lebensereignissen orientiert, rücken insbesondere bei der Grundvergütung die Anforderungsmerkmale einer Tätigkeit und die Leistungsmerkmale eines Mitarbeiters in den Vordergrund. Das Ziel ist, die Vergütungselemente mehr und mehr von Alter und Betriebszugehörigkeit zu entkoppeln. Gleichzeitig wird die leistungsabhängige Komponente an Bedeutung gewinnen und somit die Leistungsfähigkeit und Leistungsbereitschaft eines Mitarbeiters stärker berücksichtigt. Um eine erfolgreiche Implementierung von Gesamtvergütungssystemen sicherstellen zu können, sollten die folgenden grundlegenden Kriterien eingehalten werden:[259]

- **Einfachheit und Transparenz** – Die Höhe und die Bedingungen der einzelnen Vergütungskomponenten müssen klar definiert und für alle Beteiligten transparent sein. Im Idealfall ist das System so aufgebaut, dass Nicht-Experten die Regeln intuitiv durchschauen können.

---

[255] Vgl. DGFP e.V. (Hrsg.), (2008), S. 151 ff.

[256] Mitarbeiteraktien werden häufig im Rahmen von Gesamtvergütungssystemen entweder kostengünstig oder meist auch kostenfrei an Mitarbeiter ausgegeben. Nach Ablauf einer festgelegten Sperrfrist können diese veräußert werden. Vgl. hierzu Holtbrügge, Dirk (2007), S. 182.

[257] Der englische Begriff lautet „stock option". Die Mitarbeiter haben hier die Möglichkeit, Aktien zu einem festgelegten Zeitpunkt oder Zeitraum zu einem definierten Vorzugspreis zu erwerben und auch wieder zu verkaufen. Vgl. hierzu Gmür, Markus/Thommen, Jean-Paul (2007), S. 150.

[258] Vgl. Gmür, Markus/Thommen, Jean-Paul (2007), S. 149.

[259] Vgl. Armutat, Sascha et al. (Hrsg.), (2008), S. 88 f.

- **Integration** – Die Komponenten des Vergütungssystems müssen mit den bereits existierenden Personalsystemen, wie z. B. der Personalrekrutierung, der Personalentwicklung, der Personalbeurteilung, kompatibel sein.

- **Wettbewerbsfähigkeit** – Die einzelnen Vergütungskomponenten müssen marktfähig sein, denn nur so werden die Leistungen von Bewerbern oder Mitarbeitern auch als attraktiv und somit auch als motivierend wahrgenommen.

Auch ein ausgefeiltes Leistung- und Vergütungsmanagement kann eine gute Führung nicht ersetzten und ist letztlich nur so gut, wie es von den Führungskräften umgesetzt wird. Eine ausschließliche Fokussierung auf die Erreichung von vereinbarten Zielen kann zu einer Vernachlässigung anderer wichtiger Gesichtspunkte führen. Eine Führungskraft sollte jeden Mitarbeiter und dessen besondere Arbeits- und Lebensumstände so ganzheitlich wie möglich betrachten. Sie sollte sowohl über theoretisches als auch erfahrungsbezogenes Wissen hinsichtlich Vergütungssystemen verfügen und die einzelnen Instrumente und Modelle im Unternehmenskontext beurteilen können.[260]

4.4.3 Personalbetreuung und Personalbindung

Eines der klassischen Aufgabenfelder des Personalmanagements ist die Personalbetreuung. Hier werden die Routinearbeiten der operativen Personalarbeit gebündelt – von der Verwaltung der Personaldaten, über Routinemeldungen an die Behörden, bis hin zur individuellen Betreuung von Mitarbeitern in beruflichen oder auch privaten Belangen.[261] Bei der „direkten Personalbetreuung" finden auch Beratungen zu Spezialthemen statt, wie z. B. betriebliche Altersversorgung, Vorruhestandsregelungen, Kuren und Reha-Maßnahmen oder Umgang mit Suchterkrankungen. Und genau diese individuelle und somit auch wertschätzende Betreuung und Beratung der Mitarbeiter stellt ein wichtiger und durchaus unterschätzter Faktor im Zusammenhang mit der Personalbindung dar. „Programme und Maßnahmen zur Mitarbeiterbindung gehen von der These aus, dass zufriedene und wertgeschätzte Mitarbeiter eine viel stärkere Bindung an ihr Unternehmen entwickeln, seltener fehlen, produk-

---

[260] Vgl. DGFP e.V. (Hrsg.), (2008), S. 157 ff.
[261] Vgl. DGFP e.V. (Hrsg.), (2008), S. 135.

tiver arbeiten und gegen Abwerbungsversuche ein Stück weit immunisiert werden."[262]

Die Identifikation der Mitarbeiter mit dem Unternehmen wird auch häufig als „Commitment"[263] oder „psychologischer Vertrag" bezeichnet. Ein psychologischer Vertrag kann zum Beispiel auf der einfachen Feststellung beruhen, dass das Verlassen des Unternehmens mehr Risiken als Chancen birgt. Auch eine durch individuelle Wertvorstellungen begründete moralische Verpflichtung sowie eine hohe emotionale Identifikation mit den Werten, Normen und Zielen des Unternehmens können die Grundlage für einen psychologischen Vertrag bilden.[264] Je mehr sich die Werte des Unternehmens mit denen des Mitarbeiter decken, desto höher ist die Identifikation und somit das Commitment – und darauf basiert das Betreuungs- und Bindungsmanagement. Die Personalbetreuung bezieht sich grundsätzlich auf die operative Dienstleistung für alle Mitarbeiter, ist aber gleichzeitig die Basis für eine strategisch ausgerichtete Mitarbeiterbindung und hat somit eine enge Verbindung zum internen Personalmarketing und der bereits erwähnten Arbeitgeberattraktivität. Viel diskutierte Themenbereiche, die der Mitarbeiterbetreuung und Mitarbeiterbindung zugeordnet werden, sind neben den vergütungsrelevanten Fragestellungen inklusive Kapital- und Erfolgsbeteiligungen[265] z. B. auch das Arbeitszeitmanagement, das Wissensmanagement und das Gesundheitsmanagement sowie Work-Life-Balance-Konzepte. Bei der Erhaltung der Gesundheit ist nicht nur die Vermeidung von Krankheit gemeint, sondern „das gesamte Spektrum von körperlicher, geistiger und seelischer Fitness, die Voraussetzung für eine erfolgreiche Auseinandersetzung mit sich wandelnden Anforderungen am Arbeitsplatz ist".[266] Die Personalbetreuung und Personalbindung steht somit mit allen anderen HR-Funktionen in einer engen und logischen Verbindung.

---

[262] DGFP e.V. (Hrsg.) (2008), S. 135.
[263] Als „Commitment" wird die individuell empfundene Verpflichtung und Bindung eines Mitarbeiters bezeichnet. Vgl. hierzu: Gmür, Markus/Thommen, Jean-Paul (2007), S. 220.
[264] Vgl. Gmür, Markus/Thommen, Jean-Paul (2007), S. 220 f. und DGFP e.V. (Hrsg.), S. 136 f.
[265] Diese Aspekte werden in Abschnitt 6.2 näher erläutert.
[266] Lamaye, Alexis/Tobias, Wolfgang bei: Happe, Guido (Hrsg.), (2010), S. 224.

4.4.4 Personal- und Managementwicklung

„Die *Personalentwicklung* umfasst alle Maßnahmen, die darauf abzielen, die bestehenden Potenziale und Fähigkeiten der Beschäftigten im Unternehmen zu erweitern und für die Erreichung der Unternehmensziele nutzbar zu machen."[267] Hierzu zählen alle Maßnahmen, die der individuellen beruflichen Entwicklung und Förderung des Mitarbeiters dienen und alle notwendigen Qualifikationen vermitteln, die zur Wahrnehmung der gegenwärtigen und zukünftigen Aufgaben erforderlich sind und dabei die persönlichen Interessen und Bedürfnisse der Mitarbeiter berücksichtigt.[268] Unter Managemententwicklung wird die Personalentwicklung für die Personen verstanden, die „in der Regel Verantwortung für Mitarbeiter besitzen und strategisch steuernd Einfluss auf die Unternehmensentwicklung nehmen können".[269]

Die Weiterbildungsaktivitäten eines Unternehmens stehen in engem Zusammenhang mit den CSR-Aspekten Erhalt der Beschäftigungsfähigkeit, Empowerment, lebenslanges Lernen aber auch der Vermeidung von Diskriminierung hinsichtlich angemessener Weiterbildungsangebote für ältere Mitarbeiter. Die lebensphasenorientierte Personalentwicklung ist darauf ausgerichtet, sowohl fachliche als auch überfachliche Kompetenzen zu erhalten und zu verbessern – und zwar in allen Phasen des beruflichen Zyklus. Bei Führungskräften liegen die Schwerpunkte in folgenden Bereichen: Mitarbeiterführung, Mitarbeiterbeurteilung, Motivation, Kommunikationsverhalten, Gesprächsführung und Konfliktmanagement. Führungskräfte sollen durch ein spezielles Führungstraining für einen lebensereignisorientierten Führungsstil sensibilisiert werden, um so Mitarbeiter in allen persönlichen und beruflichen Lebensphasen optimal begleiten und unterstützen zu können.[270] Um die Potenziale der Mitarbeiter im Rahmen der demografischen Entwicklung optimal nutzen zu können, müssen Führungskräfte und Weiterbildungsverantwortliche ein Verständnis dafür entwickeln, dass unterschiedliche Generationen auf unterschiedliche Motivations- und Lernmethoden ansprechen. Abbildung 21 gibt einen Überblick.

---

[267] Gmür, Markus/Thommen, Jean-Paul (2007), S. 185.
[268] Vgl. Holtbrügge, Dirk (2007), S. 114.
[269] DGFP e.V. (Hrsg.), (2008), S. 161.
[270] Vgl. Armutat, Sascha et al. (Hrsg.), (2008), S. 83.

Generationen	Merkmale
„Nachkriegsgeneration" oder „Veteranen" (bis 1950/1955 geboren)	Beständigkeit, Gründlichkeit, Loyalität, arbeiten „hart", fühlen sich unwohl in Konflikten, widersprechen nicht offen, folgen der Autorität
„Babyboomer" (bis 1960/1965 geboren)	dienstleistungsorientiert, starker Eigenantrieb, gute Teamarbeiter, beziehungsorientiert, konfliktscheu, empfindlich gegenüber Feedback, Neigung zur Übermotivation und Burn-out
Generation „X" oder „Golf" (bis 1975 geboren)	unabhängig, technisch versiert, kreativ, unbeeindruckt von Vorgesetzten, gelegentlich zynisch, sehr pragmatisch, nicht mehr bereit, das Privat- und Familienleben hinter den Beruf zu stellen
Generation „Y" oder „dot.com" (nach 1980 geboren)	suchen gemeinsame Aktionen und Erlebnisse, optimistisch, zäh, willensstark, Fähigkeit zum „Multitasking", sind weniger erfahren im Umgang mit zwischenmenschlichen Konflikten

ABB. 21: DAS VIER-GENERATIONEN-MODELL
(QUELLE: EIGENE DARSTELLUNG IN ANLEHNUNG AN: LOTZMANN, NATALIE BEI: HOLZ, MELANIE/DA-CRUZ, PATRICK (HRSG.), (2007), S. 77)

4.4.5 Personalfreisetzung

Der Austritt aus einem Unternehmen kann unterschiedliche Ursachen haben – grundsätzlich ist zwischen der Arbeitgeberkündigung, der Arbeitnehmerkündigung und der Pensionierung zu unterscheiden. In allen Fällen eignet sich das strukturierte Austrittsgespräch zur Begleitung eines geordneten Ausstieges. Insbesondere bei vom Arbeitgeber veranlassten Entlassungen sind auch externe Interessengruppen, wie z. B. Behörden, frühzeitig und angemessen einzubinden. Aber auch bei einer bevorstehenden Pensionierung können begleitende Gespräche den betroffen Personen neue interessante Aspekte eröffnen – z. B. das Angebot über „Ehemaligen-Netzwerke" oder im Rahmen einer Urlaubsvertretung mit dem Unternehmen und den Kollegen in Kontakt zu bleiben. Gerade bei sehr engagierten Mitarbeitern kann die Pensionierung und somit der Umstand nicht mehr gebraucht zu werden so wie früher, zu einer besonderen Belastung führen, die es zu bewältigen gilt. Hinzu kommt, dass unterstützende Aktivitäten im Rahmen von Personalfreisetzungen auch auf die bleibenden Mitarbeiter einen nicht zu unterschätzenden positiven Effekt haben. Mitarbeiter erfahren so, dass sie auch in besonderen oder schwierigen Situationen vom Unternehmen nicht alleine gelassen werden.

Zur Vorbereitung auf den Ausstieg können, je nach Anlass des Austrittes, verschiedene Maßnahmen angeboten werden. Mit Hilfe von ausgewählten Seminaren kann die Beschäftigungsfähigkeit weiterentwickelt werden. Outplacementmaßnahmen bzw. New Placement und individuelles Coaching eignen sich insbesondere bei betriebsbedingten Kündigungen, um den Wiedereinstieg in das Arbeitsleben zu fördern. Mitarbeiter, die aus Altersgründen oder krankheitsbedingten Gründen ausscheiden müssen, können auf diesen neuen Lebensabschnitt vorbereitet werden. Neben den technischen Fragen über die Höhe des Rentenanspruches und den Auszahlungsmodalitäten der Betriebsrente sollten den Mitarbeitern auch Programme zur Einstimmung auf diesen neuen Lebensabschnitt angeboten werden.

Unabhängig davon, aus welchem Grund ein Mitarbeiter ein Unternehmen verlässt, ist jeder Mitarbeiter sozusagen „ein Botschafter des Unternehmens" und kann sich in seinem Umfeld entweder positiv oder auch negativ über das Unternehmen äußern. Außerdem könnte ein solcher Mitarbeiter durchaus in der Zukunft wieder ein potenzieller Bewerber sein. Dem Personalbereich kommt die Aufgabe zu, diesen Trennungsprozess – für beide Parteien – so fair und wertschätzend wie möglich zu gestalten.[271]

---

[271] Vgl. DGFP e.V. (Hrsg.), (2008), S. 170 f.; vgl. Armutat, Sascha et al. (Hrsg.), (2008), S. 143.

5. Blick in die Praxis – eine explorative Studie

Über die beiden Themenfelder „Corporate Social Responsibility" und „Lebensphasenorientiertes Human Resource Management" existieren inzwischen jeweils einige aussagekräftige Veröffentlichungen. Die wissenschaftlichen Untersuchungen hinsichtlich der Zusammenhänge zwischen den beiden Themenkomplexen stehen jedoch noch ganz am Anfang. Durch die in diese Arbeit integrierte explorative Studie sollen mögliche Zusammenhänge und Wechselbeziehungen der genannten Themenkomplexe beleuchtet und analysiert werden. Dabei soll überprüft werden, ob einige Einzelaspekte von „Corporate Social Responsibility" und einer „Lebensphasenorientierten Personalpolitik" – bewusst oder unbewusst – von den befragten Experten bereits in der Praxis angewendet bzw. eingesetzt werden.

Als Forschungsdesign wurde die Umfrage in Form einer Stichprobe gewählt. Die Informationen werden mit Hilfe eines leitfadengestützten Experteninterviews erhoben.[272] Diese Methode eignet sich einerseits, um Experten hinsichtlich eines bestimmten Handlungsfeldes eingehend zu befragen, und andererseits, um die Experten aktiv in die Untersuchung einzubeziehen. Durch diese aktive Einbindung können die Befragten von dem Interview insoweit profitieren, dass sie während der Befragung selbst neue Ideen und Ansätze zur Förderung ihres eigenen Aufgabenfeldes entwickeln.[273] Diese Form des Interviews wird bevorzugt angewendet, wenn mehrere Themenkomplexe angesprochen werden und diese nicht nur durch die Antworten der Interviewten bestimmt werden, sondern auch durch das Ziel der Untersuchung. Hierbei stehen die Experten als Repräsentanten einer ausgewählten Gruppe im Fokus der Untersuchung und nicht als Person selbst. Der entwickelte Leitfaden hat eine Steuerungsfunktion, mit dessen Hilfe alle für die Forschungsfrage wichtigen Punkte angesprochen werden, um ganz gezielt und genau bestimmbare Informationen zu erheben.[274] In einem solchen Interview werden Fragen gestellt, auf die die Experten in freier Rede und selbstgewählter (Fach-)Terminologie antworten

---

[272] Diese Methode wird auch häufig als „nichtstandardisiertes Interview" bezeichnet. Vgl. hierzu Gläser, Jochen/Laudel, Grit (2009), S. 112.
[273] Vgl. Rump. Jutta (2005), Abschlussbericht des Forschungsprojektes „Employability Management", S. 38
[274] Vgl. Gläser, Jochen/Laudel, Grit (2009), S. 111.

können. Ein leitfadengestütztes Interview soll die Durchführung eines fokussierten Gesprächs unterstützen. Es sollen jedoch keine – mehr oder weniger – eingeschränkten Antwortkategorien vorgegeben werden, wie das bei einem stark strukturierten Fragebogen und somit einem eher quantitativen Ansatz der Fall ist. Ein leitfadengestütztes Experteninterview bietet somit auch die Möglichkeit, flexibel auf eine neue Situation zu reagieren. Eine wichtige Voraussetzung für ein Experteninterview ist, dass auch der Interviewer selbst über Expertenwissen verfügt, um von den Gesprächspartnern entsprechend akzeptiert zu werden. In einem ersten Schritt wurden die Ergebnisse der Interviews dokumentiert, dann mit Hilfe einer qualitativen Inhaltsanalyse zusammengefasst und strukturiert, in einzelnen Fällen auch durch Beispiele aus der Literatur ergänzt.[275]

5.1 Durchführung der Untersuchung

Die Untersuchung gliedert sich grundsätzlich in drei Einzelphasen – die Vorbereitung, die Durchführung und die Nachbereitung. In der Phase der Vorbereitung wurde der strukturierte Interviewleitfaden erstellt und getestet. In der Phase der Durchführung standen die Interviews und deren Protokollierung im Mittelpunkt. Die Phase der Nachbereitung beinhaltete die Zusammenfassung und systematische Bündelung und Ergänzung der gewonnen Informationen.

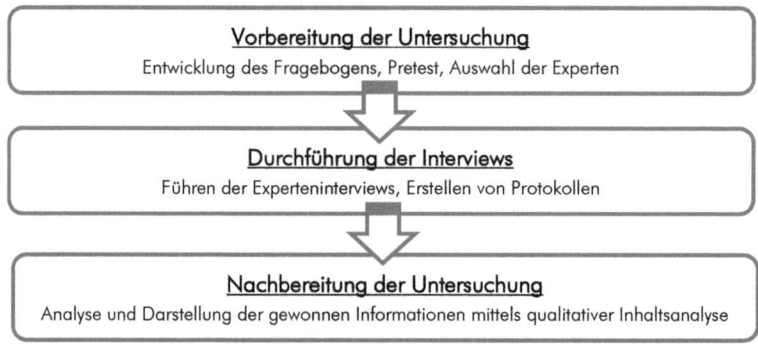

ABB. 22: ABLAUF DER UNTERSUCHUNG
(QUELLE: EIGENE DARSTELLUNG IN ANLEHNUNG AN GRAF (2002), S. 362)

---

[275] Die einzelnen Grundformen der Analysetechniken werden in Punkt 5.1.3 kurz näher erläutert und können auch in Mischformen auftreten. Vgl. hierzu Mayring, Philipp (2010), S. 65.

5.1.1 Vorbereitung der Untersuchung

In der **Vorbereitungsphase** wurde – mit Fokus auf die Strukturierung des theoretischen Teils dieser Arbeit – ein Interviewleitfaden konzipiert und die zu befragenden Experten[276] ausgewählt. Der Interviewleitfaden dient der Strukturierung und der Vereinheitlichung der Gespräche mit den ausgewählten Experten und umfasst insgesamt 15 Fragen, sowie einige Angaben zur jeweils interviewten Person. Dem Fragebogen wurden ein einleitendes und informatives Schreiben[277] vorangestellt, um die Interviewpartner über den Hintergrund der Befragung zu informieren. Das Schreiben enthält auch einen Hinweis darauf, dass alle gesammelten Informationen selbstverständlich vertraulich behandelt und ausschließlich im Rahmen der Master Thesis verwendet werden. Der Fragebogen ist in vier Teilabschnitte mit folgenden Überschriften untergliedert:

Teil 1: Allgemeine Fragen zum Human Resource Management

Teil 2: Corporate Social Responsibility

Teil 3: Lebensphasenorientierte Personalpolitik

Teil 4: Abschluss des Interviews

Da davon ausgegangen werden kann, dass die beiden Themenkomplexe in „Expertenkreisen" bekannt sind, wurden im Vorfeld keine zusätzlichen vorbereitenden oder erklärenden Unterlagen zur Verfügung gestellt. Die „Leitfragen" des Interviews wurden grundsätzlich offen formuliert, um eine mögliche Beeinflussung der Interviewpartner so gering wie möglich zu halten. Das leitfadengestützte Interview bietet jedoch immer die Möglichkeit, die Leitfragen zu ergänzen oder individuell leicht abzuweichen, um den Interviewpartner dazu zu bewegen weitere Informationen preiszugeben.[278]

In der Vorbereitungsphase wurde der Interviewleitfaden im Rahmen eines Pretests an drei Versuchspersonen gesendet. Es sollte überprüft werden, ob und

---

[276] Als Experten werden Personen bezeichnet, die aufgrund langjähriger Erfahrung über (bereichs-) spezifischen Wissen/Können verfügen. Vgl. Gläser, Jochen/Laudel, Grit (2009), S. 117 und Vgl. Hug, Theo/Poscheschnik, Gerald (2010), S. 101.

[277] Der Fragebogen inklusive des Anschreibens mit den einleitenden Informationen ist in Anhang 3 beigefügt.

[278] Vgl. Hug, Theo/Poscheschnik, Gerald (2010), S. 100.

in welchen Bereichen der Fragebogen Schwachstellen aufweist. Nach dem Pretest sind geringfügige Anpassungen bei den Formulierungen und der Reihenfolge der Fragen als Verbesserungsvorschläge in die Endversion eingeflossen. Der Fragebogen wurde von allen drei Testpersonen als leicht verständlich und logisch aufgebaut bezeichnet. Zwei Testpersonen haben erwähnt, dass sie insbesondere durch die Fragen über den Wertschöpfungsbeitrag des HRM angeregt wurden, intensiver über diesen Punkt nachzudenken und diesen Aspekt bewusster in ihre Arbeit einzubauen.

Auf der Suche nach geeigneten Experten konnte die Verfasserin auf langjährige berufliche Kontakte und Netzwerke zurückgreifen. Für die Überlegungen hinsichtlich der Auswahl der zu befragenden Experten wurden sowohl das Geschlecht, als auch das Alter und die Berufserfahrung, soweit wie möglich, mit einbezogen. Als Experten, im Sinne dieser Befragung, wurden vorwiegend Personen in leitenden Funktionen ausgewählt – Selbstständige oder Geschäftsführer, Bereichsleiter, Leiter Personal (auch mit Schwerpunkten: Ausbildung, Personalentwicklung, Service), – oder auch Personalreferenten mit mehrjähriger Berufserfahrung im Personalmanagement.[279]

Es wurden insgesamt 26 Personen angesprochen und gefragt, ob sie sich für ein Interview zu den Themen „Corporate Social Responsibility" und „lebensphasenorientierte Personalpolitik" bereit erklären würden. Letztlich haben sich 19 Personen für das Interview zur Verfügung gestellt. Von den ursprünglich 26 ausgewählten Experten mussten sieben Personen das Interview kurzfristig ganz absagen. Aufgrund von räumlichen und zeitlichen Gründen konnte das Experteninterview mit einer Person nur telefonisch[280] und mit einer anderen Person nur in Form einer rein schriftlichen Befragung per Email durchgeführt werden. Von den durchgeführten 19 Interviews konnten somit 17 Interviews „face to face", eines am Telefon und eines schriftlich durchgeführt werden.

---

[279] Die Auswahl der Interviewpartner muss nicht zwingend vor Beginn der Erhebung abschließend feststehen, sondern kann sich auch im Laufe des Prozesses noch entwickeln – z. B. durch Empfehlungen. Vgl. Gläser, Jochen/Laudel, Grit (2009), S. 118.

[280] Eine Expertenbefragung kann sowohl mündlich als auch schriftlich durchgeführt werden. Einen Sonderfall der mündlichen Befragung stellt das Telefoninterview dar. Vgl. Hug, Theo/Poscheschnik, Gerald (2010), S. 126.

5.1.2 Durchführung der Interviews

Als Erhebungsmethode wurde eine leitfadengestützte Expertenbefragung gewählt. Bei diesem Erhebungsverfahren werden Experten eines Fachgebietes zu
einem speziellen Sachverhalt befragt. Der Interviewer steuert das Gespräch
durch Leitfragen und entsprechende Zwischenfragen. Die Fragen werden offen formuliert und sind in der Beantwortung grundsätzlich an keine bestimmte
Reihenfolge gebunden. Das Gespräch soll einerseits strukturiert verlaufen und
andererseits flexibel genug sein, um Impulse des Interviewten aufnehmen und
vertiefen zu können.[281] Für die Durchführung der Interviews waren ungefähr
60 Minuten geplant.

Ein qualitatives, leitfadengestütztes Experteninterview berücksichtigt die persönliche Erlebniswelt der Befragten und somit auch deren Subjektivität.[282] Ziel
einer Befragung ist es, die Meinung, die Einstellung, das Wissen, die Gedan-
ken und Gefühle einer Person in Verbindung mit dem Forschungsgegenstand
zu erfahren. Die Fragen waren offen gestellt und boten somit Raum für eine
freie und erklärende Antwort der Experten.[283] Im Laufe der Interviews hat sich
die Vorbereitung mit Hilfe eines strukturierten Leitfadens als sehr sinnvoll erwiesen, weil Interviews mit Personalverantwortlichen einer erhöhten Gefahr
des Abschweifens unterworfen sind.[284] Gleichzeitig war es aber auch wichtig,
die Fragen innerhalb eines Themenkomplexes hinsichtlich der Reihenfolge flexibel zu stellen, um so der befragten Person genug Freiraum für die Beantwortung zu gewähren. Es wurde darauf geachtet, dass am Ende des Gespräches alle Fragen des vorbereiteten Leitfadens angesprochen bzw. beantwortet
waren. Die Leitfragen wurden während des Gespräches bei Bedarf durch zusätzliche Fragen, die den Sachverhalt oder die Aussage verdeutlichen sollten,
ergänzt. Die Informationen wurden während des Gespräches handschriftlich
protokolliert. Unmittelbar nach jedem Gespräch wurden die Notizen in einem
Gesprächsprotokoll zusammengefasst. Fragen und Anmerkungen des Inter-
viewers wurden in den Fragebögen mit „I" (Interviewer) und die Antworten
und Einfügungen des Befragten mit „B" (Befragte/r) gekennzeichnet. Auf eine
zusätzliche Kontrolle und Freigabe der Interviews wurde bewusst verzichtet,

---

[281] Vgl. Heister, Werner/Weßler-Poßberg, Dagmar (2007), S. 93.
[282] Vgl. Hug, Theo/Poscheschnik, Gerald (2010), S. 89.
[283] Vgl. Töpfer, Armin (2009), S. 207.
[284] Diese Erfahrung bestätigt auch Anita Graf. Vgl. Graf, Anita (2002), S. 360.

um den Aufwand für die interviewten Experten so gering wie möglich zu halten. Um die Protokollierung zu erleichtern und die Lesbarkeit zu verbessern, wurden die Aussagen in „normales Schriftdeutsch" übertragen und so evtl. Fehler im Satzbau behoben oder Wiederholungen gestrichen und ausschweifende Erläuterungen gebündelt. Auch Einflüsse von Dialekten wurden bereits in der Übertragung (Transkription) bereinigt.[285] Von Bedeutung war dabei, dass die zentralen Aussagen nicht verändert wurden. Auch wenn die Reihenfolge der Beantwortung der Fragen im Interview, je nach Gesprächspartner, durchaus variierte, erfolgte die Übertragung der gesammelten Informationen in die Fragenbögen in der festgelegten Reihenfolge.

5.1.3 Nachbereitung der Untersuchung

Im Rahmen der Nachbereitung wurden die in den strukturierten Interviewbögen übertragenen Aussagen systematisch strukturiert und gebündelt, in eine übersichtliche Tabelle[286] übertragen und anschließend analysiert. Die Auswertung der Daten und Informationen aus den Protokollen erfolgte mittels qualitativer Inhaltsanalyse. Diese Auswertungsmethode wird zur inhaltlichen Analyse und Interpretation von Texten und Situationen angewendet. Mayring unterscheidet drei voneinander unabhängige[287] Grundformen der qualitativen Inhaltsanalyse:[288]

Zusammenfassung: Die Analyse soll die gesammelten Informationen – unter Beibehaltung der wichtigen Inhalte – auf das Wesentliche reduzieren. Durch die Abstraktion soll der Inhalt überschaubar gemacht und das Grundmaterial (Informationen aus dem Interview) angemessen repräsentiert werden.

Strukturierung: Mit dieser Form der Analyse sollen aus dem Datenmaterial bestimmte Aspekte herausgefiltert werden. Die Ordnungskriterien werden bereits vorab festgelegt und dienen dazu, das gefilterte Datenmaterial in eine Struktur zu bringen.

---

[285] Vgl. Hug, Theo/Poscheschnik, Gerald (2010), S. 135 f.
[286] Die strukturierte Tabelle mit den Ergebnissen der Interviews ist in Anlage 1 beigefügt.
[287] Bei den drei nachfolgen kurz beschriebenen Analysetechniken handelt es sich nicht um drei aufeinanderfolgende Schritte. Vielmehr soll die geeignete Technik oder Kombination der Techniken je nach Forschungsfrage oder Material ausgewählt werden. Vgl. hierzu Mayring, Philipp (2010), S. 65.
[288] Vgl. Mayring, Philipp (2010), S. 65; vgl. Hug, Theo/Poscheschnik, Gerald (2010), S. 151 f.

Explikation: Bei einer explizierenden qualitativen Inhaltsanalyse werden ausgewählte bzw. fragliche Teststellen (Begriffe, Sätze, etc.) durch zusätzliches Material aus der Literatur ergänzt, um so verständlicher bzw. deutlicher gemacht zu werden.

Bei der qualitativen Inhaltanalyse werden neben den wörtlichen Inhalten auch die Inhalte aufgenommen, die sich durch eine Interpretation – dem Lesen zwischen den Zeilen – erschließen.[289]

Die Datenauswertung basiert auf einer Kombination der drei oben genannten Analyseformen. Bei der Übertragung der handschriftlichen Gesprächsnotizen in den Interviewbogen haben die gewonnen Informationen, wie bereits erläutert, schon eine leichte Bereinigung erfahren. Zur besseren Übersichtlichkeit wurden die Informationen dann in eine strukturierte Tabelle übertragen, systematisch gebündelt und auf die relevanten Kernaussagen reduziert. Diese Kernaussagen wurden anschließend in Abschnitt 5.1.4 „Ergebnisse der Untersuchung" in eine, dem theoretischen Teil folgenden Systematik, „leserfreundlich" strukturiert. Die Interviewergebnisse wurden durch Erläuterungen oder Beispiele aus der Literatur ergänzt und vervollständigt.

5.1.4 Ergebnisse der Untersuchung

Die Darstellung der Resultate orientiert sich im Wesentlichen an der Struktur des Interviewleitfadens.[290] In Teil 1 wurden drei allgemeine Fragen zum Thema „Human Resource Management" gestellt. In Teil 2 wurden fünf Fragen formuliert, die sich ausschließlich auf den Themenkomplex „Corporate Social Responsibility" beziehen. Der Teil 3 befasst sich, ebenfalls im Rahmen von fünf Fragen, mit dem Thema „Lebensphasenorientierte Personalpolitik". Der Abschluss des Interviews bildet der Teil 4, mit zwei abschließenden Fragen hinsichtlich Ergänzungen und Anmerkungen zum Interview.

Zur Darstellung der Ergebnisse wird jeweils die entsprechende Frage aus dem Fragebogen aufgeführt und direkt im Anschluss die Aussagen der interviewten Experten dargelegt. Die Ausführungen konzentrieren sich dabei auf die we-

---

[289] Vgl. Heister, Werner/Weßler-Poßberg, Dagmar (2007), S. 93.
[290] Die Gliederung des leitfadengestützten Interview ist in Abschnitt 5.1.1 kurz dargestellt.

sentlichen Aussagen der Befragten und werden in ausgewählten Fällen mit entsprechenden Ausführungen aus der Literatur ergänzt.

Es wurden insgesamt 26 Personen angesprochen und gebeten an einem Experteninterview zu den Themen „Corporate Social Responsibility" und „Lebensphasenorientierte Personalpolitik" teilzunehmen. Mit 19 Personen konnte das leitfadengestützte Experteninterview durchgeführt werden. Die interviewten Personen waren zum Zeitpunkt der Befragung in den folgenden Funktionen tätig:

- Personalleiter (6)[291]
- Personalreferent (3)
- Leiter Ausbildung (1)
- Leiter Personalentwicklung (1)
- Leiter Betreuung und Service (1)
- Bereichsleiter/Verkaufsleiter (2)
- Geschäftsführer (3)
- selbstständiger Unternehmer (2)

Die Berufserfahrung der Interviewpartner liegt zwischen 7 und 43 Jahren. Nur eine Person war jünger als 35 Jahre, acht Personen waren zwischen 36 und 50 Jahren, zehn Personen waren über 51 Jahre. Unter den Befragten waren neun Frauen und zehn Männer.

Für die Durchführung der Interviews war grundsätzlich eine Stunde vorgesehen. Je nach Aussagefreudigkeit und des zur Verfügung stehenden Zeitbudgets dauerten die reinen Interviews zwischen 60 und 90 Minuten. Die meisten Begegnungen haben jedoch 2 Stunden gedauert, da sich in den Gesprächen – aber außerhalb des Interviews – für die Beteiligten oft interessante neue Aspekte für die HR-Arbeit ergaben.

Fragebogen Teil 1 – Allgemeine Fragen zum HRM

Die allgemeinen Fragen im Teil 1 zum Thema HRM sollen den Interviewpartnern die Möglichkeit geben, sich in die „Interviewsituation" einzufinden. Die Fragen

---

[291] Die Angaben in der Klammer beziehen sich auf die Anzahl der befragten Personen in der jeweiligen Funktion.

beziehen sich auf die aktuellen HR-Projekte, den Wertschöpfungsbeitrag von HR und die eventuell im Unternehmen vorhandenen Zielvereinbarungssysteme.

Frage 1: Welche (Personal-)Strategie verfolgt Ihr Unternehmen zurzeit/in naher Zukunft? Welche konkreten Projekte/Maßnahmen sind geplant?

Von den 19 befragten Experten haben zwei Personen angegeben, dass ihnen zurzeit keine aktuellen strategischen Projekte oder Maßnahmen bekannt sind. In einem Unternehmen konnten keine Angaben zu Projekten und Maßnahmen gemacht werden, weil die Strategie gerade neu erarbeitet wird und eine Person sprach von einer spontanen und eher reaktiven Strategie. Die Angaben der verbleibenden 15 Personen, die unterschiedliche Projekte und Maßnahmen genannt haben, wurden zur besseren Lesbarkeit und zum besseren Verständnis den in den Abschnitten 1.3.2 kurz beschriebenen Personalfunktionen zugeordnet und in Abbildung 23 zusammengefasst.

Personalmarketing & Personalauswahl	Employer Branding (Arbeitgebermarkenbildung), neue Personalmarketingstrategien, neue Rekrutierungsstrategien, Bewerbermanagement, Ausbildungs- und Hochschulinitiativen, vorbeugende Maßnahmen zur **demografischen Entwicklung, bessere Nutzung von XING**
Leistungs- & Vergütungs- management	Mitarbeiterbeteiligungen, neue Altersversorgung, einheitliche Vergütungspolitik im Konzern, **Langzeitkonten, Lebensarbeitszeitkonten, Vereinbarkeit von Familie und Beruf fördern**
Personalbetreuung & Mitarbeiterbindung	Mitarbeiterbindung, Mitarbeiterzufriedenheit, Weiterentwicklung der Unternehmenskultur, Effizienz steigern – Verbesserung der HR Prozesse, Selbstverpflichtung zu sozialem Engagement, **Vereinbarkeit von Familie und Beruf fördern**, Gesundheitsmanagement, Vorbereitung auf CSR-Zertifizierung, Jobbeschreibungen modifizieren, flache Hierarchien, Home Office, **Langzeitkonten, Lebensarbeitszeitkonten, vorbeugende Maßnahmen zur demografischen Entwicklung**
Personal- & Management- entwicklung	**Change-Projekt** durch Personalentwicklung **begleiten**, Nachwuchsförderung, Talentmanagement, Gründung einer eigenen Firmen-Universität, Förderung von Talenten, Personalentwicklung verbessern, Karriereplanung, **Nachfolgeplanung, Wissensmanagement, vorbeugende Maßnahmen zur demografischen Entwicklung, internes XING/soziale Netzwerke**
Personalfreisetzung	**Wissensmanagement, Change-Projekt durch Personalentwicklung begleiten, Nachfolgeplanung, Langzeitkonten, Lebensarbeitszeitkonten**

ABB. 23: AKTUELLE PROJEKTE UND MABNAHMEN IN DEN UNTERNEHMEN

Alle genannten Personalfunktionen spielen eng zusammen oder haben auch Überschneidungen, deshalb kann die Zuordnung nicht immer eindeutig vorgenommen werden. Doppelnennungen sind zur besseren Darstellung **„fett"** gekennzeichnet.

Die Einführung von Langzeitkonten oder Lebensarbeitszeitkonten kann sowohl dem „Leistungs- und Vergütungsmanagement", als auch der „Personalbetreuung und Mitarbeiterbindung" zugeordnet werden. Die Nutzung der Konten wird beim Austritt aus dem Unternehmen bzw. aus dem Erwerbsleben interessant. Auch die Förderung der Vereinbarkeit von Familie und Beruf kann in verschiedene HR-Funktionen eingegliedert werden. Allgemeine Maßnahmen im Zusammenhang mit der demografischen Entwicklung können sowohl in den Bereichen des „Personalmarketings und der Personalauswahl" oder auch der „Personalbetreuung oder der Personalentwicklung" angewendet werden. Außerdem können viele der genannten Projekte und Maßnahmen grundsätzlich auch im Bereich des Personalmarketings sowie der Personalbindung genutzt werden.

Zur „Personalfreisetzung" wurden keine direkten Angaben gemacht, jedoch war den Aussagen zu entnehmen, dass die Nachfolgeplanung, das Wissensmanagement und auch die Begleitung von Change-Projekten dieser Funktion zugeordnet werden können. Das Wissensmanagement steht in enger Verbindung mit dem Erhalt der Beschäftigungsfähigkeit und der Nachfolgeplanung.

Die Nutzung von „sozialen Netzwerken" spielt im Personalmarketing eine immer größere Rolle. Im Jahre 2009 hatte „Facebook" – ein auf private Kontakte fokussiertes Netzwerk – schon 11 Millionen Nutzer. Das beruflich orientierte Netzwerk „XING" hatte in 2009 eine Mitgliederzahl von 9 Millionen. Die überwiegende Zahl der Facebook-Nutzer war in 2009 jünger als 26 Jahre, die Mehrzahl der XING-Nutzer hingegen zwischen 31 und 40 Jahren.[292] Arbeitgeber können auf den beruflichen Plattformen sogenannte „Arbeitgeberseiten" veröffentlichen, auf denen das Unternehmen mit all seinen „harten" und „weichen" Faktoren dargestellt werden kann. Potentielle Kandidaten sollen so die Möglichkeit erhalten, sich über den Arbeitgeber zu informieren – einerseits über die Arbeitgeberdarstellung und andererseits aber auch über

---

[292] Vgl. Bernauer, Dominik/Hesse, Gero/Laick, Steffen/Schmitz, Bernd (2011), S. 53.

Mitglieder dieses Netzwerks, die bereits bei potenziellen Arbeitgebern tätig sind. Etwas neuer ist die Idee, ein **„internes XING"** zu implementieren. Eine solche Plattform könnte das „Netzwerken" im Unternehmen fördern, als interner Arbeitsmarkt genutzt werden – für Arbeitgeber und Arbeitnehmer – oder auch als Diskussionsplattform, also zum Managen von Wissen. „Arbeit bedeutet zukünftig [...] kreative Beziehungsnetzwerke und –räume zu schaffen."[293] Eines der befragten Unternehmen plant zum Thema **„Wissensmanagement"** eine Studie mit der **Hochschule RheinMain** – Fachbereich Design, Informatik, Medien – in Wiesbaden.

Einige Angaben konnten nicht direkt den Personalfunktionen zugeordnet werden. Hierunter fallen die drei folgenden Aussagen: Marktanteile halten, überschaubares Wachstum generieren und Kosten senken.

Frage 2: Mit welchen konkreten Aktivitäten kann das Human Resource Management, Ihrer Ansicht nach, einen Beitrag zur (viel diskutierten) Wertschöpfung des Unternehmens leisten?

Einige der Befragten gaben offen zu, dass ihnen die Beantwortung der Frage hinsichtlich des Wertschöpfungsbeitrages nicht leicht fällt. Im Gespräch ergaben sich dann doch einige konkrete Ideen, wie HR aktiv zur Wertschöpfung beitragen kann. Auch bei dieser Frage werden die Ergebnisse zum leichteren Verständnis den einzelnen Personalfunktionen zugeordnet.

---

[293] Horx, Matthias (2011b), in: wirtschaft + weiterbildung, Heft 06_11, S. 12.

Personalmarketing & Personalauswahl	gezielter Aufbau der Arbeitgebermarke, bedarfsgerechte Personalplanung, richtige Mitarbeiter einstellen – Kosten für „Falschbesetzungen" vermeiden, Auswahl der „richtigen" Führungskräfte, Arbeitgeberimage steigern, moderne und flexible (Sozial-) Leistungen zur Mitarbeitergewinnung einsetzen, Diversity fördern, Demografiemanagement
Leistungs- & Vergütungsmanagement	moderne und flexible Sozialleistungen, moderne-bedarfsgerechte Arbeitszeitsysteme, Personalcontrolling, Kennzahlensysteme, leistungsorientierte Vergütung
Personalbetreuung & Mitarbeiterbindung	Betreuung der Mitarbeiter, Reduzierung der Fluktuation und der Krankentage, Effizienz steigern und dabei Menschlichkeit erhalten, Demografiemanagement, Bindungsmaßnahmen, Weiterentwicklung und Pflege der Unternehmenskultur, flexible Arbeitsstrukturen, „Wohlfühlfaktor" als Bindungselement, Gesundheitsmanagement, Gestaltung des Arbeitsumfeldes, Prozesse optimieren, Einführung von Manager- und Mitarbeiterportalen, moderne-bedarfsgerechte Arbeitszeitsysteme, Change-Prozesse vorbereiten-begleiten-nachbereiten
Personal- & Managemententwicklung	Potenziale erkennen-fördern-nutzen, lebenslanges Lernen und Selbstverantwortung fördern, bedarfsgerechte Personalentwicklung, Talentförderung, Eigenverantwortung durch gezielte Personalentwicklung fördern, frühzeitige Nachfolgeplanung, Diversity fördern
Personalfreisetzung	Respektvolles Trennungsmanagement, Change-Prozesse vorbereiten-begleiten-nachbereiten, Demografiemanagement

ABB. 24: WERTSCHÖPFENDE HR-AKTIVITÄTEN

Eine der befragten Personen hat betont, dass die HR-Bereiche sich, insbesondere im Hinblick auf den Wertschöpfungsbeitrag, mehr auf die Entwicklung von „zukunftsorientierten" HR-Instrumenten und Maßnahmen wie CSR und LOP konzentrieren sollten – „weg vom Verwalten und hin zum Gestalten", gleichzeitig aber die Optimierung der eigenen Prozess vorantreiben und die Kosten senken sollten. Betont wurde, dass dabei ein professionelles Personalcontrolling und ein auf das jeweilige Unternehmen abgestimmte Kennzahlensystem wichtig sind. Ein Unternehmen hat hierzu eine „Managementinfo" entwickelt. Alle wichtigen Kennzahlen (Headcount, FTE, Eintritte, Austritte, Fluktuationsraten, Zeitarbeitskräfte, Personalkostenbudget, u.v.m.) werden auf einem zweiseitigen Dokument zusammengefasst und dem Management 1x im Quartal zur Verfügung gestellt. Dieser Service wurde vom Management als „echter Mehrwert" bezeichnet und wird inzwischen regelmäßig erwartet. Ebenfalls als „Mehrwert" wurde die Einführung von Managerportalen (MSS) und Mitarbeiterportalen (ESS) bezeichnet, weil die Führungskräfte und die Mitarbeiter schnell und unkompliziert Informationen über das Arbeitsverhältnis abfragen können.

Frage 3: Gibt es in Ihrem Unternehmen ein Zielvereinbarungssystem? Auch hinsichtlich der Umsetzung von „Corporate-Social-Responsibility- (CSR-)" Aspekten?

Ein Zielvereinbarungssystem dient der Messung der Wertschöpfung und funktioniert grundsätzlich so, dass auf Basis der Unternehmensstrategie entsprechende Unternehmensziele formuliert werden. „Das größte Problem der Wertschöpfungsmessung in dieser Dimension besteht darin, dass strategische Überlegungen und Planungen einer objektiven, quantitativen und direkten Evaluation nur sehr schwer zugänglich sind."[294] Aus diesem Grund werden diese sogenannten Oberziele in Teilziele zerlegt und den verschieden Hierarchien und Abteilungen so zugeordnet, dass insgesamt ein inhaltlich aufeinander abgestimmtes Zielsystem entsteht.[295]

Zielvereinbarungssysteme werden bei 16 der befragten Personen eingesetzt. In drei Unternehmen gibt es keine Zielvereinbarungen. Konkrete CSR-Ziele werden nur in zwei der befragten Unternehmen vereinbart und dort in den Bereichen HR und General Services. Eine der befragten Personen hat bestätigt, dass es auch Zielvereinbarungen im Zusammenhang mit einem CSR-nahen Thema gibt – z. B. der Einhaltung des Verhaltenskodexes. Zwei Personen haben zwar keine spezifischen Vereinbarungen zu CSR, aber die vereinbarten Ziele enthalten, wohl eher unbewusst, durchaus CSR-Aspekte. In 14 Fällen gibt es keine Zielvereinbarungen, die mit CSR-Aspekten in Verbindung stehen.

Da das Thema CSR in den meisten der befragten Unternehmen nicht in den Zielvereinbarungen berücksichtigt wird, ist anzunehmen, dass das Thema Corporate Social Responsibility zurzeit noch nicht „offiziell" zu den strategischen Zielen zählt. Betrachtet man nun aber die im Teil 1 – Frage 1 gemachten Aussagen zu den aktuellen bzw. geplanten Projekten und Maßnahmen kann festgestellt werden, dass sehr viele der genannten Maßnahmen und Pro-

---

[294] Wunderer, Rolf/Jaritz, André (2006), S. 249.
[295] Vgl. Wunderer, Rolf (2007), S. 232.

jekte dem Bereich CSR zugeordnet werden können. Es ist daher zu vermuten, dass den befragten Experten der direkte Bezug ihrer aktuellen Projekte und Maßnahmen zu Corporate Social Responsibility nicht immer bewusst ist.

Vor dem Hintergrund dieser Erkenntnis stellt sich die Frage, ob die Personalverantwortlichen vielleicht aktiver auf die Gestaltung und die Inhalte der Zielvereinbarung Einfluss nehmen und sowohl CSR- als auch LOP-Ziele aktiv einfordern oder gar selbst formulieren sollten. Denn Studien belegen, dass Mitarbeiter wesentlich motivierter an ihren Zielen arbeiten, wenn sie in die Festlegung der Ziele eingebunden waren.[296] Sehr viele CSR- und LOP-Elemente wurden von den Befragten auch im Zusammenhang mit der Frage über den HR-Beitrag zur Wertschöpfung genannt.

Fragebogen Teil 2 – Corporate Social Responsibility

Der Begriff „Corporate Social Responsibility" wird im „CSR-Grünbuch" definiert als „ein Konzept, das den Unternehmen als Grundlage dient, auf freiwilliger Basis soziale Belange und Umweltbelange in ihre Unternehmenstätigkeit und in die Wechselbeziehungen mit den Stakeholdern zu integrieren. Sozial verantwortlich handeln heißt nicht nur, die gesetzlichen Bestimmungen ein[zu]halten, sondern über die bloße Gesetzeskonformität hinaus „mehr" [ ] in Humankapital [zu investieren], in die Umwelt und in die Beziehungen zu anderen Stakeholdern."[297]

Der Teil 2 des Interviewbogens befasst sich ausschließlich mit Fragen zum Thema „Corporate Social Responsibility". Nahezu alle Befragten verbinden das Konzept von „Corporate Social Responsibility" direkt mit dem Begriff „soziale Verantwortung". Dieser Begriff wurde dann mit weiteren Assoziationen ergänzt, die nachstehend aufgeführt sind.

Frage 1: Was verbinden Sie persönlich mit dem Begriff „Corporate Social Responsibility"?

Soziale Verantwortung:

- Rolle von Unternehmen als Teil der Gesellschaft – Vorbildfunktion

---

[296] Vgl. Wunderer, Rolf (2007), S. 233; vgl. Horx, Matthias (2011b), in: wirtschaft + weiterbildung, Heft 06_11, S. 12.
[297] Kommission der Europäischen Gemeinschaft – Grünbuch (2001), S. 7.

- faires, ethisches Verhalten im Gesellschaftsleben
- Klarheit über Verantwortung und Auswirkungen von Entscheidungen
- gesellschaftliche-ökologische Verantwortung
- nachhaltiges glaubwürdige(s) Engagement/Unternehmensverantwortung
- mittel- bis langfristiges, nachhaltiges, moralisches und verantwortungsbewusstes Handeln
- Konzept zur nachhaltigen Unternehmensentwicklung unter Berücksichtigung von sozialen und ökologischen Gesichtspunkten
- Konzept „Corporate Citizenship" – ohne direkten „Benefit" für das Unternehmen
- Rücksichtnahme auf künftige Generationen
- kategorischer Imperativ[298]
- Legalität und Moral
- Gegenteil von „Mitarbeiter als Kostenfaktor"
- Mitarbeiterbindungsmaßnahme
- gegenseitiges Vertrauen, gegenseitige Unterstützung, offene Kommunikation
- Aktivitäten über die gesetzlichen Anforderungen hinaus
- Humanität

Unternehmen verbinden den Begriff „Corporate Social Responsibility" grundsätzlich mit „sozialer Verantwortung", jedoch erfahrungsgemäß häufig eher in Verbindung mit ihrem sozialen und kulturellen Engagement als „guter Bürger" und somit mit der externen Dimension von CSR.

Für Arbeitnehmervertreter bedeutet CSR in erster Linie die Standort- und Beschäftigungssicherung, Sicherheit und Gesundheit am Arbeitsplatz, sowie die Bereitstellung von Ausbildungsplätzen, aber auch Maßnahmen zur Förderung der Chancengleichheit und zur Vereinbarkeit von Beruf und Familie.[299] Diese Aspekte sind eindeutig der internen CSR-Dimension zuzuordnen und somit

---

[298] Der kategorische Imperativ ist ein wichtiger Bestandteil von Kants Philosophie. Handle so, dass die Maxime (=subjektive Verhaltensregel) deines Willens zu jederzeit zugleich als Prinzip einer allgemeinen Gesetzgebung gelten könnte. Vgl. Online Verwaltungslexikon – Kategorischer Imperativ.
[299] Vgl. Hexel, Dietmar (2005), S. 8.

auf den Mitarbeiter konzentriert. Die Abbildung 25 zeigt eine detaillierte Aufstellung der Ergebnisse einer Umfrage unter Arbeitnehmervertretern.

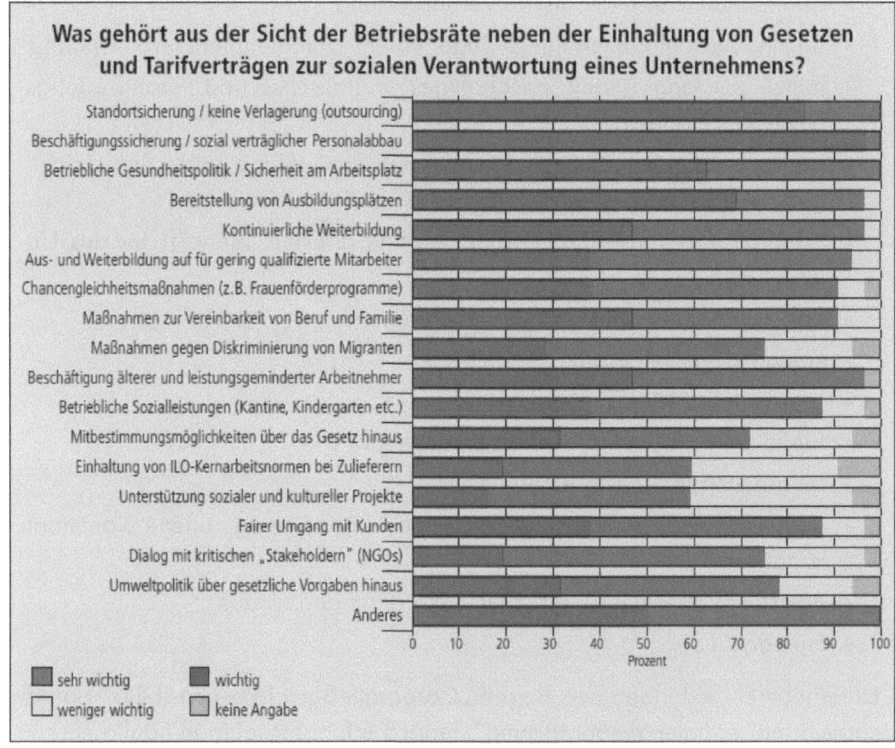

ABB. 25: CSR-KRITERIEN AUS DER SICHT DER ARBEITNEHMERVERTRETER
(QUELLE: HEXEL, DIETMAR (2005), S. 8)

Die Nennungen der Experten beziehen sich vorwiegend auf eine übergeordnete Betrachtung des Themas – es geht um die Rolle des Unternehmens in der Gesellschaft, die Auswirkungen von Entscheidungen insgesamt, um Nachhaltigkeit und zukünftige Generationen. Die Sichtweise der Arbeitnehmervertreter ist eher bezogen auf ihre konkrete Arbeit in ihrer speziellen Funktion.

Frage 2: Welche CSR-Maßnahmen (intern/extern – gesellschaftlich/sozial/ ökologisch) werden in Ihrem Unternehmen konkret umgesetzt? Kennen Sie die Beweggründe?

CSR-Aktivitäten können grundsätzlich in ökologische und gesellschaftlich-soziale Gesichtspunkte gegliedert werden und ebenso in eine interne und eine externe Dimension. Die Angaben, die im Zusammenhang mit konkreten gesellschaftlichen, sozialen und ökologischen Maßnahmen in den Unternehmen gemacht wurden, sind zur besseren Lesbarkeit und zum besseren Verständnis in die beiden o. g. CSR-Dimensionen[300] gegliedert. In drei Unternehmen gibt es laut Angaben der Befragten keine konkreten ökologischen oder gesellschaftlich-sozialen Maßnahmen. Man versucht aber auf die Anliegen und Belange der Mitarbeiter individuell einzugehen.

Interne Dimension von CSR	Externe Dimension von CSR
Human Resource Management:	**Lokale Gemeinschaft:**
• Home Office, flexible Arbeitszeitsysteme, Teilzeit, Altersteilzeitmodelle, Umwandlung von Geld in Freizeit, Pflegepausen (ruhender Arbeitsvertrag mit Wiederbeschäftigungsgarantie) bis zu 7 Jahren, Eltern-Kind-Büro • Zusätzliche Sozialleistungen – Zuschüsse zu Essen/Kantine/Geburt/Hochzeit/Jubiläen, Jobtickets, freie Getränke, Gesundheitstage/-programme, zusätzliche Angebote über Betriebsarzt wie Impfungen, Stressberatung, Raucherentwöhnung, Aufstockung Kinderkrankengeld, Kinderbetreuung, Firmenkindergarten, Ferienaktivitäten für Kinder, vergünstigte Ferienwohnungen, mobile Massage, zusätzliche Urlaubstage, lebens-phasenorientierte Altersversorgung, Firmen-/Dienstwagen, Parkplatz, Internetzugang, Mitarbeiterhandy, Weiterbildungsangebote – Employability, Hypothekendarlehen, Zuschuss für Sport • Demografiemanagement, Talentmanagement, moderne Altersversorgungssysteme, Mitarbeiterzufriedenheit steigern	• freiwilliges **soziales** Engagement – Kultur, Kunst, Umwelt, Sport (Zeit und Geld) – Stiftungen, Sponsoring, Spenden – Business Run, Schulen, Sportvereine, „Plant-for-the-Planet", „Die Tafel", Haiti, Pakistan, Weltkindertag – Aufstockung von Mitarbeiterspenden, Stipendien für junge Musiker • **Implementierung** eines Bachelor **Studiengangs** in Indien – in Kooperation mit der IHK Köln – Förderung von begabten Kindern in Indien • Förderung der Berufsausbildung, **Praktika**, Mentoringprogramme – für „Arbeiterkinder", Infoveranstaltungen an Schulen

---

[300] Detaillierte Informationen zu den beiden Dimensionen sind in den Abschnitten 2.4.3 und 4.2 dieser Arbeit dargestellt.

125

Interne Dimension von CSR	Externe Dimension von CSR
Arbeitsschutz: • Fahrsicherheitstraining • Gesundheitsmanagement – Stressbera- tung, Raucherentwöhnung, etc.	**Geschäftspartner, Zulieferer, Verbraucher:** • Fair-Trade-Produkte • Beitragsnachlass in der Kfz- Versicherung für CO_2-arme Fahrzeuge • nachhaltige Altersversorgungssysteme – für Kunden und Mitarbeiter • Sondertarife in der Versicherung für eh- renamtliche Mitarbeiter
Anpassung an den Wandel: • Demografiemanagement • zusätzliche Angebote im Bereich „Ge- sundheit und Wohlbefinden"	**Menschenrechte:** • keine konkreten Nennungen
Umweltverträglichkeit, Bewirtschaftung der natürlichen Ressourcen: • Förderung des Nahverkehrs – Jobtickets, Fahrtkostenzuschüsse • Einsatz von energiesparenden Systemen • Photovoltaikanlage auf dem Firmenge- bäude • CO_2-neutraler Versand der Firmenpost (GoGreen) • CO_2-Reduktion durch „papierloses" Bü- ro/bewusster Umgang mit Papierverbrauch • neues Bürogebäude – nach neuesten öko- logischen Standards • Sammeln von Druckerpatronen – Wieder- verwertung (Recyclingprojekte) • bewusst Strom sparen – PC ausschalten • klimafreundliches Reisen – mit erneuerba- ren Energien – Kooperation mit der Bahn	**(Globaler) Umweltschutz:** • Spenden für „Plant for the Plant" • „ÖkoFit" • „ÖkoGlobe" • Umweltzertifikate • klimafreundliches Reisen – mit erneuer- baren Energien

ABB. 26: AKTUELLE CSR-MAßNAHMEN IN DEN UNTERNEHMEN[301]

Die Interviewpartner haben bei der Frage im Zusammenhang mit den in ihren Unternehmen umgesetzten Maßnahmen sowohl interne als auch externe Pro-jekte genannt. Hierdurch wird auch wieder deutlich, dass eine Trennung der einzelnen CSR-Aspekte oder auch der beiden Dimensionen nicht immer ein-deutig möglich ist. Die umfangreichen Nennungen zu diesen Fragen machen

---

[301] Die einzelnen Maßnahmen und Aktivitäten der internen und externen Dimension werden in Abschnitt 6 dieser Arbeit diskutiert.

auch klar, dass es in den Unternehmen schon eine sehr große Vielzahl verschiedener Aktivitäten gibt, die – lt. Aussage der Befragten – vorher nicht unbedingt so bewusst dem Thema CSR zugeordnet worden sind. Das lässt vermuten, dass das Thema CSR in den Unternehmen noch nicht genutztes Potenzial zur Gestaltung der Personalarbeit birgt und somit die Personalverantwortlichen die Initiative zur aktiven Gestaltung einer neuen bzw. angepassten Personalstrategie ergreifen könnten – auch um die Akzeptanz als strategischer Partner zu verbessern.

Sogenannte **„Umwelt- oder Emissionszertifikate"** wurden als „marktwirtschaftliche Lösung von Umweltproblemen" entwickelt. Die freien Güter wie Wasser oder Luft stellt uns die Natur „kostenlos" zur Verfügung. Es gibt für die Unternehmen somit keinen direkten Anreiz, die Umweltverschmutzung zu verhindern. Die Grundidee der Zertifikate ist, die Umwelt zum Wirtschaftsfaktor zu machen, was bedeutet, sie mit einem Wert bzw. Preis zu versehen und sie so in den marktwirtschaftlichen Steuerungsmechanismus einzubeziehen. Die Zertifikate unterliegen folgender Funktionsweise: In definierten Gebieten werden behördlich festgelegte Höchstmengen an Schadstoffen festgelegt und durch Zertifikate verbrieft. „Umweltzertifikate" werden auch „Verschmutzungszertifikate" genannt. Die Betreibung eines emittierenden Betriebes ist an den Erwerb solcher „Verschmutzungsrechte" gekoppelt. Die Zertifikate können zwischen den Unternehmen frei gehandelt werden. Wer viele Zertifikate hat, kann mehr Schadstoffe erzeugen, wer weniger hat muss seine Emission verringern.[302]

Im Rahmen des Programmes **„ÖkoFit"** können Unternehmen eine geförderte Beratung zum Thema „Effizienz" erhalten. Mit den Beratungen soll eine nachhaltige Reduktion des Energiebedarfs erreicht und somit einerseits ein Beitrag zu den regionalen, aber auch nationalen Klima- und Umweltzielen geleistet werden und andererseits reduzieren sich bei einem effizienteren Umgang mit Energie und Ressourcen auch deutlich und dauerhaft die Kosten. Die Beratungsthemen erstrecken sich vom generellen Check der Energieeffizienz, über thermische Gebäudesanierung und Mobilität bis hin zur Erlangung von Umweltzertifikaten.[303]

---

[302] Vgl. Umweltlexikon online und vgl. Wallacher, Johannes (2011), S. 43 f.
[303] Vgl. ökolandbau.de. Das Informationsportal. Der Öko-Fit Check (Einführung).

Der „ÖkoGlobe" ist ein international anerkannter Umweltpreis. Es werden nachhaltige und innovative Konzepte, Produkte und Prozesse ausgezeichnet. Eine unabhängige Jury aus Wissenschaftlern, Künstlern, Mobilitätsexperten und Dienstleistern bestimmt die Preisträger. Die Preisverleihungen finden einmal im Jahr statt. Alle eingereichten Projekte werden hinsichtlich ihrer Nachhaltigkeit beurteilt. Dabei stehen ökologische, ökonomische und gesellschaftliche Faktoren im Fokus der Bewertung. Die Beurteilungskriterien sind Realisierbarkeit und Umsetzbarkeit, Nachhaltigkeit und Ökologiegedanke, sowie Preis und Leistung.[304]

„Plant-for-the-Planet" ist eine Initiative von Schülern, die das Ziel hat, bei Kindern und bei Erwachsenen ein Bewusstsein für globale Gerechtigkeit und den Klimawandel zu schaffen. Zum Thema „Klimawandel" werden „Baumpflanzaktionen" organisiert. Jeder gepflanzte Baum wird von den Schülern als Symbol für Klimagerechtigkeit gesehen. Die Grundidee dieser weltweiten Organisation ist, in jedem Land eine Million Bäume zu pflanzen. Ursprünglich haben über 100 Kinder aus 53 Ländern der Organisation ihre Unterstützung zugesagt. Mittlerweile beteiligen sich bereits Kinder aus 93 Ländern. Das Ziel ist, weltweit 132.000.000 Bäume zu pflanzen, wovon bis heute bereits 3.881.364 Bäume gepflanzt wurden und 5.681.634 Bäume versprochen sind.[305]

„GoGreen" ist ein Projekt der deutschen Post. Beim Versand von Briefen entstehen CO_2-Emissionen. Mit GoGreen kann der Kunde diese Emissionen „neutralisieren" und zwar über einen kleinen Aufschlag für die Transportkosten von Briefen und Paketen. Das Geld fließt dann in international anerkannte Klimaschutzprojekte und schafft so einen Ausgleich.[306]

In einem der befragten Unternehmen wird noch in diesem Jahr ein globaler CSR-Wettbewerb für ein internes soziales Projekt gestartet. Die Mitarbeiter können Projektvorschläge einreichen, die dann von einer Kommission nach festgelegten Kriterien bewertete werden. Der Gewinner erhält für das von ihm vorgestellte Projekt eine finanzielle Unterstützung von bis zu 15.000 €. Dabei

---

[304] Vgl. http://www.oekoglobe.de/.
[305] Vgl. Plant-for-the-Planet. Stop talking. Start planting. www.plant-for-the-planet.org/.
[306] Deutsche Post – GoGreen – CO2 neutrale Versendung.

wird das Ziel verfolgt, Verantwortung für das Umfeld zu übernehmen und auch die Mitarbeiter einzubinden.

Als **Beweggründe der Unternehmen** für ihre CSR-Aktivitäten wurde in erster Linie die „Übernahme gesellschaftlich-soziale Verantwortung als Unternehmen" genannt. In vielen Unternehmen dient CSR zur „Gewinnung und Bindung von Mitarbeitern und Kunden" und somit auch als „Marketinginstrument" zur „Verbesserung der Arbeitgebermarke". Weitere Beweggründe waren, ein „gezieltes Wertemanagement"[307] zu betreiben, die Umsetzung des Konzeptes „ein guter Bürger" zu sein, aber auch die Verantwortung für eine nachhaltige Unternehmenspolitik zu betreiben. Auch der Einfluss von CSR auf die „Bewertung durch Ratingagenturen" wurde angesprochen.

Eine Studie zu den CSR-Aktivitäten in der Metropolregion Hamburg zeigt, dass die Motivation der befragten kleinen und mittleren Unternehmen hinsichtlich ihres CSR-Engagements auf einer allgemeinen und eher intrinsischen Motivation basiert. Hier spielt die jeweilige Unternehmerpersönlichkeit eine maßgebliche Rolle. Bei der Auswahl der Projekte ist z. B. die Rückkopplung der Mitarbeiter wichtig, aber auch das Wiedererkennen von Situationen, die den Entscheidern selbst bekannt sind. So werden verstärkt Vereine und Schulen unterstützt, wenn die verantwortlichen Entscheider z. B. eigene Kinder haben und somit selbst betroffen sein könnten. Weitere Faktoren sind ein verbessertes Führungsverständnis im Sinne von: Wenn wir einen Beitrag leisten, sind unsere Mitarbeiter auch eher bereit dies zu tun. Aber auch der positive Einfluss auf das Betriebsklima und die Übernahme von Verantwortung in der Region wurden als Beweggründe genannt, sowie die bessere Vereinbarkeit von Beruf, Familie und ehrenamtlichen Tätigkeiten. Hierbei wurde insbesondere auf die Möglichkeit der flexiblen Arbeitszeitgestaltung verwiesen.[308] Als hinderlich für die KMU wurden der allgemeine Zeitmangel, die finanzielle Ausstattung, aber auch die sich immer wieder ändernde Gesetzgebung und der damit verbundene administrative Aufwand genannt.[309]

---

[307] Weiter Informationen über „Die Bedeutung von CSR für das Wertemanagement" bei: Wühle, Matthias (2007), S. 68.
[308] Vgl. sneep Hamburg (2007), S. 47.
[309] Vgl. sneep Hamburg (2007), S. 47.

In einer Studie, die im Auftrag der EU-Kommission über das CSR-Engagement von KMU in ganz Deutschland durchgeführt wurde, zählten die Steigerung des Arbeitgeberimages (86%), die Motivation der Mitarbeiter (72%) und die Gewinnung und die Bindung von Personal (61%) zu den drei Hauptgründe für das CSR-Engagement.[310]

Bei der Betrachtung der verschiedenen Umfragen wird deutlich, dass es ganz unterschiedliche Bewegründe für das Engagement in CSR-Projekten gibt und dass die Arbeitnehmervertreter und die Unternehmen übereinstimmend das Arbeitgeberimage als einen der Hauptgründe sehen. Die Abbildung 27 zeigt im Vergleich dazu die Bewegründe aus Sicht der Arbeitnehmervertreter.

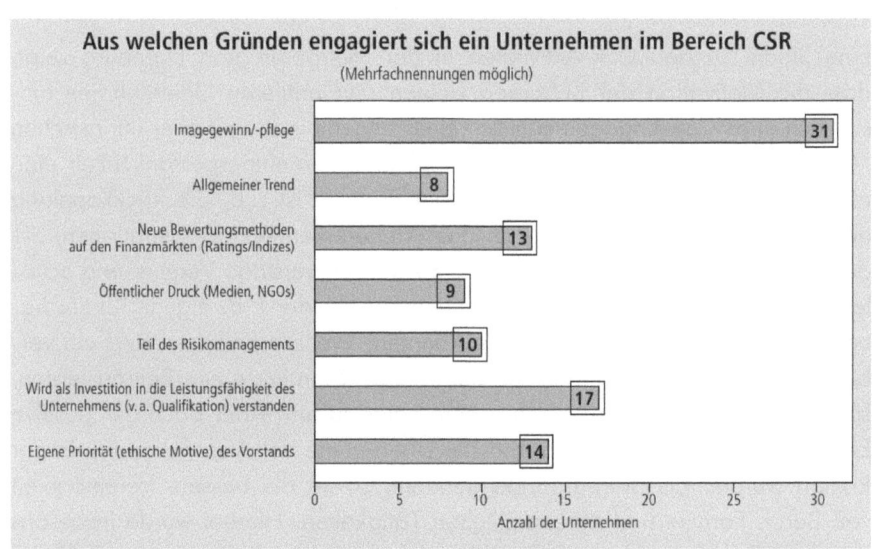

ABB. 27: MOTIVE FÜR DAS ENGAGEMENT DER UNTERNEHMEN
(QUELLE: HEXEL, DIETMAR (2005), S. 7)

Die Arbeitnehmervertreter nehmen an, dass CSR hauptsächlich des Reputationsgewinnes und der Imagepflege wegen betrieben werden – also eher PR gesteuert ist. Als positiven Aspekt sehen sie die Investition in die Leistungsfä-

---

[310] Vgl. GILDE GmbH (2007), S. 17.

higkeit im Rahmen von Qualifikationsmaßnahmen. Eine ebenfalls hohe Anzahl von Nennungen haben die „ethischen Motive der Unternehmensleitung".

Frage 3: Welche Berührungspunkte haben Sie in Ihrer Funktion mit dem Thema CSR?

Auf die Frage nach den Berührungspunkten zu CSR haben zwei Personen geantwortet, dass sie keine direkten Berührungspunkte zu CSR-Komponenten haben. Die anderen 17 Personen haben dazu folgende Aussagen gemacht:

- Organisation und Koordination von sozialen Projekten, Weiterbildungsprogrammen, Employability
- Entwicklung und Umsetzung von Sozialleistungen, Arbeitsschutzprogrammen, Change-Projekte, Gesundheitsmanagement, Maßnahmen zur Balance von Familie und Beruf, Umfrage zur Mitarbeiterzufriedenheit
- Mitglied verschiedener Arbeitskreise – Arbeitssicherheit, Gesundheit, Umweltschutz
- Ansprechpartner in allen Belangen der Belegschaft – privat und beruflich
- Initiieren und Vorleben von CSR-Aspekten
- Verantwortung als Unternehmer – als Teil der Gesellschaft
- Entscheider und Repräsentant des Unternehmens bei CSR-Aktionen
- Referententätigkeit zu den Themen Kultur und CSR
- Mitglied des „Human Capital Club"
- Persönliche Beteiligung in sozialen Projekten

Die Berührungspunkte der befragten Personen mit dem Thema CSR sind vielfältig und enthalten auch Elemente, die einer lebensphasenorientieren Personalarbeit zugeordnet werden können. Bei der Befragung wurde deutlich, dass die Berührungspunkte mit CSR zwar vorhanden sind, aber in der Regel nicht so bewusst mit CSR in Verbindung gebracht wurden und in keinem der Fälle wirklich als systematisches Konzept integriert wurde. Um die bereits vorhandenen Berührungspunkte so auszubauen, ein Thema wie CSR systematisch weiterzuentwickeln und als fester Bestandteil in das Unternehmen oder die Personalarbeit zu integrieren, bedarf es weiterer Schritte:

- Durchführung einer Stakeholder-Analyse, um die Bedürfnisse und Erwartungen aller Anspruchsgruppen kennen und einschätzen zu lernen,

- Integration von CSR in die Unternehmensstrategie,
- Implementierung von CSR-Aspekten in die vorhandenen Zielvereinbarungssysteme,
- Definition der für einen „CSR-Manager" erforderlichen Schlüsselfunktionen,
- sowie die Einführung eines Controlling-Systems.

Auf die nachfolgende Frage 4, in welchem Bereich CSR angesiedelt werden könnte, wurde der Bereich HR sehr häufig genannt. Verbindet man diese Tendenz mit den bereits vorhandenen Berührungspunkten, könnte sich für HR durch die Integration des Themas CSR in die Personalarbeit eine Weiterentwicklung des Human Resource Management und somit eine Steigerung der Wertschöpfung ergeben.

Frage 4: In welchem/n (Fach-)Bereich/en würden Sie das Thema CSR im Unternehmen ansiedeln? Wie begründen Sie diese Entscheidung?

Auch bei dieser Frage haben die interviewten Personen ganz unterschiedliche Lösungen vorschlagen – aus diesem Grund gibt es insgesamt 23 verschiedene Aussagen zu einer möglichen Bereichszuordnung von CSR.

- (5)[311] – HR und Marketing/PR-Kooperation
- (3) – separate Funktion eines CSR-Managers schaffen mit Schnittstelle zu HR, Unternehmensentwicklung und Betriebsorganisation (General Services)
- (2) – Marketing/PR und Unternehmensleitung
- (2) – HR, General Services und Marketing/PR
- (2) – Unternehmensstrategie/Unternehmensentwicklung – Unterstützung durch Vorstand
- (2) – Stabsstelle CEO (Geschäftsführung, Vorstand)
- (2) – „Chefsache"
- (1) – Geschäftsleitung (Verantwortung) – HR und Vertrieb (Umsetzung)
- (1) – HR

---

[311] In den Klammern ist die Anzahl der Nennungen vermerkt.

- (1) – Stabsstelle Personal – in enger Kooperation mit Vorstand und Arbeitnehmervertretung
- (1) – Arbeitsgruppe aus verschiedenen Bereichen – Ansiedlung bei HR oder Vorstand
- (1) – Marktbereiche mit entsprechend CSR-nahen Produkten

Eine Kooperation zwischen HR und Marketing/PR wurde von den befragten Personen bevorzugt. Der Grund, warum der HR Bereich – auch in Kombination mit anderen Bereichen – so häufig genannt wurde, kann natürlich auch auf die Funktionen der befragten Gruppe zurückzuführen sein. Als Gründe die für eine Ansiedlung im Bereich HR sprechen, wurden folgende genannt:

- verantwortlich für Maßnahmen zur Mitarbeitergewinnung und -bindung
- Kompetenz in sozialen Belangen
- Mitgestalter der Unternehmenskultur

Als Gründe für eine Zuordnung zu dem Bereich Marketing/PR wurden der Bezug zu Publikation und die Vermarktung von CSR-Aktivitäten – Reduzierung des CO_2 Fußabdruckes, Sponsoring, Spenden – genannt. Gegen eine Zuordnung zu dem Bereich Marketing/PR spricht aus Sicht der Befragten jedoch die einseitige Betrachtung durch die „Vermarktungsbrille".

Für die Lösung, eine separate CSR-Funktion zu schaffen, haben sich drei der Befragten ausgesprochen – wobei betont wurde, dass dieser Ansatz wohl nur für größere Unternehmen realistisch wäre. Aber auch in diesem Falle wurde die Notwendigkeit von Schnittstellen zu HR, der Unternehmensentwicklung und der Betriebsorganisation (General Services) genannt.

Dem Bereich General Service (Betriebsorganisation) wurden im Rahmen der CSR-Aktivitäten Aufgaben hinsichtlich Logistik, Transport und Einkauf zugeordnet. Somit würde sich dieser Bereich als Teil einer Arbeitsgruppe oder als Kooperationspartner mit anderen Bereichen eignen.

Für eine Ansiedlung im „Marktbereich" gab es nur eine Nennung, wobei hier der Fokus alleine auf den Produkten lag. Hier gibt es eine direkte Verbindung zu den in Frage 2 – Teil 2 dargestellten Versicherungsprodukten, die für CO_2 arme Fahrzeuge und für ehrenamtlich tätige Personen vergünstigte Versicherungstarife angeboten werden. Für den Vertrieb spricht der Zugang zu verschiedenen Netzwerken und Kunden.

Als „Chefsache" wurde CSR von zwei Personen bezeichnet, wobei hier schlussgefolgert werden könnte, dass die Ansiedlung bei der Geschäftsleitung[312] liegt. Die Geschäftsleitung wurde immer in Verbindung mit der Übernahme der Verantwortung bzw. ihrer Funktion als Entscheider und Repräsentanten des Unternehmens genannt, nicht aber für die Umsetzung von operativen Maßnahmen.

Für die konkrete Bildung einer Arbeitsgruppe hat sich nur eine Person ausgesprochen. Jedoch könnten auch die vorgeschlagenen Kooperationen verschiedener Bereiche als eine Arbeitsgruppe betrachtet werden. Erfahrungsgemäß sollte es jedoch einen Leiter oder eine klare Zuordnung der Verantwortung geben. Die Vorteile von Arbeitsgruppen oder Kooperation liegen in der vielfältigen Erfahrung, unterschiedlichen Fachkompetenzen und Kontakten, die genutzt werden können.

Das Thema CSR wurde von einem Befragten sogar als „ethisches Thema" bezeichnet und sollte aus seiner Sicht in jedem Fall eine strategische Anbindung haben.

Ein wesentlicher Erfolgsfaktor von CSR ist die professionelle organisatorische Einbindung in das Unternehmen. Für die organisatorische Einbindung bieten sich grundsätzlich zwei verschiedene Lösungswege an – die Stabsfunktion oder die Abteilungslösung. Eine eigenständige CSR-Abteilung ist vermutlich nur für sehr große Unternehmen denkbar. Die Zuordnung zu einer bestehenden Abteilung scheint für viele Unternehmen praktikabler. Da das „Human Resource Management" als eine Dimension von CSR und die Mitarbeiter als eines der Handlungsfelder von CSR genannt wurden, ist die Zuordnung zu dem Bereich Personal sehr naheliegend. Einige Unternehmen gliedern CSR auch den Bereichen Umwelt, Qualitätsmanagement, Kommunikation oder der PR-Abteilung an. Der Vorteile der Abteilungslösung ist die Nähe zum operativen Geschäft. Zu den Nachteilen zählen: das Fehlen des bereichsüber-

---

[312] Unter dem Begriff Geschäftsleitung werden Begriffe wie: CEO, Vorstand, Geschäftsführung, Unternehmensleitung zusammengefasst.

greifenden Einflusses, keine strategischen Anbindung, lange Entscheidungswege.[313]

Als Stabsstelle der Geschäftsleitung, ist das CSR-Management direkt in den Strategieentwicklungsprozess und die Organisationsentwicklung eingebunden. In der Stabsstellenfunktion könnte der CSR-Verantwortliche als interner Berater der Geschäftsleitung und anderen involvierten Bereichen agieren und hätte vermutlich eine sehr hohe Akzeptanz. Die Vorteile hier sind: kurze Entscheidungswege, bereichsübergreifende Funktion mit hoher Akzeptanz, Einbindung in Strategiefragen.[314]

Da CSR auch eine Schnittstellenfunktion darstellt, ist es durchaus sinnvoll, ein gemischtes CSR-Team – mit Mitarbeitern aus verschiedenen Bereichen – zu bilden und die Leitung dem CSR-Manager zu übertragen. Denkbar wäre auch, zusätzlich ein sogenanntes „CSR-Entscheidungsgremium" zu implementieren, in dem die Top-Manager – z. B. PR-Manager, Personalleiter, Leiter des Qualitätsmanagements – des Unternehmens vertreten und für die Festlegung der strategischen Vorgehensweise verantwortlich sind.[315]

Die METRO Group hat ein sogenanntes „Sustainability Board" ins Leben gerufen. Der Vorstandsvorsitzende selbst leitet diesen „Rat für Nachhaltigkeit". Hier werden die Standards für den gesamten Konzern formuliert und die Umsetzung der Einzelmaßnahmen sichergestellt.[316]

Es ist zu vermuten, dass ein bunt gemischtes CSR-Team – bestehend aus verschieden Abteilungen und verschiedenen Hierarchieebenen mit ganz unterschiedlichen Interessen und Kenntnissen – den größten Erfolg versprechen könnte.[317] Hierbei ist es wichtig CSR-Ziele festzulegen. Sind innovative und umweltfreundliche Produkte geplant, sollten Mitarbeiter aus den Bereichen Produktion, Entwicklung und Umwelt beteiligt werden. Liegt der Fokus auf CSR-Aktivitäten rund um die Lieferkette, darf der Einkauf nicht fehlen. Ebenso können Mitarbeiter eingebunden werden, die schon durch privates Engagement in CSR-nahen Projekten einen gewissen Erfahrungsschatz erworben ha-

---

[313] Vgl. Lotter, Dennis/Braun, Jerome (2010), S. 36 ff.
[314] Vgl. Lotter, Dennis/Braun, Jerome (2010), S. 37 f.
[315] Vgl. Lotter, Dennis/Braun, Jerome (2010), S. 38 f.
[316] Vgl. Lotter, Dennis/Braun, Jerome (2010), S. 39.
[317] Vgl. Wühle, Matthias (2007), S. 48.

ben. Ebenso wichtig ist es, die „alten Hasen" genauso in die Ziele und Aktivitäten von CSR einzubinden, wie die jungen bzw. neuen Mitarbeiter eines Unternehmens. Der Aspekt „Vielfalt" könnte das CSR-Engagement merklich bereichern.

Frage 5: Welchen Einfluss wird das Thema CSR Ihrer Einschätzung nach in Zukunft im Bereich HRM haben?

Der Einfluss des Themas CSR wurde von 13 der 19 befragten Personen als steigend oder wachsend eingeschätzt. Nur drei Personen haben CSR als wichtig bezeichnet, zwei Personen haben das Thema als extrem hoch eingestuft und nur eine Person hat dem Thema eine sehr geringe Bedeutung beigemessen. Im Zusammenhang mit der Einschätzung, dass CSR in Zukunft einen steigenden Einfluss auf die Personalarbeit haben könnte, wurden folgende Gründe genannte:

- Verbesserung des Arbeitgeberimage
- Identifikation der Mitarbeiter in Unternehmen mit CSR-Engagement ist höher
- sichtbare Übernahme von Verantwortung in der Gesellschaft – sozial, ökologisch
- Rücksichtnahme auf spätere Generationen
- positive Wirkung auf die Mitarbeitergewinnung und die Mitarbeiterbindung und somit die Wertschöpfung von HR
- Bewerber achten immer mehr auf „weiche Faktoren" – soziales Engagement, Förderung der „Schwachen", innovative Arbeitszeitmodelle, mobile Arbeitsplätze
- Wunsch nach Work-Life-Balance steigt – Wertewandel
- Unterstützt das Demografiemanagement – alternsgerechte Arbeitsplätze

Eine der befragten Personen merkte an, dass – nach seiner Einschätzung – das Bewusstsein für CSR in Deutschland (leider) noch nicht so ausgeprägt ist und deshalb auch die bewusste Umsetzung von CSR-Maßnahmen in Deutschland länger dauert. Es wurde auch gesagt, dass die Geschäftsleitung die Bedeutung des Themas zu erkennen beginnt und das Thema immer mehr unterstützt und auch Projekte und Gestaltungsräume anbietet. Eine Person hat CSR sogar als eines der HR-Zukunftsthemen[318] bezeichnet.

Der steigende Einfluss von CSR wird auch durch die Antworten im Fragebogen Teil 1 zu Frage 1 zum Thema „geplante Projekte" und zu Frage 2 zum Thema „aktuelle Maßnahmen in den Unternehmen" deutlich.

Da Unternehmen in erster Linie immer die Aufgabe haben, den nachhaltigen Bestand und Erfolg zu sichern, werden die Verantwortlichen ein neues Thema – wie CSR oder LOP – immer dann in ihrer Unternehmensstrategie oder Geschäftspolitik berücksichtigen, wenn diese Kriterien erfüllt werden. Die theoretische Abhandlung zu „CSR" in Abschnitt 2 und zum Thema „Lebensphasenorientiertes Human Resource Management" in Abschnitt 3 dieser Arbeit, zeigen auf, dass beide Themenkomplexe diese Anforderungen erfüllen können. Die Umfrageergebnisse zeigen auch, dass diese Themen bereits in allen befragten Unternehmen – mehr oder weniger – behandelt werden und eigentlich nur systematisiert und ausgebaut werden müssten.

Fragebogen Teil 3 – Lebensphasenorientierte Personalpolitik

Der Teil 3 des leitfadengestützten Experteninterviews konzentriert sich auf Fragestellungen zum Thema „Lebensphasenorientierte Personalpolitik". Eine lebensphasenorientierte Personalpolitik umfasst die gesamte Lebensarbeitszeit eines Menschen und berücksichtigt die verschiedenen individuellen, privaten und beruflichen Hintergründe und Lebensentwürfe in einem integrierten Konzept. Dieses Konzept soll „für die Beachtung typischer Motive, die sich mit charakteristischen Lebensphasen ergeben, sensibilisieren"[319]. Ziel dieser Ausrichtung ist es, die Bedürfnisse der Beschäftigen mit den Unternehmenszielen in Einklang zu bringen und „eine Personalpolitik zu betreiben, die die unterschiedlichen Phasen des Berufslebens und Wertestrukturen ihrer Arbeitnehmerinnen und Arbeitnehmer beachtet und familienbewusste Ansätze mit altersgerechten Maßnahmen verbindet"[320].

---

[318] In Anhang 4 ist eine Darstellung hinsichtlich relevanter HR-Zukunftsthemen und deren Bedeutung beigefügt.
[319] Armutat et al. (Hrsg.), (2008), S. 29.
[320] Rump, Jutta et al. (2008), in: Strategie für die Zukunft – Leitfaden, S. 7.

Frage 1: Haben Sie den Begriff „Lebensphasenorientierte Personalpolitik" schon einmal gehört? Was genau verbinden Sie damit?

Die befragten Personen haben ihr Verständnis über das Thema „lebensphasenorientierte Personalpolitik" wie folgt formuliert:

- Auswirkungen der Arbeitsbedingungen auf die individuelle Lebenssituation – Demografie, Pflegezeiten
- Arbeitsbedingungen den persönlichen Lebensumständen anpassen/ abstimmen
- Orientierung der HR-Instrumente/HR-Politik an den Lebensphasen der Mitarbeiter – Anforderungen (berufliche und privat) in verschiedenen Lebensphasen abstimmen
- Auf Lebensphasen (Alter/Bedürfnisse) zugeschnittene Angebote des Unternehmens
- Unterschiedliche berufliche Entwicklungsstufen und Work-Life-Balance
- Familienfreundliche Personalpolitik
- für jeweilige Lebensphasen geeignete Personalmaßnahmen konzipieren – Förderung und Bindung der Mitarbeiter
- Flexibilität verschiedener Lebensphasen – Familie, Karriere, Freizeit
- Phase vom beruflichem Einstieg bis Ausstieg – erweiterter Blickwinkel der Personalarbeit – individuelle/zielgruppenorientierte Ausrichtung – Berücksichtigung aller Lebensphasen- und Lebenssituationen – Förderung einer lebenslangen Beschäftigungsfähigkeit

Nur eine Person hatte diesen Begriff noch nicht gehört – vermutete aber, dass bei diesem Ansatz die unterschiedlichen persönlichen Lebensphasen und die beruflichen Situation in Einklang gebracht werden.

Frage 2: Gibt es in Ihrem Unternehmen/Ihrem Bereich bestimmte Maßnahmen/Instrumente, die Sie diesem Begriff zuordnen würden? Wenn ja, welche?

Die Antworten der befragten Experten wurden – auch zur besseren Lesbarkeit – in Anlehnung an den in Abschnitt 3.1.3 dieser Arbeit vorgestellten beruflichen Lebenszyklen strukturiert. Die Maßnahmen und Instrumente, die in allen Phasen gleichermaßen nützlich oder anwendbar sind, wurden im unteren Bereich der Abbildung 28 dargestellt.

Berufswahl/Aus-bildung/Studium	Start ins Berufsleben	Karriereplanung, Laufbahnplanung	Mittlere Karrierephase	Späte Karrierephase
Hochschulmessen, Werkstudenten, Betreuung von Diplomarbeiten, Master Thesis, Bachelor Thesis	Patenprogramme, Praktikumsplätze, Traineeprogramme, Mentoren, Einführungsveranstaltungen	Mentoren für Karriereplanung, Beschäftigung von Müttern in der Elternzeit, Aufstockung Kinderkrankengeld, Eltern-(Mutter)-Kind-Büro, Beihilfen für Heirat und Geburten, Kinderbetreuung, Unternehmenskindergarten	Individuelle Weiterbildungsangebote, Coaching, Einbindung in Projekte	gleitender Übergang in den Ruhestand – auch für Führungskräfte, Outplacement, Nachfolgeplanung, Altersteilzeitmodelle
Home Office, Altersneutralität, Auszeiten, Sabbatical, Gesundheitsmaßnahmen, Ergonomische Arbeitsplätze, Coaching, individuelle Weiterbildung, Umwandlung Sonderzahlung in Freizeit, Altersversorgungssysteme, Familie und Pflegepausen, Einbindung in Projekte, Flexibler Arbeitsort individuelle/flexible Arbeitszeitmodelle, Teilzeit, Langzeitkonten, Mitarbeiterbefragungen, Relocation Service, Talentmanagement				

ABB. 28: LOP-MAßNAHMEN/INSTRUMENTE IN DEN UNTERNEHMEN

Drei Personen haben diese Frage mit einem klaren „nein" beantwortet. Davon hat eine Person gesagt, dass es in ihrem Unternehmen keine konkreten Maßnahmen und Instrumente gibt und der Grund in der „branchenspezifisch hohen" Fluktuation liegt. Dies bedeutet, dass aufgrund der sehr hohen Fluktuation solche Angebote keine nachhaltige und somit bindende Wirkung entfalten könnten.

In einem Unternehmen gibt es zwar keine konkreten Maßnahmen, aber die Möglichkeit in einem Gespräch mit der Führungskraft eine individuelle Lösung zur Balance zwischen den beruflichen und privaten Anforderungen zu besprechen. Allerdings auch nur dann, wenn das Profil und die Arbeitsaufgaben eine individuelle Lösung zulassen.

Auch bei der Beantwortung dieser Frage wird deutlich, dass die überwiegende Zahl der befragten Unternehmen eindeutig Maßnahmen, die einem lebensphasenorientierten Human Resource Management zugeordnet werden können, bereits umsetzten. Wie bei CSR müssen die vorhanden Maßnahmen und Instrumente „lediglich" systematisiert und der Unternehmensleitung als integriertes und wertschöpfendes Konzept präsentiert werden.

Frage 3: In welche der nachstehend kurz beschriebenen beruflichen Phase würden Sie sich einordnen? Einschätzung mit kurzer Erläuterung.

Diese beruflichen Phasen wurden in Anlehnung an die in Abschnitt 3.1.3 beschriebenen Zyklen erstellt. Den befragten Personen wurde im Interview ein gesondertes Blatt mit den Beschreibungen der einzelnen Phasen vorgelegt, um die Selbsteinschätzung zu erleichtern. Die einzelnen Phasen sind in Abbildung 29 kurz dargestellt.

Berufswahl/Ausbildung/Studium	Start ins Berufsleben	Karriereplanung, Laufbahnplanung	Mittlere Karrierephase	Späte Karrierephase
Wissen, Fähigkeiten und Fertigkeiten für die Arbeitswelt erwerben, eigene Interessen und Bedürfnisse entwickeln/entdecken	Eintritt in die Arbeits-welt, Auseinandersetzung mit den Möglichkeiten des Arbeitsmarktes, Wahl der ersten Arbeitsstelle	Verantwortung übernehmen, Gestaltung der Laufbahn (Spezialist, Generalist, Führung) Weiterentwicklung und Etablierung	Überprüfung des eigenen Standortes, Möglichkeiten: weiteres Wachstum, Aufrechterhaltung des Status quo, Stagnation	erste Planungen hinsichtlich des Austritt aus dem Arbeitsleben, Definition einer neuen Rolle, Nachfolgeplanung

ABB. 29: BERUFLICHE LEBENSPHASEN

Da die beiden Themen CSR und LOP durchaus komplex sind und eine gewisse Erfahrung und ein gewisses Verständnis der Themen voraussetzen, wurden für die leitfadengestützten Interviews ausschließlich Experten ausgewählt. Aus diesem Grund hat sich logischerweise keine der befragten Personen in die Gruppe **„Berufswahl/Ausbildung/Studium"** und die Gruppe **„Start in das Berufsleben"** eingestuft.

In der **Phase der Karriere- und Laufbahnplanung** sehen sich vier der befragten Personen – drei davon sind zwischen 36-50 Jahre alt und eine Person ist jünger als 35 Jahre. Alle vier Personen sind entweder gerade befördert worden oder durchlaufen zur Zeit Weiterbildungsmaßnahmen – wobei nicht nur die horizontale Karriere im Vordergrund steht, sondern auch die Entwicklung in der aktuellen Position. In der **mittleren Karrierephase** befinden sich 10 der befragten Personen. Davon sind fünf Personen zwischen 36 und 50 Jahren und fünf Personen über 51 Jahre. Als Begründung für diese Einschätzung haben die Personen folgende Aspekte genannt:

- Überprüfung des aktuellen Standortes
- Aufrechterhaltung des Status quo
- Unzufriedenheit mit der aktuellen Position/Situation – Neuorientierung am Markt
- Weiterentwicklung und neue Projekte geplant, selbst in der „Lehre" tätig
- Definition der neuen Rolle nach der gerade erfolgten Beförderung

In die **späte Karrierephase** haben sich 5 der Befragten eingestuft. Alle Personen sind älter als 51 Jahre und befinden sich in Altersteilzeit oder in der Planung für einen vorgezogenen Ruhestand und beschäftigen sich mit ihrer eigenen Nachfolgeplanung.

Frage 4: Welche Leistungen/Angebote würden Sie grundsätzlich in welcher Phase als hilfreich erachten? Für Sie selbst oder auch Ihre Mitarbeiter.

Bei dieser Frage sollte den Interviewpartnern die Möglickeit gegeben werden, ihrer Kreativität freien Lauf zu lassen und alle Leistungen und Maßnahmen zu nennen, die sie als hilfreich erachten würden. Diese Ideensamlung (Abb. 30) kann auch als Checkliste und somit dazu benutzt werden, zu prüfen welche der Instrumente bereits existieren, beziehungsweise möglicherweise eingeführt werden können.

Berufswahl/Aus-bildung/Studium	Eintritt in die Arbeitswelt	Karriereplanung, Laufbahnplanung	Mittlere Karrierephase	Späte Karrierephase
Praktikumsplätze, Girls Day, Boys Day, Kooperationen mit Unis/FHs, Schulen, Weiterbildungsein-richtungen, Betreuung von Master-Arbeiten, Doktoranden, Absolventenbera-tung durch erfah-rene Praktiker, (Auslands-) Stipendien, Potenzialanalysen zur Unterstützung der Berufswahl, Messebesuche, Azubi-Wettbe-werbe, Betreute Lerngrup-pen, Stay-in-touch-Netzwerke mit Ehemaligen (Werk-studenten, Prakti-kanten)	Tag der offen Tür, Girls Day, Boys Day, Mentoren oder Pa-ten, Einführungstage, Kinderbetreuung, Personalentwick-lungsprogramme, Grundlagensemina-re Basistraining für business skills, früher Aufbau einer betrieblichen Alters-versorgung, Einarbeitungspläne, gut geschulte Füh-rungskräfte, Traineeprogramme, Talentpool, Einführung in beste-hende Netzwerke, EAP (Employee-Assistance-Program)	Mentor, Coach, Feedbackprozesse, Persönlichkeitsent-wicklung, Weiterbildung, Projekte übernehmen, Auslandserfahrung, Talentmanagement, Förderkreise, Kinderbetreuung, Jobrotation, Job Enrichment, Job Enlargement, Familien-Eltern-Kind-gerechtes Arbeiten, flexible Arbeitszeiten, Nachfolgeplanung, mobiles Arbeiten, Home Office, Gesundheits-management, Lebensarbeitszeit-konten, EAP (Employee-Assistance-Program)	Caoching, Persönlichkeits-entwicklung, individuelle Weiterbildungen, Sabbatical, Möglichkeit, Geld in Zeit umzuwan-deln, Lebensarbeitszeit-konten, Teilzeit in Füh-rungspositionen, flexible Arbeitszei-ten, mobiles Arbeiten, Home Office, Programme für Work-Life-Balance, Gesundheitsvor-sorge, Nachfolgepla-nung, Programme zu Pflege von Ange-hörigen, kollegiale Bera-tung	Altersversorgung, flexible Ausstiegs-modelle, Beratervertrag bzw. Einsatz erworbener Expertise, Nachfolgeplanung, Teilzeitmodelle für Führungskräfte, Aus-Phasen durch reduzierte Verant-wortung, Lebensarbeitszeit-konten, Altersteilzeit, Tandem-Modelle, Mentoring, Rentner in Urlaubs-vertretung, Großelternnetzwer-ke für Mitarbeiter-kinder, Netzwerke Ehema-liger, Vermittlung ehren-amtlicher Tätigkeit, Gesundheits-management, EAP

ABB. 30: MÖGLICHE LEISTUNGEN IN VERSCHIEDENEN BERUFLICHEN PHASEN

Viele der genannten Leistungen finden bereits in der Praxis Anwendung – wenn auch in unterschiedlicher Ausprägung. Zu den weniger bekannten Elementen zählen z. B. EAP – Employee-Assistance-Program[321], Großelternnetzwerke oder die Vermittlung von Ehrenämtern unmittelbar vor einer Pensionierung. Insbesondere mit dem Ruhestand rückt für viele Betroffene das Thema „werde ich denn überhaupt noch gebraucht" in den Mittelpunkt. Gerade ehrenamtliche Tätigkeiten sind nicht nur eine wichtige Stütze der Gemeinschaft,

---

[321] Beratungsprogramme zum Erhalt der psychischen Gesundheit – persönlich, telefonisch, in Seminaren. Vgl. Engemann, Kirstin/Kestler, Florian/Scheunemann, Wolfgang; bei: Hutter, Peter-Klaus/Scheunemann, Wolfgang (Hrsg.), (2007), S. 59.

sondern inzwischen schon ein unverzichtbarer Bestandteil der Gesellschaft.[322] Detailliertere Ausführungen und Erläuterungen zu einigen der o. g. Aspekte, erfolgt in Abschnitt 6 dieser Arbeit.

Frage 5: Welche Leistungen/Angebote vermissen Sie insbesondere hinsichtlich der Unterstützung der privaten/familiären Situation – für Sie selbst oder auch Ihre Mitarbeiter?

Im Zusammenhang mit der Frage nach den gewünschten Angeboten und Möglichkeiten in Verbindung mit der privaten Situation haben die interviewten Experten folgenden Antworten gegeben:

- Kreativ-Tag für die Entwicklung neuer Projekte
- mehr Flexibilität in der Arbeitszeit, Zeit für die Familie, Teilzeit für Führungskräfte
- freie Wahl eines Kindergartens, Eltern-Kind-Büro, bessere monetäre Unterstützung bei Kinderbetreuung, Kinderbetreuung in Notfällen, Krippe für Kleinkinder
- mehr erfolgsorientiertes und weniger anwesenheitsorientiertes Arbeiten
- mobile Arbeitsplätze, Home Office
- mehr Unterstützung Krankheit/Pflege von Familienangehörigen
- EAP – Firmenservice
- Gesundheitsmaßnahmen (Angebot von Untersuchungen, Sport)
- Angebote für Darlehen, vergünstigte Versicherungen
- Lebensarbeitszeitkonten
- flexibler Beginn des Ruhestandes

Hier ist eine klare Tendenz zu einer Flexibilisierung der Arbeitszeit und des Arbeitsortes zu erkennen sowie der Wunsch für eine bessere und umfassendere Kinderbetreuung und die Möglichkeit sich um Familienangehörige zu kümmern – besonders in Notfällen. Im Zusammenhang mit der Flexibilität steht unter anderem der Wunsch nach mehr Freiraum, Eigenverantwortung, ergebnisorientiertem Arbeiten – und Zeit für die Entwicklung neuer Projekte. Eine der befragten Personen hat deutlich zum Ausdruck gebracht, dass der Zeit-

---

[322] Vgl. Srikiow, Lisa in: DIE ZEIT (28. Juli 2011), No 31, S. 61.

druck und die Fülle der Aufgaben neue Projekte eigentlich gar nicht mehr zulassen.

Die Belastung oder auch Überbelastung von Mitarbeitern ist heute ein viel diskutiertes aber dennoch unterschätztes Thema. Die psychischen Erkrankungen haben in den vergangenen Jahren deutlich zugenommen und die Ausfallzeiten in diesem Zusammenhang sind in der Regel überdurchschnittlich lang.[323] Einige Unternehmen haben sogenannte Employee-Assistance-Programme (EAP) eingeführt. Im Rahmen dieses Angebotes haben Mitarbeiter die Möglichkeit, einen „Psychologen" anzurufen und mit ihm/ihr über berufliche oder private Belastungssituationen zu sprechen. Ein Unternehmen bietet regelmäßige Vorträge zum Thema „Psychische Gesundheit" an, die von den Mitarbeitern ausgesprochen gut angenommen werden, was den Bedarf an solchen Maßnahmen sehr deutlich macht.

Fragebogen Teil 4 – Abschluss des Interviews

Frage 1: Wurden aus Ihrer Sicht (wichtige) Punkte nicht angemessen berücksichtigt?

Aus der Sicht von 14 Interviewpartnern wurden alle wichtigen Punkte angemessen berücksichtigt. Die Empfehlung, auch die Unternehmensgröße mit einzubeziehen, haben 3 Personen gegeben und in diesem Zusammenhang sollte auch die Größe der Personalabteilung Berücksichtigung finden. Eine Anmerkung bezog sich auf die Untersuchung der Schnittstellen, sowie die Möglichkeiten und die Grenzen von CSR. Eine Person hat die Empfehlung ausgesprochen, das „Konzept der Business Angels" in die Unternehmen zu integrieren. Die „Business Angels" sind wirtschaftlich unabhängige, unternehmerisch erfahrene Menschen, die junge, innovative und wachstumsorientierte Unternehmen unterstützen, persönlich beraten, über ihr umfangreiches Business-Netzwerk wichtige Kontakte herstellen und gegebenenfalls bereit sind, eigenes Kapital in junge Unternehmen zu investieren.

---

[323] Vgl. EuPD Research (2011), S. 22.

Frage 2: Möchten Sie noch etwas ergänzen, anmerken, kritisieren, fragen?

Von den 19 befragten Personen haben 8 Personen diese Frage mit „nein" beantwortet. Die aussagekräftigsten Ergänzungen und Anmerkungen zum Abschluss des Gespräches waren folgende:

- CSR ist ein Teil unserer modernen Geschäftswelt – es wird Zeit CSR umzusetzen
- Interview hat Sensibilität für CSR und LOP geschärft
- spannendes Thema – Bewusstsein für bereits vorhandene Maßnahmen und Schnittstellen beider Themen wurde gesteigert
- adäquate und systematische Umsetzung könnte Neueinstellung erforderlich machen
- die Themen CSR und LOP ist noch etwas neu und fremd
- große Unternehmen haben sicher mehr Erfahrung

Den abschließenden Anmerkungen ist grundsätzlich zu entnehmen, dass die ausgewählten Experten das Interview zu diesen beiden Themen als durchaus anregend empfunden haben und sich dem Thema intensiver widmen möchten. Im Laufe der Interviews ist deutlich geworden, dass CSR und LOP über eine große Schnittmenge verfügen. Es ist ebenfalls deutlich geworden, dass diese Schnittmenge von den Befragten bis zum Interview noch nicht bewusst wahrgenommen wurde. Darüber hinaus kann festgestellt werden, dass es in beiden Themenfeldern in den meisten Unternehmen schon Maßnahmen und Instrumente gibt, die jedoch bis dato nie so bewusst den Begriffen Corporate Social Responsibility und lebensphasenorientiertes Human Resource Management zugeordnet wurden. Es wurde auch deutlich, dass in beiden Themenfeldern noch nicht genutzte Wertschöpfungsbeiträge liegen, die durch die strategische Einbindung des Personalbereiches sichtbarer gemacht werden können. Die möglichen Handlungsfelder in der betrieblichen Praxis werden in Abschnitt 6 dieser Arbeit dargestellt.

6. Gestaltungsfelder in der betrieblichen Praxis

Die lebensphasenorientierte Personalpolitik (LOP) und das Konzept von Corporate Social Responsibility (CSR) basieren beide grundsätzlich auf der Einhaltung von gesetzlichen Bestimmungen und können letztlich nur glaubwürdig umgesetzt werden, wenn die Wertschöpfung des Unternehmens sichergestellt ist und ethische Aspekte angemessen berücksichtigt werden.

Nachfolgend werden die gemeinsamen Aktionsfelder von CSR und LOP vorgestellt. Die Strukturierung der Einzelmaßnahmen baut auf der Gestaltung von drei großen Feldern der Personalarbeit auf – der Personalgewinnung, der Mitarbeiterbindung und dem Austritt aus dem Unternehmen. Das Feld der Mitarbeiterbindung wird zusätzlich in Leistungs- und Vergütungsmanagement, die Mitarbeiterbetreuung und das Gesundheitsmanagement, sowie die Personalentwicklung gegliedert. Die Abbildung 31 gibt einen Überblick über die einzelnen Aktionsfelder, die im weiteren Verlauf von Abschnitt 6 erläutert werden.

LOP / CSR	Recruiting		Retention		Retirement
	Personalmarketing und -auswahl, Eintritt in das Unternehmen	Leistungs- und Vergütungsmanagement, Arbeitszeitgestaltung	Mitarbeiterbetreuung, Gesundheitsmanagement	Personalentwicklung – Employability – Empowerment	(Vorbereitung auf) Austritt aus dem Unternehmen
Interne Dimension Employability, Empowerment, lebenslanges Lernen, Vermeidung von Diskriminierung,	verstärkter Einsatz von Social Media – Arbeitgeberseite einrichten (XING) – Netzwerke bilden	flexible Arbeitszeit/-orte, Sabbatical, Home Office/ Mobile Office, Teilzeit, Elternzeit, Gleitzeit, Job-Sharing, Lebens- & Vertrauensarbeitszeit	Beratung/Service in speziellen Lebenssituationen, psychologische Betreuung, EAP-Firmenservice	interne Universität – auch mit CSR relevanten Trainingsinhalten	Austrittsgespräche und Outplacement-maßnahmen
Balance zwischen beruflichen, privaten, familiären Aspekten, Gewinn- und Kapitalbeteiligung,	Ausbildungsquote erhöhen, Angebote für Praktikanten, Trainees, Werkstudenten, Girls/Boys Day	Partnerprogramme in Verbindung mit Bonussystemen	Gesundheitstage/-programme, Berücksichtigung ergonomischer Kriterien, Arbeitsschutz	generationenübergreifender Wissenstransfer (Tandems), internal social networking platform, Expertise2, Learning over Lunch	Schaffen von gleitenden Übergängen – Lebensarbeitszeitkonten, Altersteilzeit
Anpassung an den Wandel, Umweltaspekte	Unternehmensdarstellung, Employer Branding	Mitarbeiteraktien und Optionsprogramme als Bindungsmaßnahme	vergünstigte Sportangebote, Massagen am Arbeitsplatz	Lebenslanges Lernen, Wissensmanagement, kollegiale Beratung	Vorbereitungskurse für die Zeit nach dem Arbeitsleben
	Rekrutierung von Migranten, Frauen, Älteren	Angebote für Kinderbetreuung, Eltern-Kind-Büro und Pflege von Familienangehörigen, Großelternnetzwerke	Check-ups und Vorsorgeprogramme, Rückkehrgespräche, Wiedereingliederung	kreatives lernförderndes und innovations-förderndes Arbeitsklima	aktiver Wissenstransfer – Mentoring, Patensysteme, Nachfolgeplanung

	Diversity Management – multikulturelle Hintergründe berücksichtigen	lebensphasenorientierte Altersversorgungssysteme (modularer Aufbau, Wahlmöglichkeit der Absicherung je nach aktueller Situation)	enge Zusammenarbeit mit Betriebsarzt – Sehtest, Impfungen, Stressberatung, Fahrtraining	Coaching, Mentoring, individuelle Förderung, Jobrotation, Job-enrichment, Job-enlargement, Business skills	Downward Movement, altersgerechte Arbeitsplatz-gestaltung
Externe Dimension Integration in das Umfeld, Sponsoring, Spenden, Einhaltung gesetzlicher Regelungen, Soziale Verantwortung für Geschäftspartner, Menschenrechte, globaler Umweltschutz	Betreuung von Bachelor- (BA) und Masterarbeiten (MT), Auslandsstipendien vergeben, Stipendien	Freistellung für Engagement in sozialen Projekten, Aktiv-Projekte, Social-Day	Teilnahme an Sportveranstaltungen fördern	Personalentwicklung, Führungskräfteentwicklung im Rahmen von sozialen Projekten (Seitenwechsel)	Goßelternnetzwerk, Vermittlung von Ehrenämtern, CSR-Lobbyisten
	Zusammenarbeit mit Schulen, Hochschulen – Projekte, Studien, Mentoring, Bewerbertraining (PPP)	Praktikum von Mitarbeitern in sozialen Einrichtungen	Marathon für einen guten Zweck	Mentoring Programme an Hochschulen begleiten, Bewerbertraining, Tag der offenen Tür	Alumni-Treffen, Netzwerke, Engagement an (internen) Universitäten
	Ausbildungs-und Hochschulmarketing, Vorlesungen an Hochschulen	„Ökobonus"	Gesundheitstage in Schulen finanzieren und begleiten	Vorlesungen an Hochschulen und Weiterbildungsinstituten	Reaktivierung von Pensionären – silver worker, Beraterverträge mit Ehemaligen oder Pensionären

ABB. 31: GESTALTUNGSFELDER VON CSR UND LOP
(QUELLE: EIGENE DARSTELLUNG IN ANLEHNUNG AN: FLÜTER-HOFFMANN (APRIL 2010), S. 14)

6.1 Recruiting – Personalgewinnung

Bei der Personalsuche und Personalgewinnung liegt der Fokus des Unternehmens auf der „Positionierung als attraktiver Arbeitgeber, Gewinnung der richtigen Mitarbeiter zum richtigen Zeitpunkt und Bindung der Mitarbeiter, die zum Unternehmen passen"[324]. Dabei spielen Aspekte wie Vermeidung von Diskriminierung, Diversity und Demografie sowie Sicherung einer nachhaltigen Beschäftigung und die Balance von Berufs- und Privatleben, aber auch das Wertesystem eines Unternehmens eine wichtige Rolle. Die genannten Elemente sind sowohl im CSR-Konzept als auch bei dem Modell einer LOP grundlegend und können ideal im Bereich der Personalgewinnung eingesetzt werden. Zu der Zielgruppe zählen Menschen, die sich in der Phase einer beruflichen (Neu-)Orientierung, der Berufswahl, der Ausbildung oder des Studiums befinden.

Der heutige Arbeitsmarkt ist insgesamt etwas „bunter" und vielfältiger geworden. Unterschiede in den Kulturen, der Herkunft, eine Vielfalt von Qualifikationen und Sprachen, aber auch Bewerber in ganz unterschiedlichen Altersgruppen kennzeichnen den Arbeitsmarkt. Hinsichtlich der Rekrutierungsstrategien hat sich der Trend weg von den Printmedien und Headhuntern stark zur Nutzung von sozialen Netzwerken[325] hin entwickelt, wobei sich das berufliche **Netzwerk „XING"** einer steigenden Beliebtheit erfreut. Soziale Netzwerke werden inzwischen immer häufiger – insbesondere von jungen Menschen – für eine berufliche (Neu-)Orientierung genutzt. Deshalb ist es wichtig, dass Entscheider diese neue Form der Personalgewinnung nicht nur akzeptieren, sondern auch aktiv betreiben.[326] Die verstärkte Nutzung von Netzwerken könnten auch eine bessere Erreichbarkeit von noch nicht ausreichend genutzten Potenzialen – Frauen, Migranten und Ältere – unterstützen. Eine Maßnahme, die besonders in großen bzw. weltweit agierenden Unternehmen sinnvoll sein könnte, wäre die Implementierung eines **„internen sozialen Netzwerkes"**: eine unternehmensinterne Plattform auf der Mitarbeiter ihre Fähigkeiten und Kenntnisse veröffentlichen, aber auch ihrem Wunsch nach

---

[324] Armutat, Sascha et al. (Hrsg.), (2008), S. 71.
[325] Grundsätzlich haben sich in der Praxis kommunikative Kontaktinstrumente wie Hochschulkontakte, Bewerberberatung, Betreuung von Abschlussarbeiter oder Workshops als sehr erfolgreich erwiesen. Vgl. Kaiser, Stephan/Ringsletter, Max (Hrsg.), (2010), S. 90.
[326] Vgl. Kres, Michael (2007), S. 143.

Veränderung oder neuen Herausforderungen Ausdruck verleihen könnten. Ein internes Netzwerk würde somit wie ein **interner Arbeitsmarkt** funktionieren. Gleichzeitig könnte diese Plattform auch als Grundlage für die Organisation des Themas **Wissensmanagements** genutzt werden. Durch die Einrichtung einer Suchfunktion können Experten eines bestimmten Fachgebietes gezielt ausgesucht, angesprochen und mit ihnen Wissen ausgetauscht werden. Eines der befragten Unternehmen plant zurzeit die Einführung einer solchen Plattform und lässt im Rahmen eines CSR-Projektes „Förderung der Zusammenarbeit mit Hochschulen", von Studenten der Hochschule RheinMain – Fachbereich Design, Informatik, Medien – Wiesbaden eine Studie erstellen. Eine Gruppe von Studenten wird eine Abschlussarbeit zum Thema **„Wissensmanagement in einem global agierenden Unternehmen"** verfassen. Das Projekt beginnt voraussichtlich im September 2011 und wird aus dem CSR-Budget finanziert.

Da das Thema CSR für die Unternehmen immer mehr an Bedeutung gewinnt, empfiehlt das BMAS **CSR als Querschnittsthema in der universitären Lehre** zu integrieren und in möglichst vielen Fächern und Studiengängen einfließen zu lassen – aber auch in spezielle Ausbildungen und Qualifikation für Manager und in duale Ausbildungsgänge zu integrieren.[327] Mit dieser Maßnahme würden somit unsere zukünftigen Mitarbeiter und Manager schon im Studium ganz selbstverständlich auch für das Thema LOP sensibilisiert werden.

Ein wichtiger Beitrag im Rahmen der CSR-Aspekte „Human Resource Management" und „Integration der Unternehmen in das lokale Umfeld" bilden selbstverständlich auch die bereits bekannten Aktivitäten vieler Unternehmen im Rahmen von **„Girls bzw. Boys Day"** oder einen **„Tag der offen Tür"**. Aber auch Angebote hinsichtlich **Praktikumsplätzen**[328]**, Ausbildungsplätzen, Traineeprogrammen, der Beschäftigung von Werkstudenten oder die Betreuung von Abschlussarbeiten** zählen fast schon zu den Standardprogrammen größerer Unternehmen. Eine weitere Möglichkeit, die Zusammenarbeit mit Schulen und Hochschulen zu fördern, bieten Projekte im Rahmen von PPP (Public Private Partnership). Unternehmen stellen ihr Wissen im Rahmen von **Entwick-**

---

[327] Vgl. Bundesministerium für Arbeit und Soziales – Studie (November 2008), S. 14.
[328] In Deutschland kommen 43% der Berufseinsteiger erst über „atypisch" Beschäftigungsverhältnisse in den Beruf – z. B. über ein unbezahltes Praktikum. Vgl. hierzu Steinbrück, Peer (26. Mai 2001) in: DIE ZEIT, No 22, S. 37.

lungspartnerschaften zur Verfügung. Das bedeutet, dass ein Personalleiter z. B. Bewerbertraining an Schulen geben könnte oder Experten eines Fachgebietes als **Referenten an Hochschulen** oder anderen Weiterbildungsorganisationen Vorlesungen halten. Bewährt haben sich auch Mentoringprogramme. Verschiedene Hochschulen bieten inzwischen auch schon **Mentoringprogramme für Frauen** an. Hier sind reine Frauen-Tandems, aber auch gemischte Tandems denkbar, insbesondere bei der Frage, wie erfolgreiche Frauen es geschafft haben, Familie und Beruf optimal zu kombinieren, könnten rein weibliche Tandems hilfreich sein. Selbstverständlich sind auch Kooperationen mit Unterstützung von ausländischen Universitäten eine interessante Variante – z. B. auch in Form von Stipendien. Die Hertie-Stiftung fördert im Rahmen eines **Stipendienprogramms** begabte und engagierte Kinder von Zuwandern bei ihrer Ausbildung.[329] Der Axel Springer Verlag unterstützt nach der Erstausbildung ausgesuchte junge Menschen mit einem Zuschuss von 1.500 Euro im Monat, wobei die Stipendiaten ihre Abschlussarbeit in enger Abstimmung mit dem Unternehmen schreiben.[330] Es gibt aber auch Programme, die lokal mit sehr wenig Aufwand von fast jedem Unternehmen organisiert werden können. Z. B. haben Hauptschüler bundesweit die geringsten Chancen auf dem Arbeitsmarkt. Unternehmen bemängeln bei diesem Abschluss sowohl die fehlenden fachlichen Voraussetzungen als auch die fehlende soziale Kompetenz[331], die für den Start in eine Ausbildung notwendig sind.[332] Genau hier könnten Unternehmen im Rahmen von Entwicklungspartnerschaften aktiv werden und gezielt **Vorbereitungstrainings oder Bewerbungstrainings** anbieten.

6.2 Retention – Mitarbeiterbindung

Die Mitarbeiterbindung kann grundsätzlich mit allen beruflichen Phasen in Verbindung gebracht werden. Dieses Thema nimmt, im Zusammenhang mit dem demografisch bedingten Mangel an Fach- und Führungskräften, an Bedeutung zu. Die Mitarbeiterbindung ist eng mit den beiden Faktoren Arbeits-

---

[329] Vgl. Riess, Birgit/Welzel, Carolin/Lüth, Arved (2008), S. 69.
[330] Vgl. Oelsnitz, Dietrich von der/Stein, Volker/Hahmann, Martin (2007), S.168 f.
[331] Ein Auswahlkriterium könnte künftig auch das freiwillige soziale Engagement eines Bewerbers sein – z. B. in Vereinen oder Studentenorganisationen. Vgl. Kaiser, Stephan/Ringsletter, Max (Hrsg.), (2010) S. 88.
[332] Vgl. Riess, Birgit/Welzel, Carolin/Lüth, Arved (2008), S. 29.

zufriedenheit und Identifikation mit den Unternehmen verknüpft, die im Einzelnen von Themen wie Arbeitgeberimage, Organisationsstruktur, Unternehmenskultur und Betriebsklima, Kommunikationsverhalten, Qualität der Führungskräfte, Personalentwicklung und lebenslanges Lernen, internationale Aufgabenfelder, Arbeitszeit, Arbeitsinhalte und Leistungsanreizsysteme beeinflusst werden. Das Thema Mitarbeiterbindung wird im Rahmen der Darstellung der Handlungsfelder (Abb. 31) in drei Kategorien gegliedert: Arbeitszeitgestaltung und Vergütungsmanagement, Mitarbeiterbetreuung in Verbindung mit Gesundheitsmanagement sowie Personalentwicklung. Hier besteht ein sehr enger Bezug zu den CSR-Aspekten – Beschäftigungsfähigkeit, Empowerment, Gleichbehandlung, lebenslanges Lernen und Balance zwischen Beruf und Familie.

Mitarbeiterbetreuung und Gesundheitsmanagement

Die Mitarbeiterbetreuung umfasst nahezu alle Aspekte rund um die individuelle Betreuung von Angestellten hinsichtlich beruflicher und auch privater Belange. Der Erhalt der Beschäftigungsfähigkeit und Aspekte der Work-Life-Balance, sowie das Gesundheitsmanagement spielen hier eine zentrale Rolle. Der demografische Wandel führt vermutlich dazu, dass die Unternehmen die Mitarbeiter länger beschäftigen müssen und somit „gezwungen" sind, die Leistungsfähigkeit der Mitarbeiter auch im „hohen" Alter sicherzustellen. Das kann durch gezielte Personalentwicklungsmaßnahmen erreicht werden, aber auch durch eine ganzheitliche und nachhaltige Gesundheitspolitik.[333] Hierzu können im Rahmen der freiwilligen Aktivitäten und über die gesetzlichen Anforderungen hinaus, folgende grundsätzliche Handlungsfelder genannt werden:

- **Prävention** durch Arbeitsschutzmaßnahmen, Qualifizierung der Mitarbeiter und Sensibilisierung der Führungskräfte, Impfungen oder Beratung zu gesunder Ernährung, Fahrsicherheitstraining, Massagen für Mitarbeiter, Sportangebote,

- **Therapien** für spezielle Rückengymnastik, bei psychischer Belastung oder Burnout,

---

[333] Einen guten Überblick über eine Bandbreite von sinnvollen Maßnahmen gibt eine Studie des Roman Herzog Institut. Vgl. Kruse, Andreas (2009), S. 28 ff.

- **Früherkennungsprogramme** im Rahmen von Check-ups oder einer Krebsvorsorge,
- **Kuren und Rehabilitationen sowie Wiedereingliederungsmaßnahmen.**[334]

Diese Programme können auch in Kooperation mit der Berufsgenossenschaft oder den Krankenkassen durchgeführt werden. Diese Organisationen unterstützen die Unternehmen auch bei der Organisation und Durchführung von **Gesundheitstagen** oder einem **Fahrsicherheitstraining**. Im Rahmen der externen CSR-Dimension könnte ein Unternehmen z. B. auch einen Gesundheitstag an einer Schule organisieren und finanzieren.

Das betriebliche Gesundheitsmanagement richtet sich an alle Mitarbeiter, unabhängig vom ihrem Einsatzgebiet und Alter, und soll die Leistungsfähigkeit langfristig und nachhaltig fördern. Die demografische Entwicklung und die stufenweise Verschiebung des Renteneintrittsalters auf 67 Jahre sind nur zwei Faktoren, die deutlich machen, dass der Bedarf an präventiven Gesundheitsaktivitäten in den Unternehmen zunehmen wird. Mit zielgerichteten gesundheitsfördernden Maßnahmen können die Krankenquoten verringert, die Personalkosten reduziert und so ein maßgeblicher Beitrag zur Beschäftigungsfähigkeit und somit zur Wettbewerbsfähigkeit geleistet werden. Dabei geht es nicht nur darum, die gesetzlichen Vorschriften zu erfüllen, sondern darüber hinaus angemessene zusätzliche Maßnahmen zu ergreifen. Ein ganzheitliches betriebliches Gesundheitsmanagement umfasst folglich neben dem **Arbeitsschutz** und der **Ergonomie am Arbeitsplatz** auch Programme zur **gesunden Ernährung, Schutzimpfungen, Beratung bei Stress oder psychischer Belastung, Vorsorge-** und **Wiedereingliederungsmaßnahmen** sowie **Rückkehrgespräche** nach einer längeren Krankheit.[335] In diesen Themen ist eine enge Zusammenarbeit mit dem zuständigen Betriebsarzt oder den örtlichen Krankenkassen empfehlenswert. Auch die Berufsgenossenschaft unterstützt z. B. präventive Maßnahmen zur Stressbewältigung. Viele Unternehmen organisieren auch Sportveranstaltungen oder unterstützen **sportliche Aktivitäten** durch Zuschüsse. Einer wachsenden Beliebtheit erfreut sich die **Mobile Massage**. Dieses Angebot ermöglicht den Mitarbeiten sich kurz aber intensiv zu entspannen. Durch eine zunehmende Verdichtung der Arbeit nehmen auch psychische Erkran-

---

[334] Vgl. Armutat, Sascha et al. (Hrsg.), (2008), S. 98.
[335] Vgl. Armutat, Sascha et al. (Hrsg.), (2008), S. 98.

kungen – wie z. B. Depressionen oder Angstzustände – in den letzten Jahren zu und führen in allen Altersgruppen zu Arbeitsunfähigkeiten. Da in diesen Fällen nicht nur die Personalabteilung, sondern auch die Betriebsärzte häufig überfordert sind, kann eine entsprechende psychosoziale Unterstützung über einen externen Service organisiert werden. In den Befragungen wurde hier das sogenannte „**Employee Assistance Program**" **(EAP)** erwähnt.

Die Debatte über eine Verlängerung der Lebensarbeitszeit auf 69 Jahre wird einerseits mit Entrüstung aufgenommen und andererseits gibt es viele Ältere, die gerne länger arbeiten würden, wenn es die Gesundheit zulässt, oder einfach länger arbeiten müssen, um ihre Rente aufzubessern.[336] Hier gibt es sowohl für den Staat als auch für die Arbeitgeber einen sehr großen Handlungs- und Regelungsbedarf – z. B. die festgelegten Altersgrenzen aufzuweichen.[337] Sowohl bei der Betreuung als auch der Bindung von Mitarbeitern ist das richtige Maß gefragt. Zu viel führt schnell zu einem Anspruchsdenken, zu wenig führt zur Unzufriedenheit und fehlender Identifikation. Sehr oft stehen Maßnahmen zur Mitarbeiterbindung im direkten Zusammenhang mit materiellen Leistungen – z. B. Gehaltserhöhungen, Kapital- oder Erfolgsbeteiligungen, obwohl die Unternehmenskultur und die gemeinsamen Werte nachweislich zu einer nachhaltigeren Bindung von Mitarbeitern führen.[338]

Leistungs- und Vergütungsmanagement

Die Gestaltung der Arbeitszeit und das Vergütungsmanagement sind eng miteinander verbunden. Für die Unternehmen ist das Arbeitszeitmanagement – neben der Vergütungspolitik – ein wichtiger Planungsfaktor bei der Erstellung ihrer Leistung. Deshalb ist es wichtig, diese beiden Komponenten zielgerichtet miteinander zu verknüpfen.

Unter dem Begriff Arbeitszeitmanagement werden Fragen rund um die Dauer, die Lage und die Verteilung der Arbeitszeit zusammengefasst. Die Gestaltung der Arbeitszeit ist einerseits ein wichtiger Faktor für die Unternehmensleistung andererseits kann ein „mitarbeiterorientiertes" Arbeitszeitmanagement in hohem Maße zur Mitarbeiterzufriedenheit beitragen. Für den Mitarbeiter bedeu-

---

[336] Vgl. Niejahr, Elisabeth (26. Mai 2011) in: DIE ZEIT, No 22, S. 4 f.
[337] Vgl. Müller, Julia/Scheuermann, Diana (2006), S. 8 und S. 11.
[338] Vgl. DGFP e.V. (Hrsg.), (2008), S. 143 f.

tet eine flexible Arbeitszeitgestaltung die Möglichkeit, eine angemessene Balance zwischen den Anforderungen des Berufes und privaten Lebensereignissen zu schaffen. Arbeitszeitmodelle, die so flexibel sind, dass sie den „Mitarbeitern die Möglichkeit geben eine dem jeweiligen Lebensereignis angemessene Balance zwischen Arbeit und Freizeit herzustellen, ohne dass die gesamte Mitarbeiterproduktivität infrage gestellt wird"[339], sind besonders geeignet. Ein zentrales Element zur Vereinbarung von Beruf und Familie sind flexible Arbeitszeitsysteme. Hinsichtlich der Flexibilität in Bezug auf Dauer, Lage und Verteilung der Arbeitszeit eignen sich folgende weitgehend bekannte Standardmodelle: **individuelle Teilzeitarbeit, Home Office oder Job-Sharing, Langzeitkonten, Lebensarbeitszeitkonten, Vertrauensarbeitszeit oder auch Freistellungen zu besonderen Anlässen oder für soziale Projekte und Sabbaticals.**

Zu den familienfreundlichen Maßnahmen bei der DekaBank zählen z. B. die Gleitzeit ohne Kernzeit, flexible Teilzeitmodelle oder alternierende und mobile Telearbeit.[340] Die sogenannten Langzeit- oder Lebensarbeitszeitkonten bieten wohl die größte Flexibilität hinsichtlich der Balance zwischen Beruf und Familie. Sie geben die Möglichkeit, bei Bedarf längere Freistellungsphasen – für Familie, Qualifizierung oder ein soziales Projekt – in Anspruch nehmen zu können oder aber auch früher aus dem Erwerbsleben auszuscheiden.[341] Diese Angebote ermöglichen es den Mitarbeitern sehr flexibel auf ihre persönliche Lebenssituation zu reagieren und gleichzeitig ihre Beschäftigungsfähigkeit zu erhalten. Denn ein Burnout droht oft dann, wenn verschiedene Ereignissen gleichzeitig auftreten und man den damit verbundenen Anforderungen nicht mehr gerecht werden kann. Hier ist z. B. die Pflege eines Kindes oder die Betreuung von Eltern zu nennen. Es gibt inzwischen Unternehmen, die ihre Mitarbeiter für einige Tage bezahlt freistellen oder das Arbeitsverhältnis ein Jahr – in Härtefällen sogar bis zu zwei Jahren – ruhend stellen und somit eine Wiederbeschäftigung garantieren.[342] Da die Arbeitsleistung durch familiäre Belastungen stärker als bisher angenommen beeinflusst wird, bietet die Deka-

---

[339] Armutat, Sascha et al. (Hrsg.), (2008), S. 75.
[340] Vgl. Flüter-Hoffmann, Christiane (2006), S. 34.
[341] Vgl. Flüter-Hoffmann, Christiane (2006), S. 25.
[342] Vgl. Flüter-Hoffmann, Christiane (2006), S. 30.

Bank auch ein **Elterntraining** an, in dem Eltern lernen mit schwierigen Situationen im Erziehungsalltag besser umzugehen.[343]

Auch **Mobile-Office**-Lösungen werden immer attraktiver. Denn moderne Kommunikationstechnik macht es möglich, dass Mitarbeiter arbeiten können, wann und wo sie wollen. Diese Flexibilität hinsichtlich Arbeitsort und Arbeitszeit ist oft eine Grundvoraussetzung für die Unternehmen, um von der „jungen Elite" überhaupt als attraktiver Arbeitgeber wahrgenommen zu werden.[344]

Ein weiterer Aspekt im Zusammenhang mit der Balance zwischen beruflichen und privaten Aktivitäten ist die Betreuung von Kindern. Insbesondere größere Unternehmen bieten ihren Mitarbeitern unterschiedliche Formen von Betreuungsangeboten an: **Betriebskindergärten** oder **Betriebsgrippen, Anmietung von Belegplätzen** oder die **Vermittlung von Tagesmüttern**.[345] Der Bedarf liegt vermutlich vorwiegend bei der **Kinderbetreuung in Notfällen**. Ein Gedanke, der die bereits vorhandenen Betreuungssysteme ergänzen oder sogar bereichern könnte, ist die Einrichtung eines sogenannten **Großelternnetzwerkes**. Hierbei werden Rentner – vielleicht sogar ehemalige Mitarbeiter – zu „Adoptivgroßeltern" für die Kinder von Mitarbeitern. Diese Idee umfasst, insbesondere für Alleinerziehende, viel weitreichendere Aspekte als nur die Kinderbetreuung selbst. Diese Form der Betreuung hat häufig auch familiäre Strukturen und ist auf lange Zeit ausgerichtet. Auch die Einrichtung von Eltern-Kind-Büros kann eine interessante Lösung für die Sicherstellung der Kinderbetreuung darstellen – gerade in Notfallsituationen.

Die Deutsche Lufthansa AG bietet ihren Mitarbeitern z. B. einen **Familienservice** an. Dieser beinhaltet die Beratung und Vermittlung von maßgeschneiderten Lösungen für die Betreuung von Kindern oder älteren Familienangehörige.[346] Die VAUDE Sport & Co. GmbH reagiert ganz schnell und flexibel auf Notfallsituationen, wie die **Krankheit eines Kindes oder eines Angehörigen**. Die Arbeitszeit kann dann in Absprache mit den Kollegen auf die aktuelle Situation umgestellt werden. In extremen Situationen bietet das Unternehmen sogar unbezahlte Freistellungen an. VAUDE bietet ihren Mitarbeitern darüber

---

[343] Vgl. Flüter-Hoffmann, Christiane (2006), S. 34.
[344] Vgl. Albers, Markus (14./16. Mai 2011) in: Karriere Welt, S. 10.
[345] Vgl. Flüter-Hoffmann, Christiane (2006), S. 29.
[346] Vgl. Engemann, Kirstin/Kestler, Florian/Scheunemann, Wolfgang; bei: Hutter, Peter-Klaus/Scheunemann, Wolfgang (Hrsg.), (2007), S. 56.

hinaus an, Kinder zwischen 1 und 10 Jahren im VAUDE-Kinderhaus betreuen zu lassen. Mit der **Einrichtung des Kinderhauses** hat sich die „betriebsinterne" Geburtenrate mehr als verdoppelt, wobei die Inanspruchnahme der Elternzeit tendenziell zurückgegangen ist und die Eltern im Durchschnitt schon ein halbes Jahr nach der Geburt wieder ins Unternehmen zurückgekehrt sind.[347] Es gibt inzwischen einige **Zertifikate und Awards**[348], die für besonderes Engagement im Bereich „Beruf und Familie" oder auch „Gesundheit" verliehen werden. Diesen Zertifikaten und Awards gehen in der Regel entsprechende Audits voran. Ein solches Audit kann sehr hilfreich sein, um eine systematische Ist-Analyse durchzuführen und nützliche Informationen für noch notwendige Maßnahmen zu erhalten.

Aus den Interviews haben sich auch weitere Gestaltungsmöglichkeiten für die Vergütungspolitik ergeben. Zu den weniger bekannten Maßnahmen gehört die Implementierung eines sogenannten **Partnersystems**.[349] Hierbei haben Mitarbeiter die Möglichkeit, sich durch eine herausragende Performance innerhalb von vier verschiedenen Partnerstufen zu entwickeln. Die Partnerstufen sind mit unterschiedlichen variablen Vergütungskomponenten, speziell konzipierten Informationsveranstaltungen und Personalentwicklungsprogrammen gekoppelt. Die Beförderung in das Partnersystem oder innerhalb des Partnersystems erfolgt im Rahmen eines Jahresgespräches und in Verbindung mit einer Einschätzung der Leistung. Neben einer sehr guten allgemeinen Performance wird auch das Engagement in internationalen Projekten erwartet und bewertet – was wiederum Teil eines Personalentwicklungskonzeptes ist und somit die Beschäftigungsfähigkeit sicherstellt. Im Rahmen diese „Partner Systems" werden Mitarbeiter sowohl immateriell durch die Beteiligung an Entscheidungen eingebunden als auch materiell durch die Gewährung von Mitarbeiteraktien und Aktienoptionen sowie einer variablen Vergütungskomponente.

---

[347] Vgl. Engemann, Kirstin/Kestler, Florian/Scheunemann, Wolfgang; bei: Hutter, Peter-Klaus/Scheunemann, Wolfgang (Hrsg.), (2007), S. 66 f.

[348] Es gibt inzwischen einige Auszeichnungen im Zusammenhang mit besonderem Engagement – Audit „Beruf und Familie" – Zertifikat der Hertie-Stiftung, „Freiheit und Verantwortung" – Preis des Bundespräsidenten, „Gleiche Chancen für Männer und Frauen im Betrieb" – Preis des badenwürttembergischen Wirtschaftsministeriums, CSR-Rating Stiftung Warentest. Vgl. hierzu Wittberg, Volker (o. J. und ohne Seitenangaben).

[349] Dieses System wurde von zwei der befragten Personen erfolgreich im Unternehmen implementiert.

Auch **langfristige Aktienprogramme** stellen eine geeignete Maßnahme zur Bindung von Mitarbeitern dar. Durch die Einführung einer Warte- oder Haltefrist kann über die Aktien erst nach einem festgelegten Zeitraum – oft zwischen zwei und vier Jahren – verfügt werden. Bei einem früheren Austritt aus dem Unternehmen verfällt der Anspruch auf das Aktienprogramm. So kann nicht nur ein Bindungseffekt erreicht, sondern auch die im Zusammenhang mit CSR erwähnte Nachhaltigkeit in Vergütungskonzepten angemessen berücksichtigt werden. Kapital- und Beteiligungsmodelle werden der internen Dimension von CSR zugeordnet.

Ein weiteres Handlungsfeld hinsichtlich der Vergütung und Bindung von Mitarbeitern bilden **lebensphasenorientierte Altersversorgungssysteme**.[350] Die heutige Altersversorgung baut grundsätzlich auf drei Säulen auf. Die erste Säule bildet die traditionelle gesetzliche Rente. Die zweite Säule basiert auf den betrieblichen Altersversorgungssystemen, die in der Regel von den Unternehmen zusätzlich gefördert oder bezuschusst werden. Die dritte Säule bezieht sich auf die zusätzliche private Absicherung des Einzelnen. Insbesondere die erste Säule wird durch die demografische Entwicklung stark beeinflusst. Das Umlageverfahren der staatlichen Pensions-ordnung basiert darauf, dass die arbeitende Bevölkerung für die Pensionen der Rentner bezahlt. Deshalb gewinnen die zweite und dritte Säule in den vergangenen Jahren immer mehr an Bedeutung.[351] Systeme, die sowohl vom Arbeitgeber als auch vom Arbeitnehmer gespeist werden, decken so die betriebliche und private Säule gleichermaßen ab und fördern beim Mitarbeiter die Eigenverantwortung für eine angemessene Altersvorsorge. Die betrieblichen Altersversorgungssysteme dienen in der Regel dazu, den Lebensstandard im Alter aufrechterhalten zu können oder einen etwas früheren Ausstieg aus dem Berufsleben möglich zu machen.

In der Vergangenheit haben die Unternehmen sehr oft sogenannte „leistungsorientierte" Systeme angeboten. Dies bedeutet vereinfacht, dass den Mitarbeitern eine bestimmte Rentenhöhe zugesagt wurde. Die Unternehmen tendieren heute eher dazu, „beitragsorientierte" Altersversorgungssysteme anzubieten.

---

[350] Ein solches lebensphasenorientierte Altersversorgungssystem wurde gerade in einem der befragten Unternehmen eingeführt.
[351] Vgl. Pinner, Wolfgang (2008), S. 26.

Das heißt, dass eine bestimmte Beitragshöhe bzw. ein Arbeitgeberzuschuss und/oder ein Arbeitnehmerbeitrag definiert werden. Das System kann so aufgebaut sein, dass verschiedene lebensphasenorientierte Module mit den entsprechenden Leistungen angeboten werden. Der Mitarbeiter kann – im Rahmen des festgelegten Beitrages – dann das Modul wählen, das am besten zu seiner jeweiligen aktuellen Lebenssituation passt. So kann jeder Mitarbeiter festlegen, ob er nur sich selbst, seine Familie, eine Berufsunfähigkeit oder vielleicht alle Aspekte gleichzeitig absichern möchte. Dem Mitarbeiter kann ebenfalls angeboten werden zwischen einer Rentenzahlung oder einer Kapitalzahlung wählen zu können – je nach aktueller Lebenssituation. Wechselt die individuelle Lebenssituation eines Mitarbeiters, kann er auch innerhalb des Altersversorgungssystems das Modul wechseln – der Beitrag bleibt gleich, nur die Leistungen verändern sich. Durch diese Flexibilität können neue Altersversorgungssysteme zu lebensphasenorientierten Systemen werden. Der Vorteil für die Mitarbeiter: hohe Flexibilität hinsichtlich der aktuellen Lebenssituation. Der Vorteil für den Arbeitgeber: sehr transparente Kostensituation und Steigerung der Arbeitgeberattraktivität.

Eine weitere Möglichkeit, eine CSR orientierte Vergütungskomponente zu implementieren, ist der sogenannte **Ökobonus**. In den letzten Jahren sind Unternehmen dazu übergegangen, an ihre Mitarbeiter einen Ökobonus zu zahlen, wenn diese sich besonders umweltfreundlich verhalten. Hierzu zählt z. B. der Kauf eines Autos mit Hybridantrieb oder die Nutzung von öffentlichen Verkehrsmitteln anstatt des eigenen Autos.[352]

Exkurs: Ein noch sehr junger Zweig der Wirtschaftswissenschaften ist die „Glücksforschung". Sie versucht herauszufinden, was Menschen dazu benötigen, um glücklich zu sein, und wie sie ihr persönliches Wohlergehen selbst einschätzen. Die empirischen Untersuchungen der Glücksforschungen zeigen, dass die **Lebenszufriedenheit** z. B. durch eine stabile Beziehung, die Identifikation mit der Arbeit, sowie der Möglichkeit der Mitbestimmung und Mitgestaltung am Arbeitsplatz positiv beeinflusst wird. Ein höheres Einkommen fördert dagegen nur teilweise das persönliche Wohlbefinden.[353] Eine faire und geschlechtsneutrale Vergütung ist mit Sicherheit eine Grundvoraussetzung, um

---

[352] Vgl. Gmür, Markus/Thommen, Jean-Paul (2007), S. 137.
[353] Vgl. Wallacher, Johannes (2011), S. 28 f.

Mitarbeiter zu gewinnen und zu binden. Eine familienfreundliche Personalpolitik könnte künftig ein ausschlaggebender Faktor bei der Gewinnung und Bindung von hochqualifizierten Fachkräften darstellen. Durch Programme, die einerseits helfen die privaten und persönlichen Belange zu berücksichtigen, können auf der anderen Seite dem Arbeitsmarkt noch nicht genutzte Potenziale zugeführt werden – wie z. B. nicht oder in Teilzeit arbeitende Mütter.

Personalentwicklung und Empowerment

Zielgruppenorientierte Mitarbeiterbindung steht auch im direkten Zusammenhang mit dem Thema **Wissensmanagement** und somit dem bewussten Umgang und dem zielgerichteten Einsatz der Ressource Wissen. Es geht darum, Experten- und Erfahrungswissen von Mitarbeitern zu identifizieren, zu fördern und verfügbar zu machen, um einerseits die Beschäftigungsfähigkeit der Mitarbeiter zu erhalten und andererseits einen möglichen Wissensverlust für das Unternehmen zu vermeiden. Hier sind insbesondere Ereignisse wie Kündigungen oder Pensionierungen von Mitarbeitern als Ursache zu nennen.[354] Das Managen von Wissen steht in sehr engem Zusammenhang mit den CSR-Aspekten Empowerment, Beschäftigungsfähigkeit, lebenslanges Lernen, der Anpassung an den Wandel aber auch der Berücksichtigung von Diversity und somit der Vermeidung von Diskriminierung.

Das Personalmanagement hat, gemeinsam mit den Führungskräften und den Experten für Weiterbildung, die Aufgabe eine Lernkultur zu implementieren, die sowohl die fachlichen Kompetenzen, als auch die Schlüsselkompetenzen der Mitarbeiter fördert. Aspekte wie die Globalisierung, der gesellschaftliche Wandel oder auch der technische Fortschritt machen die Abläufe im Unternehmen komplexer und oft weniger plan- und strukturierbar. Die Flut von Informationen steigt und mit ihr die Entscheidungsgeschwindigkeit, Prozesse und Abläufe werden immer häufiger hinterfragt und neu gestaltet. Bei der Bewältigung dieser neuen Anforderungen nehmen fach- und funktionsübergreifende Fähigkeiten eine besondere Schlüsselrolle ein. Zu diesen sogenannten Schlüsselqualifikationen zählen z. B. Organisationsfähigkeit, Kreativität, Kommunikationsfähigkeit, Durchsetzungsvermögen, Teamfähigkeit und Ko-

---

[354] Vgl. Armutat, Sascha et al. (Hrsg.), (2008), S. 93.

operationsbereitschaft. Die nachfolgende Abbildung 32 gibt einen kurzen Überblick über die gängigsten Schlüsselkompetenzen.

Schlüsselkompetenz	
methodische Kompetenz	analytisches Denken, Organisationsfähigkeit, Kreativität
soziale Kompetenz	Kommunikationsfähigkeit, Teamorientierung und Kooperationsbereitschaft, Durchsetzungsvermögen und Konfliktfähigkeit
Selbstkompetenz	Motivation, Flexibilität und Innovationsbereitschaft, Emotionale Intelligenz, Mobilität

ABB. 32: SCHLÜSSELQUALIFIKATIONEN
(QUELLE: MÜLLER, MATIN/STEFAN, SCHALTEGGER (HRSG.), (2008), S. 198)

Das Lernen oder die Entwicklung von Kompetenzen kann in Seminaren und Workshops stattfinden, aber auch am Arbeitsplatz, durch einen **Coach** oder **Mentor**, einen systematischen Wechsel des Arbeitsplatzes, der Arbeitsinhalte (Jobrotation), durch die Anreicherung oder Erweiterung der Arbeitsaufgaben. Viele Lernformen am Arbeitsplatz lassen sich als **Tandems** organisieren, wobei ein erfahrender (älterer) Mitarbeiter einen weniger erfahrenen (jüngeren) Mitarbeiter anlernt bzw. begleitet. Insbesondere im Rahmen einer vorhersehbaren Pensionierung eigenen sich Maßnahmen wie **generationenübergreifende Tandems** oder Projektgruppen sowie die Organisation von **Alumni Netzwerken** und Beraterverträge für **„silver worker"**.

Immer öfter organisieren Unternehmen einen sogenannten **„Social Day"**, um das freiwillige Engagement ihrer Mitarbeiter zu unterstützen und nutzen diese Maßnahme um Veränderungsprozesse zu begleiten oder als Personalentwicklungsmaßnahmen. Die Förderung des freiwilligen Engagements wird von Unternehmen auch eingesetzt, um insbesondere die o. g. Schlüsselkompetenzen der Mitarbeiter zu fördern.[355] So nutzen Unternehmen wie Siemens Management Consulting verschiedene Corporate Volunteering Projekte[356], um die „soft skills" ihrer Mitarbeiter zu entwickeln. Diese sogenannten **„Aktiv Projekte"** können Aktionen wie den Neuaufbau eines Abenteuerspielplatzes oder die

---

[355] Vgl. Riess, Birgit/Welzel, Carolin/Lüth, Arved (2008), S. 52.
[356] Eine gute Übersicht über Corporate Volunteering Projekte im Zusammenhang mit der Personalarbeit hat Anja Pinter in 2006 veröffentlicht. Vgl. Pinter, Anja (2006) – Corporate Volunteering in der Personalarbeit.

Errichtung eines Feriencamps für traumatisierte Kinder umfassen. Mitarbeiter, die sich an solchen Projekten beteiligen, empfinden Stolz und Zufriedenheit, weil sich die Vorteile und die Sinnhaftigkeit dieser Maßnahmen allen Beteiligten sofort erschließt. Die Identifikation der Mitarbeiter mit dem Unternehmen steigt, das Betriebsklima verbessert sich, was in der Folge erheblich zur Mitarbeiterbindung beiträgt. Bei Siemens haben diese Projekte nachweislich zur Erhöhung der Leistungsfähigkeit und der Leistungsbereitschaft der Mitarbeiter beigetragen.[357] Siemens Management Consulting nutzt das Engagement in diesen „Aktiv Projekten" auch als Rekrutierungsinstrument. Gespräche mit Bewerbern haben gezeigt, dass solche Aktivitäten durchaus als Entscheidungskriterium bei der Auswahl eines Arbeitgebers eine Rolle spielen.[358] Die KPMG ist Partner der sogenannten „SIEF-Projekte" und unterstützt diese sowohl in der Funktion als **„Business Advisor"** als auch finanziell. In diesen Projekten widmen sich Studierende aus ganz Deutschland aktuell sozialen und ökologischen Fragestellungen. Außerdem stellt die KPMG auch Mitarbeiter grundsätzlich für einen gewissen Umfang von der Arbeit frei, wenn diese sich in gemeinnützigen Projekten engagieren. Ziel ist unter anderem die Stärkung der Arbeitgebermarke.[359] Bei PricewaterhouseCoopers International (PWC) wurde im Rahmen der internationalen Führungskräfteentwicklung das Programm **„Ulysses"** entwickelt. Die für eine internationale Führungslaufbahn in Frage kommenden Personen haben die Möglichkeit, zwei Monate in einem Entwicklungsland an ausgewählten Hilfsprojekten teilzunehmen. Die spezielle Anforderung in diesem Projekt ist der Einsatz bereits vorhandener Kompetenzen unter extremen Bedingungen. In diesen Projekten werden sowohl die fachlichen Fähigkeiten, als auch die methodischen und sozialen Kompetenzen, sowie die Selbstkompetenz auf höchstem Niveau gefordert, weil die betreffenden Personen komplett aus ihrem gewohnten Umfeld gerissen und gleichzeitig extremen Situationen ausgesetzt werden. Dieses gemeinsame Erlebnis fördert belastbare Netzwerke und auch die Identifikation mit dem Unternehmen. Dieses Programm erfreut sich sowohl intern als auch extern einer

---

[357] Vgl. Pinter Anja bei: Müller, Martin/Schaltegger, Stefan (Hrsg.), (2008), S. 200 ff.
[358] Vgl. Pinter Anja bei: Müller, Martin/Schaltegger, Stefan (Hrsg.), (2008), S. 202.
[359] Vgl. Zieren, Wolfgang in: Personalwirtschaft (09/2011), S. 36 f.

hohen Glaubwürdigkeit und wirkt sich somit sehr positiv auf die Reputation des Unternehmens aus.[360]

Die Deutsche BP AG hat 2005 ein Personalentwicklungsprogramm für Führungs- und Nachwuchskräfte mit dem Titel **„SeitenWechsel – Lernen in anderen Arbeitswelten"** eingeführt. Im Rahmen eines Projektes absolvieren die ausgewählten Personen ein fünftägiges Praktikum in einer sozialen Einrichtung. Der Nutzen dieses Programmes liegt nachweislich in der Erhöhung der sozialen Kompetenz, der Stärkung der Team- und Konfliktfähigkeit, des besseren Einfühlungsvermögens in andere Wertesysteme, der Verbesserung der Kommunikation und der Mitarbeitermotivation.[361] Hier werden die Elemente der Personalentwicklung ideal mit der externen Dimension von CSR verknüpft.

Im Rahmen der demografischen Entwicklung geht es aber nicht nur darum, ältere Mitarbeiter kontinuierlich weiterzubilden, sondern Maßnahmen zu implementieren, die es möglich machen ihren Erfahrungsschatz auch für andere Mitarbeiter bzw. jüngere Generationen zugänglich zu machen. In einem der befragten Unternehmen wurde ein Programm eingeführt, das einerseits die Beschäftigungsfähigkeit der Mitarbeiter erhalten und andererseits einen **generationen- und bereichsübergreifenden Wissenstransfer** sicherstellen soll. Der Name dieses Programmes lautet **„Expertise2"**. Hierbei bilden immer zwei Personen ein Tandem. Eine Person, die Experte auf einem bestimmten Gebiet ist, stellt einer anderen Person aus einem anderen Fachbereich ihr Wissen und ihre Erfahrung zu Verfügung. Die Tandems werden über einen Zeitraum von einem Jahr gebildet und dann neu formiert. In jedem Tandem hat nur eine Person, die gebende Funktion und nur eine die nehmende. Die Tandems werden global gebildet und fördern so das weltweite **„Wissensnetzwerk"** von Führungskräften und Experten.

Die Deutsche Lufthansa AG bezeichnet Mitarbeiter, die viele Jahre im Unternehmen tätig sind und entsprechend wertvolle Erfahrungen und Kenntnisse sammeln konnten, als **„Senior Professional"**. Für diese Mitarbeitergruppe – auch „ältere Beschäftigte" genannt – wird das Programm „Pro40" angeboten. Im Rahmen dieser Maßnahme können Mitarbeiter eine „Standortbestimmung"

---

[360] Vgl. Pinter Anja bei: Müller, Martin/Schaltegger, Stefan (Hrsg.), (2008), S. 203 ff.
[361] Vgl. Engemann, Kirstin/Kestler, Florian/Scheunemann, Wolfgang; bei: Hutter, Peter-Klaus/Scheunemann, Wolfgang (Hrsg.), (2007), S. 46 ff.

durchführen. Dabei sollen Stärken und Schwächen sowie entsprechende Qualifizierungsmaßnahmen identifiziert werden, aber auch individuelle Entwicklungswünsche und Fähigkeiten angemessene Berücksichtigung finden. Das Programm wird durch einen Personalentwickler und einen Psychologen begleitet.[362] Die Deutsche Lufthansa AG hat in den vergangenen Jahren ein **„Cross-Mentoring"**-Programm eingeführt, dass weiblichen Nachwuchskräften eine bessere Wahrnehmung im Unternehmen ermöglicht. Ziel dieses Förderprogrammes ist es, den Erfahrungsaustausch von Mitarbeitern und Führungskräften mit anderen Unternehmen zu fördern.[363] Für die Entwicklung von überfachlichen Kompetenzen werden in Zukunft informelle und erfahrungsbezogene Lernprogramme immer mehr an Bedeutung gewinnen.[364]

Je mehr sich unsere Gesellschaft und unsere Wirtschaft hin zu einer Wissensgesellschaft entwickelt, desto mehr rückt der Mensch als Wissensträger in den Mittelpunkt der Betrachtung. „Menschen werden zu *dem* maßgeblichen Wertschöpfungsfaktor."[365] Lebenslanges Lernen und Wissensmanagement sind eng mit dem Thema Demografie verbunden. Genauso wichtig wie spezifisches Wissen in Unternehmen zu erhalten, ist es, neues Wissen zu vermitteln. Hier eignen sich die in Abschnitt 6.1 beschriebenen Maßnahmen hinsichtlich der Kooperation mit Hochschulen aber auch die intern organisierte Wissensvermittlung – z. B. im Rahmen von **„altersgemischten Teams"**. Einer der befragten Personalmanager hat in seinem Unternehmen ein sogenanntes **„Learning over Lunch"** eingerichtet. Mitarbeiter halten im Rahmen eines gemeinsamen Mittagimbisses einen Vortrag zu einem speziellen Thema. Sie vermitteln ihr Wissen freiwillig ihren Kollegen und können gleichzeitig ihre Präsentationsfähigkeiten in einem vertrauten Umfeld trainieren. In dem gleichen Unternehmen wird zurzeit gerade die Implementierung einer „internen Universität" diskutiert. Ein kritischer Punkt ist jedoch, dass diese Einrichtung in einem ersten Schritt ausschließlich den Führungskräften ab einem definierten Level zur Verfügung stehen soll.

---

[362] Vgl. Engemann, Kirstin/Kestler, Florian/Scheunemann, Wolfgang; bei: Hutter, Peter-Klaus/Scheunemann, Wolfgang (Hrsg.), (2007), S. 53 f.
[363] Vgl. Engemann, Kirstin/Kestler, Florian/Scheunemann, Wolfgang; bei: Hutter, Peter-Klaus/Scheunemann, Wolfgang (Hrsg.), (2007), S. 52 f.
[364] Vgl. Schröder, Thomas (2010), S. 166.
[365] Sackmann, Sonja (Hrsg.), (2008), S. 87.

Die Linde AG bietet bereits in der **„konzerneigenen Universität"** seit 2006 CSR-spezifische Lerninhalte an.[366] So haben auch Unternehmen, wie die Lufthansa, Bertelsmann oder Daimler Chrysler „Universities oder School´s of Business" gegründet, um Führungskräfte frühzeitig konzernübergreifend zu vernetzen und ein effizientes Wissensmanagement zu implementieren.[367]

Diversity Management in der Personalentwicklung bedeutet auch, ältere Mitarbeiter als eigenständige Gruppe wahrzunehmen und entsprechende Entwicklungsprogramme anzubieten. Der Erfolg einer Qualifizierungsmaßnahme hängt sowohl von den individuellen Bildungsvoraussetzungen jedes Einzelnen, als auch von der Gestaltung der Weiterbildung ab. Häufig werden in den Unternehmen allen Mitarbeitern die gleichen Weiterbildungsangebote gemacht. „Lernen im Gleichschritt nach schulischem Vorbild".[368] Es scheint, als ob die Zeit der vereinheitlichten Personalentwicklung ein Ende haben muss. Die Programme müssen auf die einzelnen Anspruchsgruppen – Ältere, Frauen, Personen mit Migrationshintergrund – individueller abgestimmt werden, um erfolgreich zu sein.

Jüngere Menschen haben in der Regel eine schnellere Auffassungsgabe, können sich schneller anpassen und neue Eindrücke schneller verarbeiten. Diese Fähigkeit wird als **„fluide Kompetenz"** bezeichnet. Ältere Menschen hingegen verfügen über eine ausgeprägte Sprachgewandtheit, über eine höhere Toleranz, finden sich mit komplexen Sachverhalten leichter zurecht und agieren in Konflikten vorausschauender. Diese Kompetenz wird als **„kristalline Kompetenz"** bezeichnet.[369]

6.3   Retirement – Austritt aus dem Unternehmen

Alle Mitarbeiter eines Unternehmens werden irgendwann einmal das Unternehmen wieder verlassen. Die Gründe können z. B. altersbedingt sein, so dass Mitarbeiter in den regulären Ruhestand gehen oder auch eine Vorruhe-

---

[366] Vgl. Engemann, Kirstin/Kestler, Florian/Scheunemann, Wolfgang; bei: Hutter, Peter-Klaus/Scheunemann, Wolfgang (Hrsg.), (2007), S. 25.
[367] Vgl. Holtbrügge, Dirk (2007), S. 123.
[368] Geldermann, Brigitte bei: Loebe, Herbert/Severing, Eckart (Hrsg.), (2007), S. 31.
[369] Vgl. Rump, Jutta/Eilers, Silke bei: Loebe, Herbert/Severing, Eckart (Hrsg.), (2007), S. 45.

standsregelung in Anspruch nehmen. Mitarbeiter können auch kündigen, weil sie sich in einem anderen Unternehmen neuen beruflichen Herausforderungen stellen möchten oder das Unternehmen spricht die Kündigung aus, wobei die Gründe dann auf betrieblichen, persönlichen oder verhaltensbedingten Aspekten liegen können.[370] Aber auch ein gesundheitsbedingter Austrittsgrund ist denkbar. Vor dem Hintergrund von CSR-Aspekten und einer lebensphasenorientierten Ausrichtung der Personalarbeit ist es wichtig, die verschiedenen Ausstiegsformen angemessen zu begleiten und zu unterstützen, um so die Mitarbeiter gezielt auf die neue Lebensphase vorzubereiten. Abbildung 33 gibt einen zusammenfassenden Überblick über die Ausstiegsformen und eine Auswahl an Instrumenten die eingesetzt werden können.

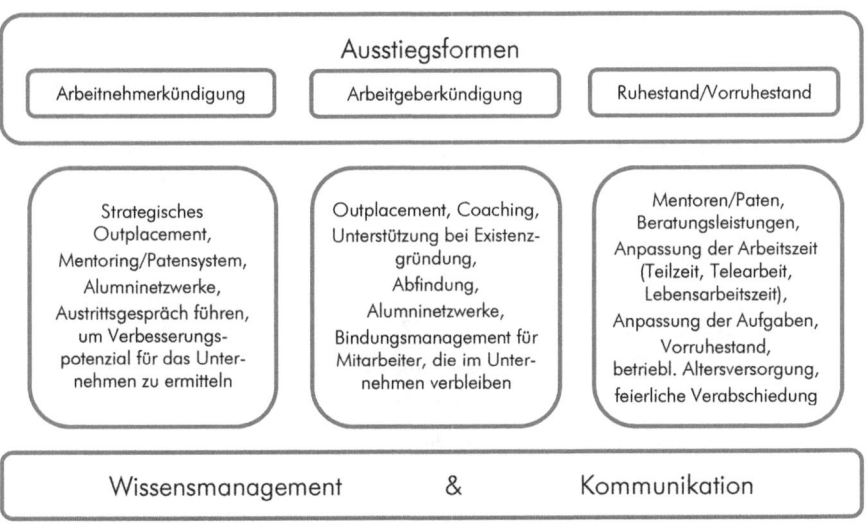

ABB. 33: Aufgaben beim Lebensereignisorientierten Ausstiegsmanagement (Quelle: Eigene Darstellung in Anlehnung an: Armutat, Sascha et al. (Hrsg.), (2008), S. 144 und S. 148)

Ein wichtiger Begleiter bei Austritten jeder Art ist das „**Austrittsgespräch**". In einem solchen Gespräch kann das weitere Austrittsprozedere geklärt und alle notwendigen Informationen zur **Vorbereitung auf die bevorstehende Lebens-**

---

[370] Vgl. DGFP e.V. (Hrsg.) (2008), S. 170.

phase gegeben werden. Es ist aber auch ein Instrument der Wertschätzung gegenüber den Mitarbeitern[371] und kann zusätzlich zur Vorbereitung auf einen Wissenstransfer genutzt werden.

„**Outplacementmaßnahmen**" werden in der Regel Mitarbeitern angeboten, die das Unternehmen im Rahmen eines Aufhebungsvertrages auf „freiwilliger" Basis verlassen. Das Unternehmen hat den Vorteil, dass die Trennungskosten kalkulierbar bleiben und ein möglicher Imageverlust vermieden werden kann. Der Mitarbeiter kann im Rahmen einer solchen Maßnahme seine Beschäftigungsfähigkeit erhalten oder sogar steigern und erhält sowohl psychische als auch materielle Unterstützung durch einen Experten oder einen Coach.[372] Um einen Austritt zu vermeiden oder zumindest noch etwas zu verzögern, könnte das Unternehmen dem Mitarbeiter auch das Angebot eines „**Downward Movements**" machen. Dabei wird z. B. in der späten Karrierephase die Übernahme einer Position mit weniger Kompetenzen und Verantwortung angeboten.[373] Es gibt insbesondere im Zusammenhang mit dem Thema „**alternsgerechte Arbeitsplätze**" auch sogenannte „vollwertige Nischen-Arbeitsplätze" wobei die Aufgabenverteilung entsprechend den Stärken und Schwächen altersgerecht erfolgt. In der Vergangenheit haben Unternehmen in Einzelfällen auch „Schonarbeitsplätze" eingerichtet. Das sind Arbeitsplätze mit leichten körperlichen und mittleren geistigen Anforderungen. Im Zug der alternden Belegschaft kann diese Lösung auch in Zukunft nur ein Einzelfall bleiben.[374] Auch die bereits in Abschnitt 6.2 erwähnte Maßnahme der Wiedereingliederung von Mitarbeitern, z. B. nach einer längeren Krankheit oder in besonderen Lebensphasen sind Maßnahmen, die in den Unternehmen im Rahmen einer lebensphasenorientierten Personalpolitik Berücksichtigung finden sollten.

Insbesondere wenn ein Mitarbeiter auf dem Weg in den Ruhestand ist, können unter Anwendung der zurzeit noch gesetzlich geregelten **Altersteilzeit** oder der Nutzung von **Lebensarbeitszeitkonten** entsprechend **gleitende Übergänge** geschaffen werden. Hier liegt der Vorteil darin, dass für beide Parteien ein überschaubarer Zeithorizont entsteht, der angemessen genutzt werden kann – vom Arbeitgeber für einen organisierten Wissenstransfer und eine angemes-

---

[371] Vgl. Armutat, Sascha et al. (Hrsg.), (2008), S. 145.
[372] Vgl. Holtbrügge, Dirk (2007), S. 137 f., vgl. DGFP e.V. (Hrsg.), (2005), S. 85.
[373] Vgl. Graf, Anita in: iomanagement (2001), S. 28.
[374] Vgl. Rimser, Markus (2006), S. 85 ff.

sene Nachbesetzung, vom Mitarbeiter zur Vorbereitung auf die nun bevorstehende und kalkulierbare neue Lebenssituation.

Menschen mit einer hohen beruflichen Identifikation verlieren mit dem Austritt aus dem Erwerbsleben oft auch einen Teil ihres Selbstwertgefühls. Unternehmen könnten entsprechende Maßnahmen zum **„Einstieg in den Berufsausstieg"** anbieten. Solche Vorbereitungsprogramme beziehen oft die Lebenspartner mit ein und bieten Hilfestellungen bei einem neuen Umgang mit dem Faktor „Zeit". Sie fördern die Akzeptanz neuer Herausforderungen und geben Tipps zu gesunden **Lebens- und Ernährungsformen.**[375] Eine frühzeitige Anpassung der Arbeitszeit im Rahmen von Teilzeit, Telearbeit oder Lebensarbeitszeitkonten zur Vorbereitung auf den Austritt wäre ebenfalls denkbar. Eine gute Möglichkeit für einen gleitenden Übergang in den Ruhestand bietet auch die frühzeitige **„Übernahme von Ehrenämtern".**

Die bei der Personalbindung erwähnten Konzepte hinsichtlich der Gründung von **„unternehmenseigenen Universitäten"** wären eine ideale Plattform für die Vermittlung und Erhaltung von Wissen. Interessierte Experten könnten ihr Wissen auch nach ihrem Austritt aus dem Unternehmen bzw. während ihres Ruhestandes an die jüngeren Mitarbeiter weitergeben und gleichzeitig länger gefordert und somit vermutlich länger fit bleiben. Hier eignet sich der Einsatz von **Beraterverträgen** im Rahmen der Aktivierung von **„silver worker".**

Bei allen Ausstiegsformen sollten entsprechende Maßnahmen implementiert werden, um das Wissen im Unternehmen zu halten. Hierzu eignen sich z. B. sogenannte **„Tandem-Konzepte".** Dass Mitarbeiter über besonderes Wissen verfügen wird leider oft erst deutlich, wenn diese unmittelbar vor dem Austritt aus dem Unternehmen bzw. dem Eintritt in die Rente stehen. Um den Wissensverlust zu reduzieren, sind viele Unternehmen dazu übergegangen, Tandems aus älteren und jüngeren Nachwuchsmitarbeitern zu bilden, um so einen systematischen Wissenstransfer sicherstellen zu können.[376] Dabei stehen Mitarbeitern, die ausscheiden, ihrem Nachfolger als Mentor zur Verfügung und geben sowohl implizites als auch explizites Wissen[377] weiter.[378]

---

[375] Vgl. DGFP e.V. (Hrsg.), (2008), S. 172.
[376] Vgl. Holtbrügge, Dirk (2007), S. 135.
[377] Implizites Wissen oder auch stilles Wissen ist persönliches – meist in einem bestimmten Kontext verankertes – Wissen, das schwer in Worte zu fassen und somit auch schwerer zu vermitteln ist. Explizites Wissen

Auch die Nachbereitung von Austritten gewinnt an Bedeutung. Sogenannte **„Alumni-Konzepte"** bieten ausgeschiedenen Mitarbeitern die Möglichkeit über bestimmte Ereignisse oder Entwicklungen informiert zu werden und mit ehemaligen Mitarbeitern in Kontakt zu bleiben. Solche Netzwerke werden auch genutzt, um ehemalige Mitarbeiter bei spezifischen Fragestellungen anzusprechen und ihre Expertise zu nutzen.[379] Denkbar wäre auch, ehemalige Mitarbeiter nicht nur in Ehrenämter zu vermitteln, sondern sie gezielt z. B. auch als **„CSR-Lobbyisten"**[380] einzusetzen.

Ein noch nicht so weit verbreitetes Konzept, um mit ehemaligen Mitarbeitern Kontakt zu halten und sie auch nach ihrem Austritt aus dem Unternehmen den ihrer Lebensphase entsprechenden Fähigkeiten einzusetzen, ist das sogenannte **„Großelternnetzwerk"**. Bei diesem Konzept vermittelt das Unternehmen ehemalige Mitarbeiter, die in den Ruhestand gegangen sind, an junge Mitarbeiter für eine Kinderbetreuung. Dieser Service soll jungen Eltern die Möglichkeit geben, eine bessere Balance zwischen Beruf und Familie zu finden und so auch ihre Beschäftigungsfähigkeit aufrechtzuerhalten.

Die **„Kommunikation"** ist ein wichtiges Element für das Gelingen des Ausstiegsmanagements und hinsichtlich der Wertschätzung gegenüber den ausscheidenden Mitarbeitern. Bei allen Ausstiegsformen wird eine authentische und zeitnahe Kommunikation mit den Mitarbeitern empfohlen.

6.4 Altersstrukturanalyse der Belegschaft

Seit einigen Jahren verändert sich die Altersstruktur in Deutschland. Eine steigende Lebenserwartung und eine gleichzeitig sinkende Geburtenrate sorgen für eine Anhebung des Durchschnittsalters der deutschen Bevölkerung und somit auch das der Arbeitnehmer.

---

lässt sich durch die formale Sprache relativ leicht beschreiben, strukturieren und vermitteln. Vgl. hierzu Bullinger, Hans-Jörg/Warnecke, Hans Jürgen/Westkämper, Engelbert (2003), S. 362.

[378] Vgl. Armutat, Sascha et al. (Hrsg.), (2008), S. 146.

[379] Diese Mitarbeiter werden auch häufig „silver worker" genannt. Vgl. hierzu Armutat, Sascha et al. (Hrsg.), (2008), S. 145 f.

[380] Vgl. Amutat, Sascha et al. (Hrsg.), (2008), S. 149.

Eine Möglichkeit sich mit dem Thema „Alter" im Unternehmen auseinander-zusetzen, ist eine betriebsspezifische Altersstrukturanalyse.[381] Eine solche Analyse konzentriert sich erst einmal auf die Gegenwart und richtet dann aber den Blick auch in die Zukunft. Im ersten Schritt wird die aktuelle Altersstruktur der Belegschaft analysiert. Je nach Größe des Unternehmens kann die Anzahl der Mitarbeiter pro Jahrgang oder in vorab festgelegten Altersklassen darge-stellt werden oder aber in absoluten Zahlen oder in Prozentsätzen. Abbildung 34 zeigt ein grafisches Beispiel einer Altersstrukturanalyse in Form einer ein-fachen Hochrechnung.

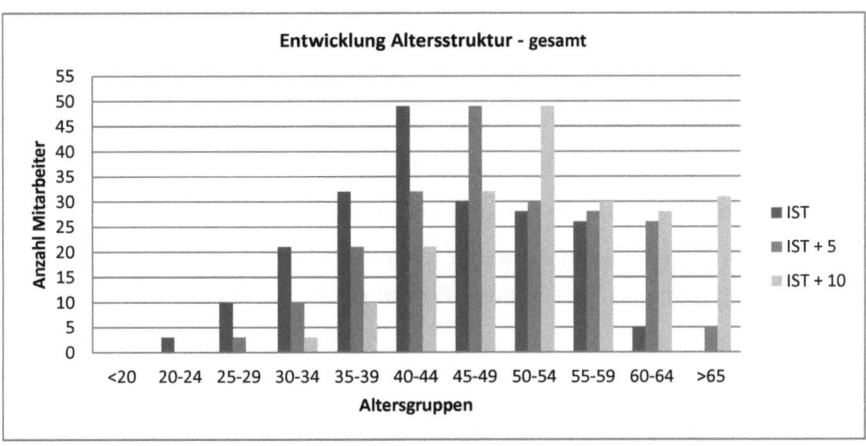

ABB. 34: BEISPIEL EINER ALTERSSTRUKTURANALYSE (QUELLE: EIGENE DARSTELLUNG)

Die Analyse kann je nach Bedarf für ein ganzes Unternehmen, einen Betriebs-teil, ausgewählte Abteilungen oder Funktionsgruppen erstellt werden. Würde man nun die gewonnen Daten einfach in die Zukunft fortschreiben, so wie in Abbildung 34 beispielhaft dargestellt, wäre die Vorausschau vermutlich sehr ungenau. Deshalb werden definierte Annahmen hinsichtlich der künftigen Be-schäftigungsentwicklung, möglicher Neueinstellungen, der Fluktuation und

---

[381] Für die Analyse können auch spezielle IT-Tools eingesetzt werden. Diese sind inzwischen auch schon im Internet kostenlos zur Verfügung gestellt – z. B. von den Krankenkassen.

171

der Berufsaustritte zu Grunde gelegt, um so eine Prognose über die zukünftige Altersstruktur erstellen zu können.[382]

Die so gewonnen Daten sind in diesem Stadium noch wenig aussagefähig und geben keine konkreten Informationen zu möglichen personalpolitischen Problemen. Die Daten müssen dann im Zusammenhang mit den aktuellen und zukünftigen Anforderungen interpretiert werden.[383] Ein hoher Anteil älterer Mitarbeiter in einem gewerblichen Betrieb bedeutet nicht das Gleiche wie in einem Versicherungsunternehmen. „Eine ideale Altersstruktur, die für alle Unternehmen unabhängig von Größe oder Branche gilt, gibt es daher nicht."[384]

Beschäftigt ein Unternehmen vorwiegend ältere Mitarbeiter könnten folgende Fragestellungen hilfreich sein:

- Ist der voraussichtliche Austrittszeitpunkt der Mitarbeiter bekannt?
- Führen diese Austritte zu personellen Engpässen oder Wissensverlust?
- Existieren bereits Maßnahmen für einen systematischen Wissenstransfer – Nachfolgeplanung, Mentoring, Patenmodelle, altersgemischte Arbeitsteams?
- Gibt es angemessene Angebote für Gesundheitsmaßnahmen?

Sind vorwiegend mittlere Altersgruppen vertreten, treten vermutlich erst einmal etwas andere Fragen auf:

- Wie können diese Mitarbeiter an das Unternehmen gebunden werden?
- Wird diese Generation später in Rente gehen?
- Welche Maßnahmen müssen getroffen werden, damit Menschen „gesund altern" können und somit leistungsfähig bleiben?

Ein Unternehmen, das sehr viele junge Mitarbeiter beschäftigt, muss wiederum abweichende Fragen stellen:

- Wie hoch wird die Fluktuationsrate sein – kommt es dadurch zu Engpässen bei der Rekrutierung von Fachkräften?

---

[382] Vgl. Armutat, Sasche et al. (Hrsg.), (2008), S. 159.
[383] Hilfreich ist es auch, die Daten mit der Berufs- und Qualifikationsstruktur der Mitarbeiter zu verknüpfen. Vgl. Rimser, Markus (2006), S. 55.
[384] Armutat, Sasche et al. (Hrsg.), (2008), S. 160.

- Müssen vielleicht sogar gezielt ältere Mitarbeiter, Migranten oder Frauen eingestellt und gefördert werden?
- Welche Auswirkungen hat das auf unsere Arbeitsbedingungen?

Die aufgeführten Fragen stellen lediglich eine Anregung für mögliche Fragen dar und können in keinem Fall als abschließende Liste betrachtet werden. Die Altersstrukturdaten liefern Informationen über mögliche personalpolitische Handlungsfelder. Die zielgerichtete Gestaltung der Belegschaftsstruktur, „verbunden mit einer Auseinandersetzung mit den sich verändernden Werten und Einstellungen der vorhandenen und potenziellen Belegschaft, führt zu einem lebensereignisorientierten Personalmanagement"[385] und somit auch zur Berücksichtigung der CSR- Aspekte in der Personalarbeit.

6.5   CSR als Wertschöpfungsfaktor

Wertschöpfung bedeutet grundsätzlich, zusätzliche Werte oder Nutzen zu schaffen. Das Hilfsmittel, eine „Wertschöpfung" sichtbar zu machen und auch für die Zukunft sicherzustellen, ist das Controlling. Die Instrumente des Controllings erlauben selbstverständlich eine rückblickende Betrachtung, aber auch eine Zukunftsbetrachtung – mit Hilfe von Vorausschau- und Prognosedaten. Grundsätzlich unterscheidet das Controlling zwischen:[386]

- „Ist-Daten" – personenbasierenden Daten (Alter, Geschlecht, Personalkosten, etc.) und Daten der gegenwärtigen Organisationsstruktur (Planstellen, Organisation, etc.)

- „Vorausschau-Daten" – als gesichert geltende personenbezogene Zukunftsdaten (künftige Eintritte/Austritte, Versetzungen, Ruhestand, Ende von Ausbildungszeiten, etc.)

- „Prognose-Daten" – ungesicherte und nicht immer an Personen gebundene Zukunftsdaten auf Basis von Trends und Hochrechnungen (Fluktuation, Elternzeiten, Verringerung von Arbeitszeiten, etc.)

---

[385] Armutat, Sasche et al. (Hrsg.), (2008), S. 159.
[386] Vgl. Lisges, Guido/Schübbe, Fred (2009), S. 14.

173

Die Genauigkeit und Aussagekraft von Vorhersagen oder Prognosen ist maßgeblich abhängig von der Qualität der Ausgangsdaten und dem angestrebten zeitlichen Horizont. So kann eine gesicherte Personalkostenplanung nur auf Basis der Kenntnis über den aktuellen Mitarbeiterstand vorgenommen werden. Für die Entwicklung von **Frauenförderprogrammen** z. B., muss bekannt sein, wie viele Frauen in welchem Alter, mit welcher Qualifikation und welchem Werdegang in welchen Bereichen beschäftigt sind.[387]

Quantitative Daten wie Personalkosten oder Mitarbeiterzahlen lassen sich verhältnismäßig einfach verarbeiten und darstellen. Qualitative Daten, wie Mitarbeiterzufriedenheit, Leistungsbereitschaft oder Innovationskraft, sind weniger leicht zu bewerten. Sehr viele HR-Aktivitäten sind qualitativer Natur und lassen sich oft nur schwer messen. Immer dann, wenn das Controlling sich in einem qualitativen Bereich befindet – wie das bei CSR und LOP im Schwerpunkt der Fall ist – ist der Nachweis der Wertschöpfung schwieriger und in der Regel auch umstrittener. Der bereits in Abschnitt 2.1.3 dieser Arbeit erwähnte Ansatz der **Corporate Social Performance,** befasst sich mit der Messung und Analyse von unternehmerischen Engagement im Zusammenhang mit der Übernahme gesellschaftlicher Verantwortung, mit dem Ziel, ökonomische, ökologische und soziale Unternehmensbeiträge transparent zu machen. In den letzten Jahren haben die sogenannten immateriellen Vermögenswerte immer mehr an Bedeutung gewonnen. Grundsätzlich könnte man diese in zwei Kategorien teilen. Die buchhalterisch erfassbaren Werte wie Patente, Ausbildung, Marketing oder Arbeitsschutz und die „Vermögenswerte, die nicht direkt buchhalterisch erfasst werden können. Darunter zählen Aspekte wie Kooperation, Reputation, Fairness oder auch Nachhaltigkeit und gesellschaftlich-soziales Verhalten.[388]

Über den positiven Einfluss von CSR-Aktivitäten auf den Unternehmenserfolg und somit die Wertschöpfung, gibt es unterschiedliche Hinweise. Eine Studie von Orlitzky et al. zeigt, dass sich die Corporate Social Performance und die finanzielle Performance eines Unternehmens gegenseitig positiv beeinflussen können.[389] Eine Studie von Tsoutsoura bestätigt dieses Ergebnis und stellt zu-

---

[387] Vgl. Lisges, Guido/Schübbe, Fred (2009), S. 16.
[388] Vgl. Lisges, Guido/Schübbe, Fred (2009), S. 18 ff.; vgl. Wühle, Matthias (2007), S. 34.
[389] Vgl. Lisges, Guido/Schübbe, Fred (2009), S. 35 f.

dem fest, dass CSR-Aktivitäten die Wahrscheinlichkeit verringern von negativen gesellschaftlichen oder umweltbezogenen Entwicklungen betroffen zu werden.[390] Die Ratingagentur Standard & Poor's hat untersucht, ob Unternehmen mit hohen Corporate Governance Ansätzen auch ein hohes Rating aufweisen. Das Ergebnis zeigt, dass Zusammenhänge sehr wahrscheinlich sind. Sie konnten jedoch nicht wirklich nachgewiesen werden.[391] Einer der Gründe, warum die Auswirkungen von CSR-Aktivitäten nicht eindeutig nachgewiesen werden können, liegt vermutlich darin, dass sich die Auswirkungen meist erst in einer langfristigen Betrachtung zeigen. Außerdem ist das Thema in vielen Unternehmen noch nicht angekommen – es fehlen also auch die praktischen Erfahrungen. Ein weiterer Punkt liegt darin, dass CSR-Aktivitäten und deren Auswirkungen nicht einfach isoliert betrachtet werden können. CSR ist, wie bereits ausführlich dargelegt, Teil der Stakeholder-Beziehung und steht in Verbindung mit der Nutzung von Ressourcen und auch mit Maßnahmen im Human Resource Management.

Um Themen wie CSR und somit auch LOP erfolgreich in ein Unternehmen zu integrieren, könnte eine Balance Scorecard genutzt werden. „Die Balance Scorecard (BSC) stellt ein hilfreiches Tool zur Strategieumsetzung sowie zur Steuerung und Erfolgskontrolle von CSR dar."[392] Mit Hilfe der BSC können die Visionen und Strategien eines Unternehmens systematisch in konkrete Ziele, Kennzahlen und Maßnahmen umgesetzt werden. Die BSC gliedert sich in vier Perspektiven:[393]

- **Finanzen** – Welche finanziellen Ziele müssen wir erreichen – um auch gegenüber unseren Aktionären einen Mehrwert zu bieten?

- **Interne Prozesse** – Welche Prozesse müssen wir verbessern, um diese Ziele zu erreichen?

- **Lernen & Entwicklung** – Wie können wir unsere Entwicklungspotenziale ausbauen/besser nutzen, um die Zielerreichung zu unterstützen?

- **Kunden** – Wie gestalten wir unsere Kundenbeziehungen? Wie messen wir die Kundenzufriedenheit?

---

[390] Vgl. Lisges, Guido/Schübbe, Fred (2009), S. 38 f.
[391] Vgl. Lisges, Guido/Schübbe, Fred (2009), S. 36.
[392] Lotter, Dennis/Braun, Jerome (2010), S. 116.
[393] Vgl. Lotter, Dennis/Braun, Jerome (2010), S. 117, vgl. Wunderer, Rolf/Jaritz, André (2006), S. 355 ff.

Eine BSC berücksichtigt sowohl die Interessen der Anteilseigner, als auch der Kunden und der Mitarbeiter. Sie integriert vergangenheitsbezogene Messgrößen und zukunftsorientierte Treiber und verwendet sowohl finanzielle, als auch nicht finanzielle Kennzahlen.[394] Darüber hinaus kann mit der BSC eine Ursachen-Wirkung-Beziehung hergestellt werden.

Es ist zu vermuten, dass die CSR-Scorecard die Umsetzung, Steuerung und Erfolgskontrolle von CSR-Aktivitäten effektiv unterstützen könnte. Werden die o. g. vier Perspektiven auf die unternehmerische Verantwortung angewendet, könnte eine Scorecard wie folgt gestaltet sein:

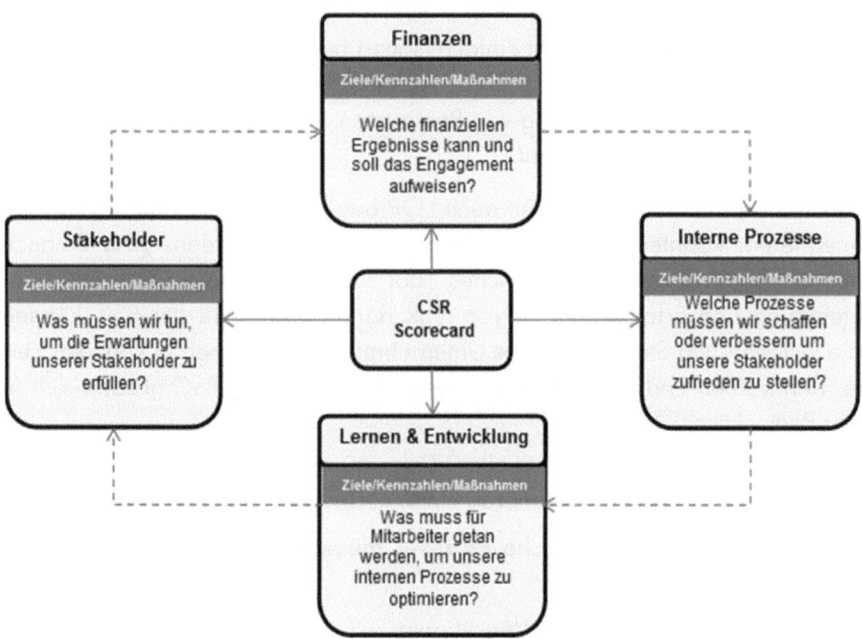

ABB. 35: DIE CSR-SCORECARD UND IHRE VIER PERSPEKTIVEN
(QUELLE: LOTTER, DENNIS/BRAUN, JEROME (2010), S. 121)

Die BSC stellt die Strategien dar, aber auch die Operationalisierung der Ziele und schafft somit die Möglichkeit, eine Erfolgskontrolle durchzuführen. Sie un-

---

[394] Vgl. Lotter, Dennis/Braun, Jerome (2010), S. 116.

terstützt die Kommunikation der Maßnahmen und Ergebnisse und macht die Prozesse transparent und somit nachvollziehbar. Auch die Interessen der Stakeholder werden berücksichtigt und sie integriert einen kontinuierlichen Lernprozess mit dem Ziel, sowohl die Strategie als auch die Maßnahmen weiterzuentwickeln.

Eine CSR-Scorecard am Beispiel der „Verbesserung der Balance zwischen Beruf und Familie" könnte folgendermaßen strukturiert sein:[395]

- **Stakeholderebene** – „Verbesserung der Vereinbarkeit von Beruf und Familie"

- **Prozessebene** – Schaffung der entsprechenden Strukturen durch die Einrichtung von Home Office, Angebote der Kinderbetreuung verbessern, Großelternnetzwerke implementieren.

- **Lern- & Entwicklungsebene** – Schulung der Führungskräfte in „ergebnisorientierter Führung", Mütter auch während der Elternzeit in Weiterbildungsmaßnahmen einbinden.

- **Finanzebene** – einerseits Bindung von hochqualifizierten Mitarbeitern und Einsparung von Rekrutierungskosten, anderseits Zusatzkosten durch Qualifizierungsmaßnahmen.

Die Diskussion über die „Messung der Wertschöpfung" im Zusammenhang mit der Implementierung von Maßnahmen in den Bereichen CSR oder LOP bietet sicherlich ein weiteres Forschungsfeld. Dennoch kann das Thema hier nur angeschnitten werden, da es den Rahmen der Arbeit ansonsten sprengen würde.

6.6 Jobprofile für CS(H)R-Manager

In den Experteninterviews war zu beobachten, dass die Frage hinsichtlich des Wertschöpfungsbeitrages von HR nicht immer leicht beantwortet werden konnte und, dass die Nennungen bei den meisten Befragten nahezu identisch waren. Die Idee, das CSR-Konzept bewusst und zielgerichtet in die HR-Arbeit zu integrieren, ist für viele der Gesprächspartner neu gewesen. Während der

---

[395] Vgl. Lotter, Dennis/Braun, Jerome (2010), S. 122.

Interviews haben einige der Befragten deutlich gemacht, dass sie diesen Ansatz in ihre Personalarbeit integrieren möchten. Unstrittig scheint, dass sich viele Personalabteilungen immer noch nicht von ihrer traditionellen Rolle des „Administrators" lösen konnten. Die modernere Personalarbeit orientiert sich heute meist an dem Modell „HR als Business Partner" und integriert so den HR-Bereich bereits in strategische Fragestellungen und Entwicklungen. Als strategischer Partner könnte HR selbst die systematische Integration von CSR-Aspekten in die bestehende Personalstrategie aktiv anstreben. Eine mögliche Einbettung von CSR-Aspekten in die bereits diskutierten Personalfunktionen wird in Abbildung 36 dargestellt.

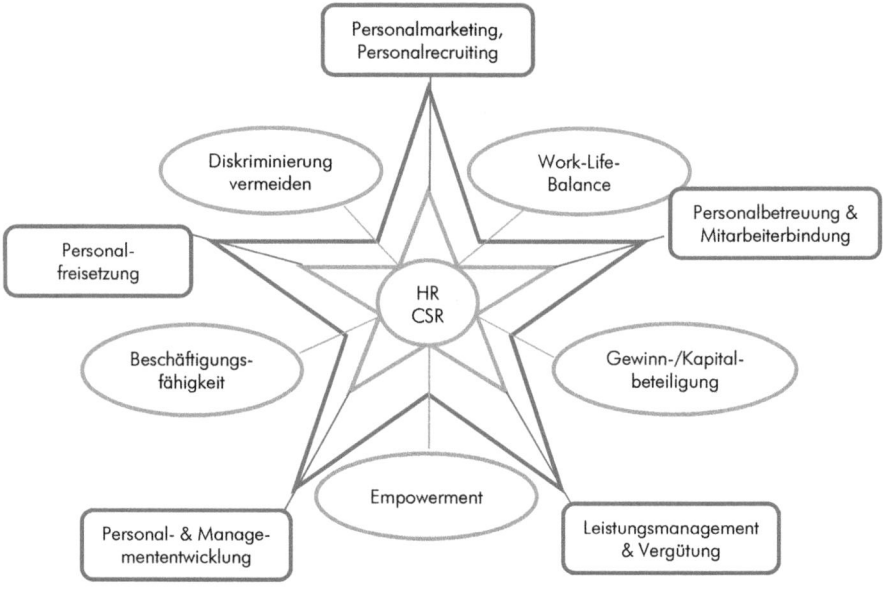

ABB: 36: JOB DESCRIPTION HR MANAGER IM RAHMEN VON CSR-AKTIVITÄTEN (QUELLE: EIGENE DARSTELLUNG IN ANLEHNUNG AN COHEN, ELAINE (2010), S. 283)

Die Darstellung zeigt, dass sich die CSR-Aspekte sehr leicht und fast natürlich in die klassischen HR Funktionen eingliedern lassen – CSR würde somit die Personalarbeit nicht komplett verändern, sondern einfach logisch ergänzen.

Die Abbildung 37 zeigt ein graphisches Jobprofil, das ebenfalls im Rahmen der gängigen HR Funktionen die Aspekte einer lebensphasenorientierten Personalpolitik integriert. Beim Vergleich der beiden Profile wird deutlich, dass die Elemente von LOP und CSR sehr eng miteinander verbunden sind, oder sogar eindeutige Überschneidungen aufweisen.

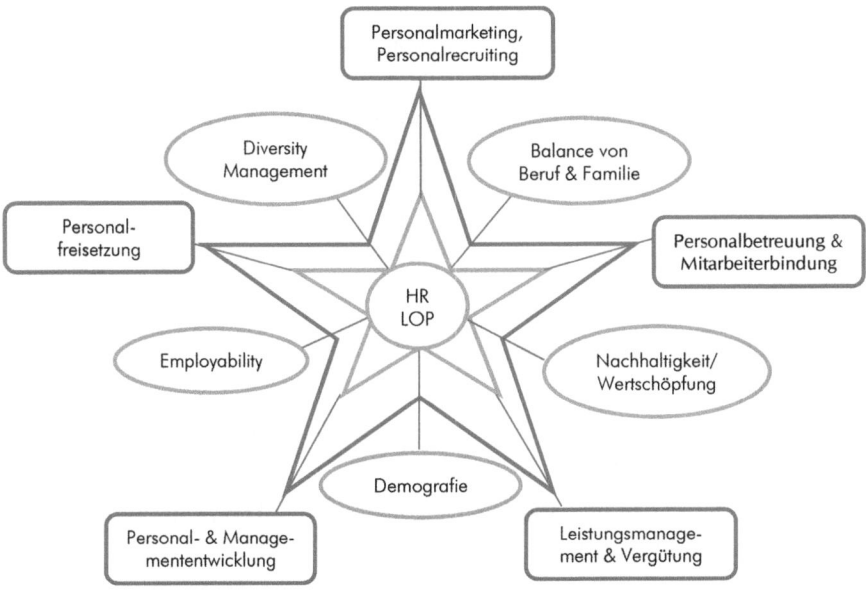

ABB. 37: JOB DESCRIPTION HR MANAGER IM RAHMEN VON LOP AKTIVITÄTEN
(QUELLE: EIGENE DARSTELLUNG IN ANLEHNUNG AN COHEN, ELAINE (2010), S. 283)

Zur Vorbereitung der Integration von CSR und LOP in das HRM ist die Überprüfung bestehender Abläufe hinsichtlich möglicher Schnittstellen zu diesen beiden Konzepten sinnvoll. Werden in der Rekrutierung z. B. Diversity und Geschlechtsneutralität im Sinne von CSR berücksichtigt? Ist die Personalentwicklung auf die neuen Anforderungen von CSR und LOP ausgerichtet? Finden im Unternehmen Maßnahmen zum Erhalt der Beschäftigungsfähigkeit statt oder liegt der Fokus doch auf einer traditionellen rein fachlichen Qualifikation?[396] Die Integration von CSR-Aspekten und somit auch von Aspekten der lebensphasenorientierten Personalarbeit führt zu einer deutlichen Individualisierung der Personalarbeit. „Personalmaßnahmen [...] werden auf die Bedürfnisse der Mitarbeiter zugeschnitten und mitarbeiterspezifisch gehandhabt, ohne den Blick für die Unternehmensbelange zu verlieren".[397]

Ein professionelles Management von Unternehmensverantwortung und somit auch der Aspekte von CSR, macht es erforderlich, dass die verantwortliche(n) Person(en) über gewisse Schlüsselqualifikationen verfügen. CSR ist auch eine „Schnittstellenaufgabe". „Es existieren viele unterschiedliche Handlungsfelder und Stakeholder, vom Mitarbeiter bis hin zur Gemeinde oder Umweltverbänden. Darüber hinaus muss CSR eine enge Verbindung zum Kerngeschäft aufweisen und in allen Unternehmensbereichen „gelebt" werden."[398] Folgende Schlüsselqualifikationen sind für die Ausübung der verantwortungsvollen Tätigkeit als CSR-Manager von Vorteil:[399]

- Kenntnisse über interne Belange – z. B. personelle Ausstattung, Kommunikationswege, Qualitätsmanagement, Aktivitäten in Forschung & Entwicklung,

- unternehmensübergreifende Kenntnisse und ein gutes Gespür für gesellschaftlich, politische Entwicklungen,

- ausgeprägte Sozialkompetenzen – in der Funktion als Beziehungsmanager und Vermittler

- Durchsetzungsfähigkeit, Überzeugungskraft, Kommunikationsgeschick, Begeisterungsfähigkeit, Flexibilität, Innovationsgeist und Mut zum Risiko.

Während in großen Unternehmen die verschiedenen Aufgaben Mitarbeitern aus unterschiedlichen Bereichen mit definierten Rollen zugeordnet werden, übernehmen in kleineren Unternehmen die HR-Verantwortlichen[400] mehrere Aufgaben oder Funktionen gleichzeitig. Aber nicht nur das Personalmanagement muss sich mit der Einführung neuer Konzepte den veränderten Anforde-

---

[396] Vgl. Cohen, Elaine (2010), S. 284.
[397] Armutat, Sasche et al. (Hrsg.), (2008), S. 179.
[398] Lotter, Dennis/Braun, Jerome (2010), S. 28.
[399] Vgl. Lotter, Dennis/Braun, Jerome (2010), S. 28 ff.
[400] Häufig anzutreffende Rollen der Personalverantwortlichen: Business Partner, Experte, Service Anbieter. Vgl. hierzu Amutat, Sacha et al. (Hrsg.), (2008), S. 181.

rungen anpassen, sondern auch die Führungskräfte. Das hat zur Folge, dass auch die Führungskräfte ihre Kompetenzen und Einstellungen überprüfen müssen. Komponenten wie Wertschätzung, Berücksichtigung der Auswirkungen von individuellen Lebensumständen und die Fähigkeit auf diese besonderen Situationen als Führungskraft angemessen eingehen zu können – ohne ungerecht zu sein – werden eine größere Rolle spielen.[401]

Die Ausrichtung der Personalarbeit auf die Aspekte von CSR und LOP wird die Personalarbeit und somit vermutlich auch die Rolle von HR im Unternehmen verändern. Sowohl CSR als auch LOP sind strategische Themenkomplexe und sollten somit auch in der Unternehmensstrategie verankert werden. Mit den richtigen Tools könnte die Personalarbeit insgesamt effizienter und somit weniger administrativ gestaltet werden. Die Akzeptanz der Personalarbeit im Unternehmen würde vermutlich steigen, die Angebote des Unternehmens an die Mitarbeiter könnten in Einzelfällen bei Bedarf „maßgeschneidert" werden. Die Personalverantwortlichen würden weniger verwalten und mehr „beratend coachen". Wichtig dabei ist, dass die Mitarbeiter, insbesondere bei den situationsabhängigen „Maßschneiderungen", das Gefühl haben, dass die angebotenen Maßnahmen fair und gerecht sind.[402]

6.7 Handlungsfelder für Arbeitnehmervertretungen[403]

Die Einführung und Umsetzung von neuen Konzepten erfordert einerseits von der Unternehmensführung Engagement und innovatives Denken und andererseits aber auch neue Qualifikationen und somit die Einbindung der Belegschaft und einen sozialen Dialog mit der Arbeitnehmervertretung. In Deutschland besteht eine Vielzahl von verbindlichen gesetzlichen Bestimmungen, Tarifverträgen und Betriebsvereinbarungen zur Sicherung des Mindeststandards hinsichtlich des Schutzes und der Förderung von Arbeitnehmern. Die Konzepte von CSR und LOP basieren grundsätzlich auf der Einhaltung von gesetzlichen Bestimmungen. Beide Konzepte zeichnen sich aber dadurch aus,

---

[401] Vgl. Amutat, Sacha et al. (Hrsg.), (2008), S. 181.
[402] Vgl. Amutat, Sacha et al. (Hrsg.), (2008), S. 181.
[403] Unter diesem Begriff werden grundsätzlich die innerbetrieblichen Vertreter (Betriebsräte/Personalräte) und die außerbetrieblichen Vertreter (Gewerkschaften) zusammengefasst.

dass Aktivitäten und Maßnahmen die gesetzlichen Anforderungen übersteigen. Hinsichtlich der Mitbestimmung kann grundsätzlich Folgendes gesagt werden: Immer da, wo der Arbeitgeber eine Maßnahme freiwillig und zusätzlich durchführt, ist die Arbeitnehmervertretung nur bei dem „wie", aber nicht bei dem „ob" einzubinden. Mit anderen Worten: der Arbeitgeber ist grundsätzlich frei in der Entscheidung, <u>ob</u> er eine freiwillige Leistung gewährt. Gewährt ein Arbeitgeber jedoch eine freiwillige Leistung, ist die Arbeitnehmervertretung einzubinden, wenn es um die Frage geht, <u>wie</u> die Leistung im Einzelnen gestaltet bzw. verteilt wird.

Basierend auf einer Befragung von Betriebsräten gehören – neben der Einhaltung von Gesetzen und Tarifverträgen – die Beschäftigungssicherung in Verbindung mit einem sozialverträglichen Personalabbau und die Standortsicherung bzw. die Vermeidung von Verlagerung, sowie die Bereitstellung von Ausbildungsplätzen, mit Abstand zur den wichtigsten Punkten der sozialen Verantwortung eines Unternehmens. Im Jahre 2004 wurden 32 „Spitzenbetriebsräte" hinsichtlich der Beweggründe[404] von CSR befragt. Diese Betriebsräte stammen aus Unternehmen, die sich besonders exponiert mit dem Thema CSR beschäftigen. An erster Stelle der Beweggründe steht aus Sicht der Arbeitnehmervertreter die „Imageverbesserung und Imagepflege" (31), an zweiter Stelle die „Investition in die Leistungsfähigkeit des Unternehmens" (17) aber auch „ethische Motive des Vorstandes" (14) und die „Auswirkung auf Ratings" (13) wurden als Hauptgründe genannt. Weitere Gründe waren: „Teil des Risikomanagements" (10), „öffentlicher Druck" (9) und „allgemeiner Trend" (8).[405]

Es wird vermutet, dass eine proaktive Einbindung der Arbeitnehmervertreter – innerbetrieblich und überbetrieblich – die Glaubwürdigkeit von CSR, insbesondere im Rahmen der Berichterstattung, deutlich erhöhen könnte. Es gibt erste Ansätze die **Zusammenarbeit zwischen Ratingagenturen und den betrieblichen Interessenvertretungen** zu fördern, indem der Betriebsrat zu arbeitnehmerrelevanten Fragen um eine Stellungnahme gebeten wird. Zurzeit gibt

---

[404] In diesem Falle waren Mehrfachnennungen möglich.
[405] Vgl. Hexel, Dietmar (Hrsg.), (2005), S. 7.

es noch keinen offiziellen Rahmen für einen systematischen Austausch zwischen den Agenturen und der Arbeitnehmervertretung.[406]

CSR-Aktivitäten sind immer freiwillig und unternehmensspezifisch. Sie können also der aktuellen wirtschaftlichen Situation und den gesellschaftlichen Anforderungen flexibel angepasst werden. Als Sanktion bei Nichterfüllung droht „lediglich" ein Reputationsverlust. Die Gewerkschaften erinnern gerne daran, dass „Wahrnehmung und Ausgestaltung gesellschaftlicher Verantwortung der Unternehmen ein wesentlicher Ansatzpunkt für die Beweggründe von Mitbestimmung auf Unternehmensebene durch die Gewerkschaften nach dem Zweiten Weltkrieg war".[407] Aus Sicht der Gewerkschaften sind die Unternehmen sogar verpflichtet, die Arbeits- und Lebensbedingungen zu verbessern und auch einen Beitrag zum Umweltschutz zu leisten. Sie weisen auch darauf hin, dass gesetzliche Regelungen nicht durch CSR-Strategien ersetzt werden dürfen, sondern vielmehr als Signal für die Anpassung der gesetzlichen Regeln zu verstehen sei.[408] Auch die Finanz- und Wirtschaftskrise hätte die Notwendigkeit einer weiterreichenden Regulierung bestätigt.[409] Als Chance sehen die Arbeitnehmervertreter, dass sich ihre Einflussmöglichkeiten und Handlungsspielräume erweitern. Hierzu weitere Informationen in Abbildung 38.

---

[406] Vgl. Hexel, Dietmar (Hrsg.), (2005), S. 9.
[407] Feuchte, Beate (2009), S. 2.
[408] Vgl. Feuchte, Beate (2009), S. 2 f.
[409] Vgl. Bundesministerium für Arbeit und Soziales – CSR Konferenz (2010), S. 9.

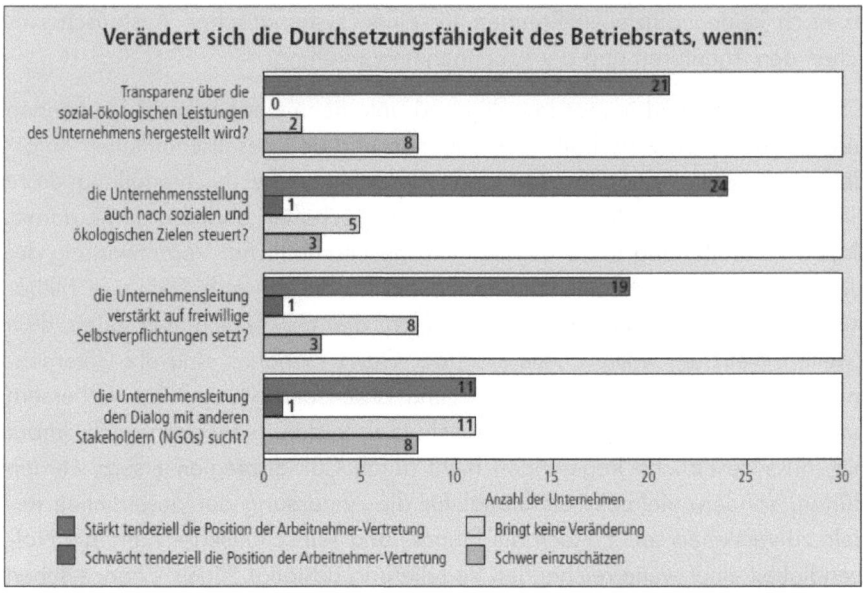

ABB. 38: EINFLUSS AUF DIE ARBEITNEHMERVERTRETER (QUELLE: HEXEL, DIETMAR (2005), S. 9)

Den Arbeitnehmervertretungen könnte in Zukunft eine neue Rolle zukommen, die zwischen der traditionellen Schutzfunktion und einem **„CO-Management"** in Sachen innovativer Personalkonzepte liegt.[410] Zur Vorbereitung auf diese neue Rolle, könnte überlegt werden, ob die Arbeitnehmervertretungen doch schon auf einer sehr frühen oder auch freiwilligen Ebene aktiv eingebunden werden. „Der soziale Dialog mit den Arbeitnehmervertreten, wichtigstes Instrument zur Gestaltung der Beziehungen zwischen einem Unternehmen und seinen Arbeitnehmern, spielt [...] eine wesentlich Rolle in der Verbreitung sozial verantwortlichen Handelns."[411] Arbeitnehmervertreter betrachten die „Freiwilligkeit" durchaus als Risiko. Sie fürchten, dass dieses Argument gegen möglicherweise notwendige betriebliche Vereinbarungen aufgeführt werden könnte und die großzügige freiwillige Einbindung des Betriebsrates den Ruf

---

[410] Vgl. Heidemann, Winfried bei: Hexel, Dietmar (Hrsg.),(2005), S. 17.
[411] Kommission der Europäischen Gemeinschaft – Grünbuch (2001), S. 21.

des Unternehmens zwar verbessert – aber der Betriebsrat tatsächlich keinen Einfluss ausüben kann.[412]

Es gibt inzwischen einige Unternehmen, in denen CSR nicht mehr nur ein „modischer Begriff" ist, sondern als Instrument zur Sicherung eines nachhaltigen Unternehmenserfolges fest in der Unternehmenskultur verankert wurde. So hat die Volkswagen AG gemeinsam mit dem Weltkonzernbetriebsrat, der Konzernleitung und dem Internationalen Metall-Gewerkschaftsbund im Jahre 2002 eine **„Sozialcharta"** unterzeichnet. Die in dieser Vereinbarung formulierten Rechte und Prinzipien orientieren sich an den Regelungen der Internationalen Arbeitsorganisation (ILO).[413] Die Bosch GmbH hat in 2004 **„Grundsätze sozialer Verantwortung** bei Bosch" verabschiedet. Das Dokument wurde vom Europäischen Betriebsrat, vom Internationalen Metall-Gewerkschaftsbund und dem Management unterschrieben. Das Unternehmen hat sich mit Unterzeichnung des Dokumentes verpflichtet, Zulieferer auszuschließen, die gegen die ILO-Standards verstoßen.[414]

Die interne Dimension von CSR hat, insbesondere im Rahmen des Human Resource Managements, einen direkten Bezug zu bekannten Mitbestimmungsthemen wie: Aus- und Weiterbildung, Vereinbarkeit von Beruf und Familie, altersgerechtes Arbeiten, Arbeitsschutz, Umgang mit Zeitarbeitskräften und externen Mitarbeitern oder Geschäftspartnern.[415] So gesehen, sind die Elemente von CSR und LOP schon lange Teil der betrieblichen Mitbestimmung im Rahmen des Betriebsverfassungsgesetztes (BetrVG). Somit wäre die selbstverständliche und proaktive Einbindung der Arbeitnehmervertreter als „CO-Manager" auch wieder eine logische Weiterentwicklung der bereits durch das Gesetz festgelegten Form der Zusammenarbeit. Die Gefahr besteht natürlich immer, dass Arbeitnehmervertreter hier eine Möglichkeit sehen, ihre eigne Position zu verbessern, die Forderungen viel zu hoch ansetzen und in der Folge die Verhandlungen zu diesen CSR und LOP Themen vom Arbeitgeber eingestellt werden. Wichtig ist, dass alle Beteiligten immer das Gesamtkonzept und somit die Vorteile für beide Parteien im Auge behalten.

---

[412] Vgl. Feuchte, Beate (2009), S. 3.
[413] Vgl. Rühl, Thomas bei: Hexel, Dietmar (Hrsg.), (2005), S. 20 ff.
[414] Vgl. Löckle, Alfred bei: Hexel, Dietmar (Hrsg.), (2005), S. 28.
[415] Vgl. Feuchte, Beate (2009), S. 3.

7. Fazit und Ausblick

Die vorliegende Arbeit hat sich mit der Frage befasst, ob sich das Konzept eines lebensphasenorientierten Human Resource Managements zur Umsetzung von CSR-Aspekten in der Personalarbeit eignet und ob es gemeinsame praxisnahe Gestaltungsfelder gibt. Dabei lag der Fokus insbesondere auf den CSR-Komponenten, die die Personalarbeit direkt oder indirekt beeinflussen. Im theoretischen Teil der Arbeit konnte aufgezeigt werden, dass die interne Dimension des CSR-Konzeptes den Fokus direkt auf die Gestaltung der Arbeitsbeziehung mit den Mitarbeitern richtet. Beispielhaft werden hier Elemente wie **Beschäftigungsfähigkeit, lebenslanges Lernen, Vermeidung von Diskriminierung, Work-Life-Balance und Aspekte des Gesundheits- und Arbeitsschutzes sowie die Begleitung von Veränderungen** genannt.[416] Die Integration dieser CSR-Aspekte setzt eine faire und diskriminierungsfreie Personalpolitik sowie eine klare Bekennung zu dem Thema **Diversity** voraus. Im Zusammenhang mit dem Konzept einer lebensphasenorientierten Personalpolitik werden die **Demografieorientierung, die nachhaltige Sicherung der Beschäftigung und die Vereinbarkeit von Beruf und Familie** in Verbindung mit einer **altersgerechten Unternehmens- und Personalpolitik** genannt.[417] Die Grunddimensionen einer lebensphasenorientierten Personalpolitik sind somit mit den Aspekten der internen CSR-Dimension nahezu deckungsgleich. Auch die CSR-Pyramide von Carroll, kann grundsätzlich auf das Konzept eines lebensphasenorientieren HRM angewendet werden. Beide Konzepte können letztlich nur glaubwürdig implementiert werden, wenn die **Wertschöpfung** des Unternehmens sichergestellt ist und auch die **gesetzlichen Regelungen** eingehalten werden. Sowohl CSR als auch LOP erfordern die ernsthafte Auseinandersetzung mit **ethischen Gesichtspunkten** und beinhalten Maßnahmen, Instrumente und Angebote, die über die gesetzlichen Mindestanforderungen hinausgehen.

Das CSR-Konzept betrachtet ein Unternehmen als elementaren Bestandteil der Gesellschaft. Der Verkauf von Produkten und Dienstleistungen sichert den wirtschaftlichen Erfolg und somit den Bestand eines Unternehmens. Dadurch

---

[416] Vgl. hierzu Abbildung 6 dieser Arbeit.
[417] Vgl. hierzu Abschnitt 3.3. dieser Arbeit.

können Arbeitsplätze geschaffen, der Wohlstand gefördert und dadurch die Stabilität der Gesellschaft und der Sozialsysteme sichergestellt werden. Um in einer Wissensgesellschaft den Erfolg langfristig sichern zu können, werden die „richtigen Mitarbeiter" benötigt. Um diese zu gewinnen, muss ein Unternehmen die individuellen Bedürfnisse und Lebensumstände der bereits beschäftigten Mitarbeiter und auch der potenziellen Mitarbeiter ernsthaft berücksichtigen. Ob sich Bewerber und Arbeitgeber füreinander entscheiden, hängt nicht nur von einem „fachlichen Fit" ab, sondern auch von der wahrgenommenen Übereinstimmung des „kulturellen Fit", beziehungsweise dem Eindruck, dass ein gemeinsames Wertegefüge besteht. Und genau hier spielen die Unternehmenskultur und die Aspekte des gesellschaftlich-sozialen Engagements des Unternehmens eine wichtige Rolle.

Der Fokus einer lebensphasenorientierten Personalpolitik liegt im Schwerpunkt auf der Vereinbarkeit der unterschiedlichen Anforderungen von beruflichen und privaten Ereignissen in den verschiedenen Lebensphasen. Damit ein Unternehmen für potenzielle Mitarbeiter schon in der Phase der Berufswahl, der Ausbildung, des Studiums oder auch des Starts in das Berufsleben interessant ist, muss es entsprechend bekannt sein. Das Unternehmen sollte in das lokale Umfeld integriert sein und möglichst als attraktiver Arbeitgeber wahrgenommen werden – vielleicht sogar aufgrund des sehr guten Rufes hinsichtlich des sozialen Engagement und einer fairen und individualisierten Personalpolitik. Unternehmen können in dieser Phase gesellschaftlich-soziale Verantwortung übernehmen, indem sie z. B. Abschlussarbeiten betreuen, Traineeprogramme anbieten, Praktikanten und Werkstudenten fördern und auch fair vergüten. Aber auch die Zusammenarbeit mit Schulen und Hochschulen in Form einer Wissensvermittlung im Rahmen von Entwicklungspartnerschaften sowie die Begleitung von Mentoringprogrammen sind Maßnahmen, mit denen ein Unternehmen seine Verantwortung als Teil der Gesellschaft übernehmen kann. Eine diskriminierungsfreie Einstellungs- sowie Vergütungspolitik sollte als selbstverständlich vorausgesetzt werden können.

Bei Bewerbern oder Mitarbeitern, die sich bereits in einer der fortgeschrittenen beruflichen Phasen befinden, muss ein Unternehmen ein sehr breites und flexibles Angebot an Instrumenten und Maßnahmen entwickeln, um private Ereignisse wie Heirat, Kinder, Weiterbildung, Pflege von Angehörigen oder auch soziales Engagement der Mitarbeiter angemessen in die beruflichen Anforderungen integrieren zu können. In einer Phase in der mehrere anspruchs-volle private und berufliche Ereignisse zur gleichen Zeit auftreten, steht der Mitarbeiter meist unter einer sehr großen Belastung. Um Ausfallzeiten oder gar ein Burnout zu vermeiden, können individuell flexible Arbeitszeitlösungen angeboten werden. Aber auch Programme zur Förderung der physischen und psychischen Gesundheit können zum Erhalt der Beschäftigungsfähigkeit bei-tragen. Beschäftigungsfähigkeit, Empowerment und lebenslanges Lernen sind eng miteinander verbunden. Generationenübergreifende Tandems oder die Möglichkeit Wissen weiterzugeben oder zu teilen, fördern die o. g. Aspekte bei den Beteiligten.

Auch die Phase am Ende eines Berufslebens kann ideal mit CSR-Elementen verbunden werden. Z. B. gibt es die Möglichkeit, ausgeschiedene Mitarbeiter als „CSR-Lobbyisten" einzusetzen oder interessierten Mitarbeitern ausgewählte Ehrenämter zu vermitteln. Auch mit „Großelternnetzwerken" kann eine gene-rationenübergreife „Work-Life-Balance" geschaffen werden. Junge Eltern er-halten Unterstützung und der ehemalige Mitarbeiter erhält das Signal, dass er weiterhin gebraucht wird und einen Beitrag zur Gesellschaft leisten kann. Die freiwilligen Maßnahmen im Rahmen von CSR und LOP müssen auch an rechtliche Gegebenheiten anknüpfen. So muss auch der Staat hier seinen Beitrag leisten; vielleicht in der Form, dass die Altersgrenzen insoweit aufge-weicht werden können, dass der Mitarbeiter gemeinsam mit dem Unterneh-men ganz individuell entscheiden kann, wann die „Lebensarbeitszeit" endet?

Das Spektrum der gemeinsamen Gestaltungsfelder von CSR und LOP ist viel-fältig und muss für jedes Unternehmen individuell ausgelotet werden. Wichtig dabei ist, im ersten Schritt eine Bestandsaufnahme durchzuführen, sowohl hinsichtlich der bereits bestehen Maßnahmen und Aktivitäten im Bereich von CSR und LOP als auch hinsichtlich der Mitarbeiterstruktur. Die Auswertung der leitfadengestützten Experteninterviews zeigt, dass die befragten Unter-nehmen bereits sehr viele Aktivitäten umsetzten, die sowohl dem CSR-Konzept als auch einer lebensphasenorientierten Personalpolitik[418] zugeordnet werden können. Interessant war, dass den befragten Personen eigentlich erst während der Interviews bewusst wurde, dass sie einerseits in beiden Disziplinen schon

---

[418] Siehe hierzu die Antworten der Frage 2 aus Teil 2 mit den Angaben zu Frage 2 in Teil 3 dieser Arbeit.

viele Aktivitäten verfolgen und dass andererseits beide Themenkomplexe miteinander in Verbindung gebracht werden können. Hier liegen insbesondere für den Bereich Human Resource Management zusätzliche Potenziale für einen Wertschöpfungsbeitrag. Wichtig dabei ist, dass die vorhandenen Einzelmaßnahmen zu einem ganzheitlichen Konzept zusammengefasst werden und, dass der Unternehmensleitung entsprechendes Datenmaterial hinsichtlich des Nutzenaspektes vorgelegt werden kann. Hierzu eignen sich z. B. die Erstellung einer bedarfsgerechten Altersstrukturanalyse und die ernsthafte Auseinandersetzung mit den gewonnenen Informationen.

Ist ein Unternehmen mit der Balance Scorecard vertraut, könnte z. B. eine entsprechende CSR-Scorecard entwickelt werden. Ein weiteres Aktionsfeld liegt in der Zusammenarbeit mit den Arbeitnehmervertretern. Sie könnten als „CO-Manager" in Sachen CSR und LOP agieren und so auch ihre eigene Position im Unternehmen stärken. Unstrittig ist, dass Aktivitäten im Bereich CSR und die Möglichkeit die Arbeitsbedingungen bei Bedarf an die individuellen Umstände anpassen zu können, die Entscheidung von Bewerbern für einen Arbeitgeber beeinflussen kann und auch die Bindung von Mitarbeitern an ihr Unternehmen fördern. Es kann angenommen werden, dass Unternehmen, die Maßnahmen zu LOP erfolgreich implementiert haben, gleichzeitig Teile des CSR-Konzeptes leben und somit auch nachhaltiger agieren und wirtschaftlich erfolgreicher sind. Es ist weiterhin anzunehmen, dass HR-Bereiche, die Konzepte wie LOP und CSR erfolgreich einführen, gleichzeitig ihren eigenen Wertschöpfungsbeitrag steigern. Eine weitere Vermutung ist, dass sich mit der Einführung einer lebensphasenorientierten Personalpolitik und somit auch der bewussten Implementierung von CSR-Elementen, die Anforderungen an die Führungskräfte verändern und somit die Entwicklung einer neuen Führungskultur erfordert.

Sowohl das Konzept von „Corporate Social Responsibility" als auch der Ansatz des „lebensphasenorientierte Human Resource Management" können meist in die bereits vorhandenen Personalkonzepte integriert werden. Dennoch sollte bei der Einführung oder Umsetzung von CSR-Aktivitäten unbedingt darauf geachtet werden, dass die eingeführten Maßnahmen auch nachhaltig konzipiert sind und dass es bei den Verantwortlichen nicht aufgrund der zusätzlichen CSR-Aufgaben zu einer Überforderung kommt.

Das CSR-Thema ist noch recht jung und langfristige Studien – auch hinsichtlich der Wertschöpfung und der Auswirkung auf die Führungskultur – liegen noch nicht vor. Das Thema CSR birgt noch viele unbeantwortete Fragen und somit auch einen entsprechenden Forschungsbedarf.

Ansatzpunkte für weiterführende Forschungsvorhaben

Mit der vorliegenden Arbeit wurden zwei – auf den ersten Blick – sehr unterschiedliche Themenkomplexe betrachtet und deren Zusammenhänge und Wechselwirkungen untersucht. Beide Themengebiete sind nicht nur sehr komplex, sondern auch noch recht jung und bieten somit eine Vielzahl von Anknüpfungspunkte für weitere Forschungsprojekte. Aus Sicht der Verfasserin könnten zum Thema folgende Ansätze zur Vertiefung genutzt werden:

- Hinsichtlich der wachsenden Bedeutung und Verbreitung von CSR in der Unternehmenspraxis und dem generellen Forschungsstand in diesem Themenbereich besteht zunächst ein **grundsätzlicher Forschungsbedarf** zum Thema „Übernahme von gesellschaftlicher Verantwortung durch die Unternehmen".

- Mit Blick auf die zunehmende Globalisierung der Märkte und somit auch auf die globale Reichweite des unternehmerischen Handelns bei international agierenden Unternehmen bietet sich eine Erweiterung der Forschungsfrage um **internationale Aspekte** fast selbstverständlich an.

- Vor dem Hintergrund der begrenzten Ressourcenausstattung der Unternehmen und der Diskussionen über die Wertschöpfung von Aktivitäten – insbesondere auch im Personalbereich – erscheint es sinnvoll, eine **Bewertung** hinsichtlich der **Effizienz** und der **Wertschöpfung** von internen und externen CSR-Maßnahmen vorzunehmen.

- Als weiterführende Untersuchung könnte sich auch die Wechselwirkung zwischen CSR oder LPO und der **Unternehmenskultur und der Führungskultur** anbieten und die Auswirkungen auf das **Employer Branding.**

Auch interessant wären Untersuchungen im Rahmen von Mitarbeiterbefragungen, die weitere Informationen zu den beiden Themen aus Sicht der Betroffen liefern würden. Die Mitarbeiter, die bereits im Unternehmen tätig sind und auch die potenziellen Bewerber, sind im Rahmen des CSR-Konzeptes die wichtigsten Stakeholdern – zumindest für das Human Resource Management.

Quellenverzeichnis

Abels, Heinz/Honig, Michael-Sebastian/Saake, Irmhild/Weymann, Ansgar (2008): Lebensphasen – Eine Einführung. Wiesbaden 2008.

Albers, Markus (14./16. Mai 2011): So arbeiten Digital Natives. „Karriere Welt" 14./.16. Mai 2011.

Arbeitsgemeinschaft Jugend und Bildung e. V. (o.J.): Sozial Politik. Ein Heft für die Schule. Unternehmen Verantwortung. Thema: Corporate Social Responsibility. Wiesbaden o.J.

Armutat, Sascha, et al. (Hrsg.), (2008): Lebensereignisorientiertes Personalmanagement. Eine Antwort auf die demographische Herausforderung. Grundlagen, Handlungshilfen, Praxisbeispiele. DGFP – PraxisEdition, Band 91. Düsseldorf 2008.

BDA – Bundesverband der Deutschen Arbeitgeberverbände (2005): Internationale Aspekte von Corporate Social Responsibility (CSR). Praxishinweise für Unternehmen. Berlin 2005, Link: www.ioe-emp.org/fileadmin/user_upload/.../csr_germany_german. pdf, letzter Zugriff. 16. Juni 2011.

Bernauer, Dominik/Hesse, Gero/Laick, Steffen/Schmitz, Bernd (2011): Social Media im Personalmarketing. Erfolgreich in Netzwerken kommunizieren. Köln 2011.

Blickle, Judith (o.A.): Abgrenzung von CSR-Begriffen, Link: www.csr-bw.de/234.html (Stand: 31.01.2012).

Brink, Alexander (2007): Corporate Social Responsibility in der Pharmaindustrie – Diskussionspapier an der Universität Bayreuth. Bayreuth 04/2007; Heft 12, Link: www.uni-bayreuth.de/file/DP/J04H12.pdf, letzter Zugriff: 05. September 2011.

Bullinger, Hans-Jörg/Warnecke, Hans Jürgen/Westkämper, Englebert (2003): Neue Organisationsformen in Unternehmen. Ein Handbuch für das moderne Management. 2. Auflage; Berlin/Heidelberg/New York 2003.

Bundesministerium für Arbeit und Soziales (November 2008): Gesellschaftliche Verantwortung von Unternehmen (CSR) zwischen Markt und Politik. Studie erstellt von Pleon GmbH und IFOK GmbH; Broschüre; Berlin November 2008.

Bundesministerium für Arbeit und Soziales (Januar 2010): High Level ASEM – CSR Konferenz 2009. „Gestaltung von CSR – Chancen zum Wohl der Arbeitnehmer in des ASEM-Ländern". Broschüre; Potsdam, 16.-17.03.2009.

Bundesministerium für Arbeit und Soziales (22. Juni 2010): Empfehlungsbericht der Nationalen CSR-Forums an die Bundesregierung. Broschüre; Berlin 22. Juni 2010.

Bundesministerium für Arbeit und Soziales (6. Oktober 2010): Nationale Strategie zur gesellschaftlichen Verantwortung von Unternehmen (Corporate Social Responsibility – CSR) – Aktionsplan CSR – der Bundesregierung; Broschüre; Berlin 6. Oktober 2010.

Bundesministerium für Arbeit und Soziales (o.J.): Corporate Social Responsibility in Deutschland, Link: www.csr-in-deutschland.de/portal/generator/6156/ begriffsseite_a-c.html#entry24, letzter Zugriff: 28. Februar 2011.

Bundesministerium für Wirtschaft und Technologie: Verantwortliches unternehmerisches Handeln im Ausland. Die „OECD-Leitsätze für multinationale Unternehmen". Broschüre; Berlin 2006.

Bundesverband Verbraucherzentrale (16.10.2008): ISO 26000 auf einen Blick, Link: www.vzbv.de/mediapics/iso_26000_im_berblick.pdf, letzter Zugriff: 1. September 2011.

Bundeszentrale für politische Bildung: UN Global Compact, Link: www.bpb.de/wissen/A32P19, letzter Zugriff: 27. Februar 2011.

Carroll, Archie B. (Hrsg.), (1977): Managing Corporate Social Responsibility. Boston Toronto 1977.

Carroll, Archie B. (1993): Business & Society – Ethics and Stakeholder Management. Second Edition; Cincinnati/Ohio/USA 1993.

Carroll, Archie B./Buchholtz, Ann K. (2008): Business & Society – Ethics and Stakeholder Management – 7e, Mason/USA 2008.

Clausen, Andrea (2009): Grundwissen Unternehmensethik. Ein Arbeitsbuch. Tübingen 2009.

Cohen, Elaine (2010): CSR for HR – A necessary partnership for advancing responsible business practices. Sheffield/UK 2010.

CSR Germany (2012a): Die Initiative, Link: www.csrgermany.de/www/csr_cms_relaunch. nsf/id/die-initiative-de (Stand: 02.02.2012).

CSR Germany (2012b): Unternehmensstrategie, Link: www.csrgermany.de/www/csr_cms_ relaunch.nsf/id/unternehmensstrategie-de (Stand: 02.02.2012).

Deutsches CSR-Forum (2010): „Stuttgarter Erklärung", Link: http://www.csrforum.eu/2010/csr_forum_710.html (Stand: 02.02.2012).

Deutsche Post: GoGreen – CO2-neutrale versenden, Link: http://www.deutschepost.de/ dpag?xmlFile=link1020868_1020860, letzter Zugriff: 26. August 2011.

DGFP e.V. (Hrsg.) (2005): Erfolgsorientiertes Personalmarketing in der Praxis. Konzepte, Instrumente, Praxisbeispiele. Bielefeld 2005.

DGFP e.V. (Hrsg.), (2008): Integriertes Personalmanagement in der Praxis. Prozesse und professionelle Standards. DGFP-PraxisEdition Band 93; Düsseldorf 2008.

Embacher, Serge/Roth, Roland (2010): Ein neuer Gesellschaftsvertrag. Rahmungen für Corporate Citizenship, in: CCCD Debatte 04.

„Europa" (3. Oktober 2010): Zusammenfassung der EU-Gesetzgebung. Beschäftigungspolitische Leitlinien, Link: http://europa.eu/legislation_summaries/employment _and_social_policy/community_employment_policies/c11323_de.htm#, letzter Zugriff. 13. September 2011.

EuPD Research (2011): Corporate Health Jahrbuch. Betriebliches Gesundheitsmanagement in Deutschland. Bonn 2011.

Feuchte, Beate (2009): Positionspapier der Hans-Böeckler-Stiftung (HBS) zu Corporate Social Responsibility. Link: www.boeckler.de/pdf/mbf_csr_positionspapier_hbs.pdf, letzter Zugriff: 5. September 2011.

Flüter-Hoffmann, Christiane (2006): Lebenszyklusorientierte Personalpolitik – „Work-Life-Balance"-Modelle und „Demografietools" für die betriebliche Praxis. Projektergebnisbericht. Studie des Instituts der deutschen Wirtschaft Köln im Auftrag der DekaBank. Köln (2006), Link: www.menschen-unternehmen-zukunft.de/.../prima _dekabank_studie.pdf, letzter Zugriff: 15. August 2011.

Flüter-Hoffmann, Christiane (April 2010): Mitarbeiter und Unternehmen im Einklang: lebenszyklusorientierte Personalentwicklung bei: Institut der deutschen Wirtschaft Köln. April 2010, Link: www.mint-fachkraefte.de/.../MINT-Fachtagung2010_ lebenszyklusorientiert..., letzter Zugriff: 12. September 2011.

Frick, Gerold/Leicht, Michael/Starck, Rainer (07/2008): Vier Megatrends, acht drängende Zukunftsthemen in: DGFP Aktuell Personalführung 7/2008, S. 70 – 73; Düsseldorf 07/2008.

Gabler Wirtschaftslexikon: Link: http://wirtschaftslexikon.gabler.de/, letzter Zugriff: 31. August 2011.

GILDE GmbH (Februar 2007): Gesellschaftliches Engagement in kleinen und mittelständischen Unternehmen in Deutschland – aktueller Stand und zukünftige Entwicklung. Eine Studie im Auftrag der EU-Kommission. Detmold (Februar 2007).

Gläser, Jochen/Laudel, Grit (2009): Experteninterviews und qualitative Inhaltsanalyse. 3. Auflage; Wiesbaden 2009.

Gmür, Markus/Thommen, Jean-Paul (2007): Human Resource Management. Strategien und Instrumente für Führungskräfte und das Personalmanagement. 2. Auflage; Zürich 2007.

Göbel, Elisabeth (2006): Unternehmensethik. Stuttgart 2006.

Greve, Gustav (2010): Organizational Burnout. Das versteckte Phänomen ausgebrannter Organisationen. Wiesbaden 2010.

Graf, Anita (2001): Lebenszyklusorientierte Personalentwicklung, in: iomanagement. Nr. 3/2001.

Graf Anita (2002): Lebenszyklusorientierte Personalentwicklung. Ein Ansatz für die Erhaltung und Förderung von Leistungsfähigkeit und -bereitschaft während des gesamten betrieblichen Lebenszyklus. Berner betriebswirtschaftliche Schriftenreihe, Band 29; Bern/Stuttgart/Wien 2002.

Gruhl, Andreas (2010): Der ÖKOSOMIE-Effekt. Wie Marken und Kommunikation widerstandsfähiger werden. Göttingen 2010.

Habisch, André Prof./Wegner, Martina (2004): Gesetze und Anreizstrukturen für CSR in Deutschland. Praxisexpertise erstellt im Auftrag der Bertelsmann Stiftung. Projektmanagement CSR. Eichstätten-Ingolstadt; August 2004, Link: www.corporatecitizen.de/documents/GesetzeAnreizstrukturen.pdf, letzter Zugriff: 11. August 2011.

Happe, Guido (Hrsg.), (2010): Demografischer Wandel in der unternehmerischen Praxis – Mit Best Practice-Berichten. 2. Auflage; Wiesbaden 2010.

Haufe-online: Personal; CSR ist heute Norm. Link: http://www.haufe.de/personal/search Result?mainSearch:boolean=False&selection=*%7Caonl&searchableText= Personalarbeit, letzter Zugriff: 2. September 2011.

Heister, Werner/Weßler-Poßberg, Dagmar (2007): Studieren mit Erfolg: Wissenschaftliches Arbeiten – für Wirtschaftswissenschaftler. Stuttgart 2007.

Hemel, Ulrich (2005): Wert und Werte. Ethik für Manager – Ein Leitfaden für die Praxis. München/Wien 2005.

Herbst, Dieter (2006): Corporate Identity. Aufbau einer einzigartigen Unternehmensidentität – Leitbild und Unternehmenskultur – Image messen, gestalten und überprüfen. 3. Auflage, Berlin 2006.

Hexel, Dietmar (Hrsg.), (2005): Dokumentation des Workshops Corporate Social Responsibility (CSR). Neue Handlungsfelder für Arbeitnehmervertretungen. Berlin 2005, Link: www.dgb.de/.../++co++mediapool-c7778807ecdff3572d55cc282 ddcca32, letzter Zugriff: 12. August 2011.

Hofmann, Jan/Rollwagen, Ingo/Schneider, Stefan (2007): in: Deutsche Bank AG, DB Research (Hrsg.) (2007): Deutschland im Jahr 2020 – Neue Herausforderungen für ein Land auf Expedition, Frankfurt am Main 2007. Online verfügbar unter: www.dbresearch.de/PROD/DBR_INTERNET_DE-PROD/PROD0000000000 209595.PDF (Stand: 18.12.2011).

Holtbrügge, Dirk (2007): Personalmanagement. 3. Auflage; Berlin/Heidelberg 2007.

Holz, Melanie/Da-Cruz, Patrick (Hrsg.), (2007): Demografischer Wandel im Unternehmen – Herausforderung für die strategische Personalplanung. Wiesbaden 2007.

Horx, Matthias (2011a): „Zitate" in: wirtschaft + weiterbildung 05_2011.

Horx, Matthias (2011b): Wikipedia verhöhnt die alte Arbeitswelt, in: wirtschaft + weiterbildung, Heft 06_11, Freiburg 2011.

Hug, Theo/Poscheschnik, Gerald (2010): Empirisch Forschen – Studieren, aber richtig. Hug, Theo; Huter Michael; Kruse, Otto (Hrsg.); Wien 2010.

Hutter, Peter-Klaus/Scheunemann, Wolfgang (Hrsg.), (2007): Corporate Social Responsibility (CSR) – Wege zur Nachhaltigkeit. Ein Praxisleitfaden. Band 44; Stuttgart 2007.

ISO Interantional Organization for Standardization: ISO 26000; Link: http://www.iso.org/iso/home.htm, letzter Zugriff: 31. August 2011.

Kaiser, Stephan/Ringlstetter, Max (Hrsg.), (2010): Work-Life Balance – Erfolgsversprechende Konzepte und Instrumente für Extremjobber. Berlin/Heidelberg 2010.

Kommission der Europäischen Gemeinschaft (2001): Grünbuch. Europäische Rahmenbedingungen für die soziale Verantwortung der Unternehmen. Brüssel (2001), Link: http://eur-lex.europa.eu/LexUriServ/site/de/com/2001/com2001_0366de01.pdf, letzter Zugriff: 20. August 2011.

Kres, Michael (2007): Integriertes Employability-Management. Arbeitsmarktfähigkeit als Führungsaufgab., Göttingen 2007.

Kruse, Andreas (2009): Arbeitszeitmodelle der Zukunft. Lebenszyklusorientierung und veränderte Personalaltersstrukturen. Roman Herzog Institut e. V., München 2009, Link: www.romanherzoginstitut.de/uploads/tx.../RHI-Position_6_Kruse_01.pdf, letzter Zugriff: 28. August 2011.

Kuhlen, Beatrix (2005): Corporate Social Responsibility (CSR) – Die ethische Verantwortung von Unternehmen für Ökologie, Ökonomie und Soziales. Entwicklung – Initiativen/Berichterstattung – Bewertung. Baden-Baden 2005.

Lexikon der Nachhaltigkeit: Link: http://www.nachhaltigkeit.info/artikel/ziele_und_wege_1337.htm, letzter Zugriff: 29. August 2011.

Lisges, Guido/Schübbe, Fred (2009): Personalcontrolling. Personalbedarf planen, Fehlzeiten reduzieren, Kosten steuern. 3. Auflage, München 2009.

Loebe, Herbert/Severing, Eckart (Hrsg.), (2007): Demografischer Wandel und Weiterbildung – Strategien einer alterssensiblen Personalpolitik. Band 44; Bielefeld 2007.

Loew, Thomas/Ankele, Kathrin/Braun, Sabine/Clausen, Jens (2004): Bedeutung der internationalen CSR-Diskussion für Nachhaltigkeit und die sich daraus ergebenen Anforderungen an Unternehmen mit Fokus Berichterstattung. Endbericht Münster und Berlin 2004; Link: http://webcache.googleusercontent.com/search?q=cache :PoA3cTsTEV8J:www.bmu.de/wirtschaft_und_umwelt/unternehmensverantwortung _csr/nachhaltigkeitsmanagement/doc/37050.php+www.bmu.de+csr&cd=1&hl =de&ct=clnk&gl=de, letzter Zugriff: 5. September 2011.

Loew, Thomas/Brauns, Sabine (2009): CSR-Handlungsfelder – Die Vielfalt verstehen. Ein Vergleich aus der Perspektive von Unternehmen, Politik, GRI und ISO 2600, Link: www.4sustainability.org/downloads/Loew_Braun_CSR-Handlungsfelder_ Vergleich_pdf, letzter Zugriff: 29. August 2011.

Lotter, Dennis/Braun, Jerome (2010): Der CSR-Manger. Unternehmensverantwortung in der Praxis. München 2010.

Mayring, Philipp (2010): Qualitative Inhaltsanalyse – Grundlagen und Theorien. 11. Auflage, Weinheim und Basel 2010.

Ministerium für Wirtschaft, Verkehr, Landwirtschaft und Weinbau und Ministerium für Arbeit, Soziales, Gesundheit, Familie und Frauen (2008): Strategie für die Zukunft – Ein Leitfaden für Unternehmen zur Bindung und Gewinnung von Mitarbeiterinnen und Mitarbeiter. Broschüre; Mainz 2008.

Müller, Julia/Scheuermann, Diana (2006): Elemente Europäischer Familienpolitik: Der Erwerbszyklus; Humboldt Universität Berlin, Institut für Sozialwissenschaften 2006 Link: www.familienheute.de/.../117_..., letzter Zugriff: 11. September 2011.

Müller, Martin/Schaltegger, Stefan (Hrsg.), (2008): Corporate Social Responsibility – Trend oder Modeerscheinung. München 2008.

Münstermann, Mathias (2007): Corporate Social Responsibility – Ausgestaltung und Steuerung von CSR Aktivitäten. Wiesbaden 2007.

Oelsnitz, Dietrich von der/Stein, Volker/Hahmann, Martin (2007): Der Talent-Krieg. Personalstrategie und Bildung im globalen Kampf um Hochqualifizierte. Bern/ Stuttgart/Wien 2007.

ÖkoGlobe: Link: http://www.oekoglobe.de/, letzter Zugriff: 12. September 2011.

Ökolandbau.de: Das Informationsportal. Der Öko – Fit Check. Link: http://www.oekolandbau.de/fileadmin/pah/oekofit/index.php, letzter Zugriff: 12. September 2011.

Online Verwaltungslexikon: Suchbegriff: Kategorischer Imperativ. Link: http://www.olev.de/k.htm, letzter Zugriff: 29. August 2011.

Pinner Wolfgang (2008): Nachhaltig investieren & gewinnen. Profitieren vom ökologischen Megatrend. Wien 2008.

Pinter, Anja (2006): Corporate Volunteering in der Personalarbeit: ein strategischer Ansatz zur Kombination von Unternehmensinteressen und Gemeinwohl? Link: www2.leuphana.de/umanagement/csm/.../59-7downloadversion.pdf, letzter Zugriff: 10. September 2011.

Plant-for-the-Planet: Stop talking. Start planting. Link: www.plant-for-the-planet.org/, letzter Zugriff: 12. September 2011.

Riess, Birgit/Welzel, Carolin/Lüth, Arved (2008): Mit Verantwortung handeln – Ein CSR Handbuch für Unternehmer. Bertelsmann Stiftung; Wiesbaden 2008.

Rat für Nachhaltige Entwicklung (2006): Corporate Social Responsibility: Perspektiven und Fortentwicklung – Unternehmensverantwortung in einer globalisierten Welt. Dialog-Entwurf für eine Empfehlung des Rates für Nachhaltige Entwicklung an die Bundesregierung und die Wirtschaft. Link: http://www.nachhaltigkeitsrat.de/, letzter Zugriff: 31. August 2011.

Regierungskommission Deutscher Corporate Governance Kodex: Deutscher Corporate Governance Kodex in der Fassung vom 26. Mai 2010. Link: www.corporate-governance-code.de/ger/dowload/kodes_20107D_ CorGov_Endfassung_Mai_2010.pdf, letzter Zugriff: 8. August 2011.

Reitzig, Jörg (2009): Neuer Gesellschaftsvertrag: Konsens und Konflikt, in: Blätter für deutsche und internationale Politik, Ausgabe 5/2009, S. 9 – 13.

Rimser, Markus (2006): Generation Resource Management. Nachhaltige Konzepte im demografischen Wandel. Leonberg 2006.

Rump, Jutta/Eilers, Silke (2005): Employability Management. Ein ganzheitlich-integratives Managementkonzept zur Steigerung der Wettbewerbsfähigkeit von Unternehmen durch Beschäftigungsfähigkeit der Beschäftigten. Abschlussbericht des Forschungsprojektes und der empirischen Untersuchung. Institut für Beschäftigung und Employability. Ludwigshafen 2005, Link: web.fh-ludwigshafen.de/.../ Employability%20Management%20-..., letzter Zugriff: 10. September 2011.

Rump, Jutta/Sattelberger, Thomas/Fischer, Heinz (Hrsg), (2006): Employability Management – Grundlagen, Konzepte, Perspektiven; Wiesbaden 2006.

Rump, Jutta (2009): Strategie für die Zukunft. Lebensphasenorientierte Personalpolitik. Das Modellprojekt: Zielsetzung, Rahmen und Vorgehensweise. Präsentation zum Kick-off, Mainz, 24. November 2009 Link: http://www.lebensphasenorientierte-personalpolitik.de/index.php?option=com_content&view=article&id= 61&Itemid=74, letzter Zugriff: 12. September 2011.

Rump, Jutta (2010): Strategie für die Zukunft – Lebensphasenorientierte Personalpolitik. Roadshow 2010. Ludwigshafen, Koblenz, Mainz, Bitburg, September 2010.

Sackmann, Sonja (Hrsg.) (2008): Mensch und Ökonomie – Wie sich Unternehmen das Innovationspotential dieses Wertespagats erschließen. Wiesbaden 2008.

Schmitt, Katharina (2005): Corporate Social Responsibility in der strategischen Unternehmensführung – Eine Fallsutdienanalyse deutscher und britischer Unternehmen der Ernährungsindustrie. Berlin 2005, Link: www.oeko.de/oekodoc/259/2005-011-de.pdf, letzter Zugriff: 16. Juni 2011.

Schröder, Thomas (2010): Betriebliche Weiterbildung als Beitrag für eine Corporate Social Responsibility in: CSR-Bildung – Corporate Social Responsibility als Bildungsaufgabe in Schulen. Aufsatz: S. 162 – 174. Wiesbaden 2010.

sneep Hamburg (September 2007): Forschungsprojekt. Corporate Social Responsibility bei kleinen und mittleren Unternehmen in der Metropolregion Hamburg. Hamburg September 2007 Link: www.verantwortliche-unternehmensfuehrung.de/ am_download.php?assetId..., letzter Zugriff: 11. September 2011.

Stuber Michael (2009): Diversity. Das Potenzial-Prinzip. Ressourcen aktivieren – Zusammenarbeit gestalten, 2. Auflage, Köln 2009.

Speck, Peter (Hrsg.), (2008): Employability – Herausforderungen für die strategische Personalentwicklung – Konzepte für eine flexible, innovationsorientierte Arbeitswelt von morgen. 3. Auflage, Wiesbaden 2008.

Srikiow, Lisa (28. Juli 2011): Die Stütze der Gesellschaft. Auf ehrenamtliche Arbeit kann das Gemeinwesen nicht verzichten. Die freiwilligen Helfer sind die besten Vorbilder. DIE ZEIT, 28. Juli 2011, No 31.

Statistisches Bundesamt (2007): Geburten in Deutschland. Wiesbaden 2007, Link: www.destatis.de/.../BroschuereGeburtenDeutschland,property=file.pdf, letzter Zugriff: 10. September 2011.

Statistisches Bundesamt (2010): Frauen und Männer in verschiedenen Lebensphasen. Wiesbaden 2010 Link: www.destatis.de/jetspeed/portal/cms/.../FrauenMaenner, property=file.pdf, letzter Zugriff: 10. September 2011.

Steinbrück, Peer (26. Mai 2011): Mir gab das zu denken. Die Spaltung des Arbeitsmarktes gefährdet die soziale und demokratische Stabilität. DIE ZEIT, 26. Mai 2011, No 22.

Töpfer, Armin (2009): Erfolgreich Forschen. Ein Leitfaden für Bachelor-, Master-Studierende und Doktoranden. Heidelberg 2009.

Umweltlexikon-online: Suchbegriff: Umweltzertifikat. Link http://www.umweltlexikon-online. de/RUBrechtmanagement/Umweltzertifikate.php, letzter Zugriff: 29. August 2011.

Umweltschulen: Agenda 21 – Einführung. Link: www.umweltschulen.de/agenda/agenda. html, letzter Zugriff: 30. August 2011.

UWG: Gesetz gegen den unlauteren Wettbewerb. Link: dejure.org/gesetze/UWG/1.html – Letzter Zugriff: 18. August 2011.

Wallacher, Johannes (2011): Mehrwert Glück. Plädoyer für menschengerechtes Wirtschaften. München 2011.

Wartenberg, Ludolf von/Haß, Hans-Joachim (2006): Investition in die Zukunft. Wie Deutschland den Anschluss an die globalisierte Welt findet. 2. Auflage, Weinheim 2006.

Weber, Wolfgang/Mayrhofer, Wolfgang/Nienhüser, Werner/Kabst , Rüdiger (2005): Lexikon Personalwirtschaft. 2. Auflage, Stuttgart 2005.

Wildner, Martin (2005): Corporate Citizenship in mittelständischen Unternehmen – Erfahrungen und Perspektiven, Link: www.laub.uni-oldenburg.de/download/Wildner_-_Corporate_Citizenship_in_mittelstaendischen_Unternehmen.pdf (Stand: 31.01.2012).

Wissenschaftlicher Dienste des deutschen Bundestages (06.04.2004): Der aktuelle Begriff – Nachhaltigkeit – Nr. 06/2004, Link: www.webarchiv.bundestag.de/archive/2008/0506/wissen/analysen/2004/2004_04_06.pdf, letzter Zugriff: 12. Mai 2011.

Wittberg, Volker (o. J.): CSR-Fallstudie. Familienorientierte Personalpolitik (VAUDE Sport GmbH & Co. KG). Detmold (o. J.), Link: www.csr-mittelstand.de/download/Fallstudie-VAUDE_o_HSB.pdf, letzter Zugriff: 10. September 2011.

Wühle, Matthias (2007): Mit CSR zum Unternehmenserfolg. Gesellschaftliche Verantwortung als Wertschöpfungsfaktor. Saarbrücken 2007.

Wunderer, Rolf (2007): Führung und Zusammenarbeit. Eine unternehmerische Führungslehre. 7. Auflage, Darmstadt 2007.

Wunderer, Rolf/Jaritz, André (2006): Unternehmerisches Personalcontrolling – Evaluation der Wertschöpfung im Personalmanagement. 3. Auflage; München 2006.

Zieren, Wolfgang (09/2011): Pate für eine gute Sache, in Personalwirtschaft. Magazin für Human Resources. Köln 09/2011.

Zimmer, Reingard (April 2006): Corporate Social Responsibility – Managementkonzept – Wirtschaftswissen, April 2006, Link: www.euro-betriebsrat.de/pdf/wlcsr.pdf, letzter Zugriff am 12 März 2011.

201

Anhang

Anhang 1

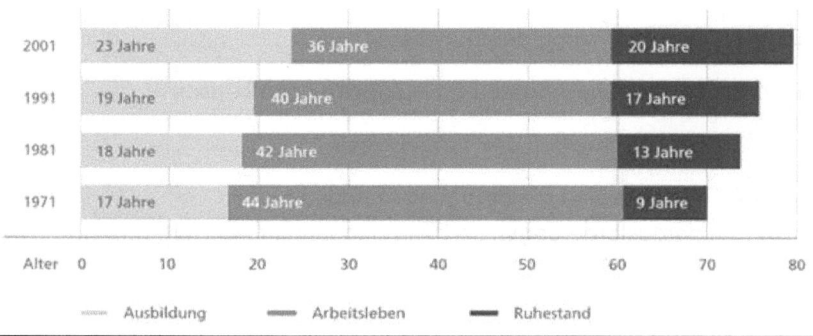

ABB. 39: DIE VERKÜRZUNG DER ERWERBSZEIT (QUELLE: RIMSER, MARKUS (2006), S. 27)

Anhang 2

Alter	Phasen	Hauptaufgaben
	**Frühes Erwachsenenalter**	
17–22	Grenzbereich zwischen Jungend und Erwachsenenalter – Übergang ins frühe Erwachsenenalter	Beendigung der Vor-Erwachsenenzeit: bestehende Beziehungen zu Personen, Gruppen, Institutionen werden abgeschwächt oder neu bewertet; eigener Platz in der Welt wird in Frage gestellt Einleitung der frühen Erwachsenenjahre: Erkundung eigener Möglichkeiten, Aufbau einer ersten Erwachsenenidentität, vorläufige Entscheidungen und Testen
22–28	Eintritt in die Erwachsenenwelt	Erkundung der Möglichkeiten, aber auch Aufbau stabiler Lebensstrukturen – Übernahme von Verantwortung und „etwas aus seinem Leben machen"
28–33	Übergang in die 30er Jahre	Möglichkeit zur Modifikation früherer Entscheidungen, Charakter des Vorläufigen wird zurückgedrängt oder Bekräftigen des Bisherigen
33–40	Sesshaftwerden	einen Platz in der Gesellschaft erringen, Vorwärtskommen – „es zu schaffen", dazu Schlüsselentscheidungen – beruflich wie privat, solide Strukturen schaffen
36–40	Späthphase des Sesshaftwerdens, das Selbstständigwerden	Unabhängigkeit, Bestätigung durch die Gesellschaft, erstes Gefühl körperlichen Verfalls, Ansporn zu erhöhter Anstrengung, Auflösung von Mentor-Verhältnissen, Selbstübernahme einer Mentoren-Rolle
	**Mittleres Erwachsenenalter**	
40–45	Übergang zur Lebensmitte	Abschluss einer vorangegangenen Epoche – Überprüfung seines Lebens und Bewertung des Erreichten – Desillusionierung
45–50	Eintritt ins mittlere Erwachsenenalter	Entscheidung zum Aufbau einer neuen bzw. Abwandlung der Lebensstruktur, Veränderungen in innerlichen und äußerlichen Aspekten (z. B. Wertesystem), Individualisierungsprozess, ICH-Entwicklung – meist unter heftigen Kämpfen
50–55	Übergang in die 50er Jahre	Bessere Ausgewogenheit zwischen den Bedürfnissen des Selbst und jenen der Gesellschaft, nochmalige Überprüfung, gegebenenfalls Modifikation der Lebensstruktur
55–60	Höhepunkt des mittleren Erwachsenenlebens	Aufbaue einer Lebensstruktur für das mittlere Erwachsenenalter
	**Späte Erwachsenenjahre**	
60–65	Übergang ins spätere Erwachsenenleben	Anstrengungen der mittleren Erwachsenenjahre abschließen, Vorbereitung der kommenden Epoche

ABB. 40: ENTWICKLUNGSPHASEN UND AUFGABEN NACH LEVINSON
(QUELLE: VGL. LEVINSON BEI: RIMSER, MARKUS (2006), S. 141 F.)

Anhang 3

<u>Begleitschreiben und Fragebogen</u>

Fachhochschule Ludwigshafen

Master Thesis

Human Resource Management

Im Rahmen meiner Master Thesis an der Fachhochschule Ludwigshafen führe ich eine Expertenbefragung zu folgendem Thema durch:

„Corporate Social Responsibility (CSR)
meets Human Resource Management (HRM) –
Lebensphasenorientiertes Human Resource Management –
Ein Konzept zur Umsetzung von CSR-Komponenten in der Personalarbeit."

Die Betreuung dieser Master Thesis übernimmt Prof. Dr. Jutta Rump – Leiterin des Institutes für Beschäftigung und Employability (IBE).

Ziel dieses leitfadengestützten Experteninterviews ist es, Informationen hinsichtlich möglicher Zusammenhänge und Wechselwirkungen der Themenkomplexe **„Corporate Social Responsibility"** und **„Lebensphasenorientierte Personalpolitik"** zu sammeln, zu analysieren und mögliche gemeinsame Gestaltungsfelder zu erarbeiten. Das Interview wird vermutlich ca. 60 Minuten in Anspruch nehmen.

Zwecks Terminvereinbarung würde ich mich in den kommenden Tagen mit Ihnen in Verbindung setzen. Sollten Sie Fragen haben, stehe ich Ihnen gerne unter der Rufnummer xxxxxxxxxxx persönlich zur Verfügung.

Ich würde mich sehr freuen, wenn Sie Zeit für diese Befragung einplanen könnten und bedanke mich im Voraus für Ihr Entgegenkommen und Ihre Unterstützung.

Freundliche Grüße

Jutta Kern

Alle Angaben werden selbstverständlich streng vertraulich behandelt und ausschließlich für die Erstellung der hier genannten Master Thesis verwendet. Alle Informationen werden selbstverständlich nur in anonymisierter Form in diese Studie einfließen.

Teil 1 – Allgemeine Fragen zum HRM

Frage 1: Welche (Personal-)Strategie verfolgt Ihr Unternehmen zurzeit/in naher Zukunft? Welche konkreten Projekte/Maßnahmen sind geplant?

Frage 2: Mit welchen konkreten Aktivitäten kann das Human Resource Management, Ihrer Ansicht nach, einen Beitrag zur (viel diskutierten) Wertschöpfung des Unternehmens leisten?

Frage 3: Gibt es in Ihrem Unternehmen ein (Ziel-)Vereinbarungssystem? Auch hinsichtlich der Umsetzung von „Corporate Social Responsibility" (CSR) Aspekten?

Teil 2 – Corporate Social Responsibility

Frage 1: Was verbinden Sie persönlich mit dem Begriff „Corporate Social Responsibility"?

Frage 2: Welche CSR-Maßnahmen (intern/extern – gesellschaftlich/sozial/ökologisch) werden in Ihrem Unternehmen konkret umgesetzt? Kennen Sie die Beweggründe?

Frage 3: Welche Berührungspunkte haben Sie in Ihrer Funktion mit dem Thema CSR?

Frage 4: In welchem/n (Fach-)Bereich/en würden Sie das Thema CSR im Unternehmen ansiedeln? Wie begründen Sie diese Entscheidung?

Frage 5: Welchen Einfluss wird das Thema CSR Ihrer Einschätzung nach in Zukunft im Bereich HRM haben?

Teil 3 – Lebensphasenorientierte Personalpolitik

Frage 1: Haben Sie den Begriff „Lebensphasenorientierte Personalpolitik" schon einmal gehört? Was genau verbinden Sie damit?

Frage 2: Gibt es in Ihrem Unternehmen/Ihrem Bereich bestimmte Maßnahmen/Instrumente, die Sie diesem Begriff zuordnen würden? Wenn ja, welche?

Frage 3: In welche der nachstehend kurz beschriebenen beruflichen Phase würden Sie sich einordnen? Einschätzung mit kurzer Erläuterung.

Berufswahl/Aus-bildung/Studium	Start ins Berufsleben	Karriereplanung, Laufbahnplanung	Mittlere Karrierephase	Späte Karrierephase
Wissen, Fähigkeiten und Fertigkeiten für die Arbeitswelt erwerben, eigene Interessen und Bedürfnisse entwickeln/ entdecken	Eintritt in die Arbeitswelt, Auseinandersetzung mit den Möglichkeiten des Arbeitsmarktes, Wahl der ersten Arbeitsstelle	Verantwortung übernehmen, Gestaltung der Laufbahn (Spezialist, Generalist, Führung) Weiterentwicklung und Etablierung	Überprüfung des eigenen Standortes, Möglichkeiten: weiteres Wachstum, Aufrechterhaltung des Status quo, Stagnation	erste Planungen hinsichtlich des Austritts aus dem Arbeitsleben, Definition einer neuen Rolle, Nachfolgeplanung

Frage 4: Welche Leistungen/Angebote würden Sie grundsätzlich in welcher Phase als hilfreich erachten? Für Sie selbst oder auch Ihre Mitarbeiter.

Frage 5: Welche Leistungen/Angebote vermissen Sie insbesondere hinsichtlich der Unterstützung der privaten/familiären Situation – für Sie selbst oder auch Ihre Mitarbeiter?

Teil 4 – Abschluss des Interviews

Frage 1: Wurden aus Ihrer Sicht (wichtige) Punkte nicht angemessen berücksichtigt?

Frage 2: Möchten Sie noch etwas ergänzen, anmerken, kritisieren, fragen?

Angaben zur interviewten Person:

Vor- und Zuname:

Aktuelle Funktion:

Berufserfahrung in Jahren:

Alter: jünger als 35 ☐   36-50 ☐   älter als 51 ☐   keine Angaben ☐

Geschlecht: weiblich ☐   männlich ☐

Herzlichen Dank für Ihre Unterstützung und die Zeit, die Sie mir im Rahmen dieser Expertenbefragung zur Verfügung gestellt haben!

Das Interview hat am _____(Datum) in/im _____
_____ (Ort bzw. Umstände des Interviews) stattgefunden.

Anhang 4

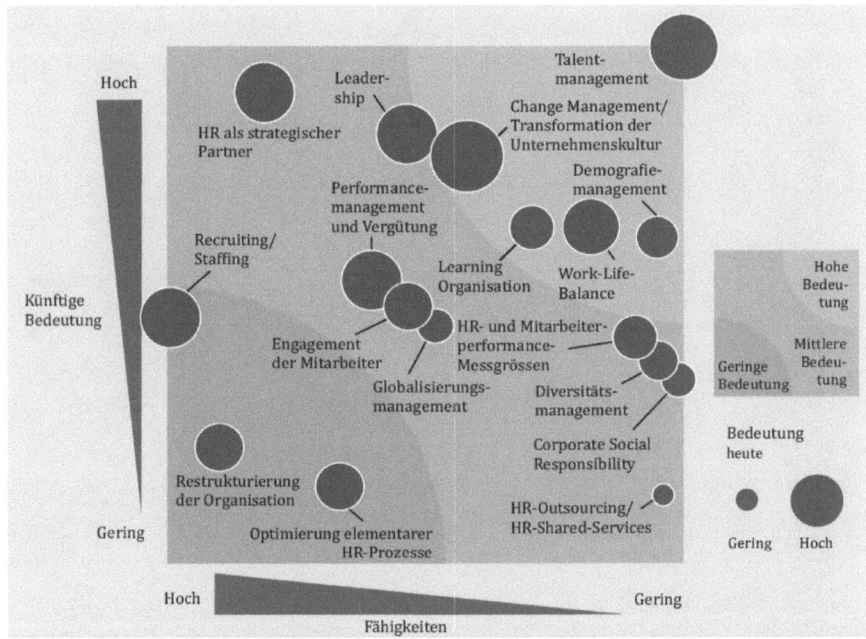

ABB. 41: WELCHES SIND DIE DRÄNGENDEN UND KRITISCHEN HERAUSFORDERUNGEN IM HR-
MANAGEMENT WELTWEIT?
(QUELLE: VGL. FRICK, GEROLD/LEICHT, MICHAEL/STARCK, RAINER (2008), S. 72)

209